Fragment einer kolossalen Sitzfigur Kaiser Konstantins, Gesamthöhe etwa 10 m; 315 n. Chr., Marmor; heute im Hof des Palazzo dei Conservatori, Rom

Rom, Amphitheatrum Flavium („Colosseum"), eingeweiht 80 n. Chr., ursprüngliche Gesamthöhe etwa 51 m

Rom, Ostseite des Kapitolinischen Hügels mit dem tabularium (Staatsarchiv) von 78 v. Chr., darüber der Palazzo dei Senatori (12. Jh.), davor links Teile des Vespasiantempels, nach 80 n. Chr.

Rom, Forum Julium (Caesar-Forum), begonnen 51 v. Chr., vollendet unter Kaiser Augustus, erneuert unter Kaiser Trajan, im Hintergrund Victor-Emanuel-Monument

ebenfalls Fragment der kolossalen Sitzfigur Kaiser Konstantins

ebenfalls Fragment der kolossalen Sitzfigur Kaiser Konstantins

Rom, Pantheon an der Piazza Rotonda, Neubau unter Hadrian nach 118 n. Chr., davor Obelisk Ramses' II., 1711 auf den Brunnen versetzt

*1. Umschlagseite Rom, Ehrenbogen für Titus, nach 81 n. Chr.*

Zum Lehrwerk gehört zusätzlich
zum Lehrbuch:
• Kurze lateinische Sprachlehre        (ISBN 3-06-561062-0)

Als Ergänzungsmaterial werden
angeboten:
• Das Alte Rom: Aufstieg, Niedergang,  (ISBN 3-06-561063-9)
  Vermächtnis
• Latein und Griechisch im deutschen   (ISBN 3-06-562502-4)
  Wortschatz. Lehn- und Fremdwörter


Benutzungshinweise

Abkürzungen
↗ Abkürzungsverzeichnis in der Kurzen lateinischen Sprachlehre.

↗ mit Ziffer
verweist auf eine Leitzahl in der Kurzen lateinischen Sprachlehre.

• (hinter einem Wort)
kennzeichnet ein zum gegebenen Zeitpunkt (noch) nicht zum Lernwortschatz
gehörendes Wort, dessen Bedeutung auf dem Seitenrand angegeben ist oder
im alphabetischen Wörterverzeichnis nachgeschlagen werden kann.

, ' (bei einem Wort)
kennzeichnet Urverwandtschaft oder Lehnwort.

Litterae Latinae
Für ihre Lektüre ist ein lateinisch-deutsches Wörterbuch erforderlich.

# Studete linguae Latinae

*Lehrbuch
der lateinischen Sprache
in einem Band*

Peter Witzmann
Liselot Huchthausen
Margarete Bruß
Karl-Heinz Gerhardt

Volk und Wissen Verlag

# Index libri

LECTIONES I–XXX: ORATIONES ET EXERCITATIONES

I  RÖMER UND ETRUSKER 9
   2. (o-)Deklination
   1./2. Konjugation: 3. Pers.Sg. / Pl.Ind.Präs.Akt.
   Infinitive
   Einfacher (erweiterter) Satz: Prädikat-Subjekt-Beziehung,
   die wichtigsten Satzglieder, Lokal- und Temporalangaben
   Gen. subiectivus, Gen. possessivus
   Wortstellung; fehlender Artikel

II  ITALIA ANTIQUA 13
   1. (a-)Deklination
   3./4. Konjugation: 3. Pers.Sg. / Pl.Ind.Präs.Akt.
   Infinitive
   Ablativ (bei Präposition, beim Verb,
   als freistehendes Adverbiale)

III  SIEBEN, FÜNF, DREI – ROM KROCH AUS DEM EI 16
   1.–4. Konjugation: 1. und 2. Pers.Sg. / Pl.
   Ind.Akt.Präs.Impf.Fut.
   Imperative, Vokativ
   Tempusform und Tempusfunktion: Wiedergabe
   lat. Tempora; Gliedsätze (ut; cum; dum);
   Parallelismus, Chiasmus

IV  VOM ALLTAG EINES REICHEN RÖMERS (UM 150 N. CHR.) 22
   esse und Komposita: Indikativformen des Präsensstammes
   Personalpronomen 1./2. Pers.Sg. / Pl.: Form und Funktion
   Possessivpronomen
   Infinitiv an Subjekt-, an Objektstelle

V  ROM IN DEN ERSTEN JAHRHUNDERTEN SEINER GESCHICHTE 26
   Partizip Perfekt Passiv: Bildung und Verwendung im
   Prädikatsverband oder in attributiver Stellung mit prä-
   dikativer Funktion, Zustands- und Handlungspassiv
   Tempora (Perfekt, Plusquamperfekt, Futur II Passiv)

# Index libri

| | | |
|---|---|---|
| VI | Römischer Staat und römische Götter<br>5. (e-)Deklination<br>Funktion des Imperfektums<br>Hexameter; Anapher | 30 |
| VII | Ein wandernder Arzt<br>Perfekt-Aktiv-Stamm: 3. Pers.Sg.Ind.<br>Funktion und Wiedergabe von Tempora<br>Tarquinius Superbus wird König in Rom<br>Perfekt-Aktiv-Stamm: Personalformen Indikativ<br>Funktion und Wiedergabe von Tempora<br>Gen. obiectivus | 35<br><br><br>37 |
| VIII | Aus der Frühzeit der römischen Republik<br>3. (konsonantische) Deklination<br>Perfekt-Aktiv-Stamm: s-Perfekt, Reduplikationsperfekt<br>Die Plebs wehrt sich<br>Perfekt-Aktiv: Infinitiv<br>Akkusativ mit Infinitiv (als Objekt): AcI<br>Zeitverhältnis (Vorzeitigkeit, Gleichzeitigkeit) | 39<br><br><br>41 |
| IX | Menenius Agrippa<br>AcI<br>Coriolanus<br>Perfekt-Aktiv-Stamm: Dehnungsperfekt, Perfekt ohne Merkmal; AcI oder Infinitivergänzung? | 43<br><br>45 |
| X | In der Subura<br>Relativ- und Demonstrativpronomen: Formen und Funktionen, Possessivangabe für die 3. Person | 48 |
| XI | Die Zwölftafelgesetze<br>4. (u-) Deklination<br>posse | 52 |
| XII | Das Ende der Ständekämpfe – Rom unterwirft Italien<br>Konjunktiv Imperfekt und Plusquamperfekt<br>Konjunktiv im Hauptsatz (Nichtwirklichkeit)<br>Konjunktiv im Gliedsatz (nach Konjunktionen ut, ne; bei si, nisi; im indirekten Fragesatz): Funktion und Wiedergabe des Konjunktivs; Antithese | 55 |

# Index libri

XIII EINE GRIECHISCHE SAGE ........................... 58
Fortsetzung des Sprachlehrestoffs XII
Konjunktion cum

XIV DIE HAFENANLAGEN VON OSTIA ........................... 61
Fortsetzung des Sprachlehrestoffs XII
Funktion von Gliedsätzen
hic, haec, hoc

XV EINE HOCHZEIT AUF DEM LANDE ........................... 65
Konjunktiv Präsens und Perfekt
Konjunktiv im Hauptsatz (Wunsch, Aufforderung, Verbot)
Asyndeton und Klimax

XVI DER UNTERGANG POMPEJIS ........................... 70
Das Passiv des Präsensstammes
Passiv: Funktionen und Wiedergabe
Numeralia

XVII ROM WIRD ZUR WELTMACHT ........................... 74
ROM UND KARTHAGO
Adjektive der 3. Deklination
Relativischer Anschluß
Ablativ
RÖMISCHE EXPANSION IM GESAMTEN MITTELMEERGEBIET ........................... 75
Verben der 3. Konjugation mit i-Stamm
Ablativ mit partizipialem Prädikativum

XVIII AUS DEN „PERIOCHAE" ZU LIVIUS ........................... 79
Partizip Präsens Aktiv
Ablativ mit partizipialem Prädikativum – Zeitverhältnis
Konjunktiv im Relativsatz

XIX RÖMISCHE SKLAVEN ........................... 83
Konjunktiv im Relativsatz
AcI im Relativsatz (Relativverschränkung)

XX DIE RÖMISCHE REPUBLIK TREIBT IHREM UNTERGANG ENTGEGEN ........................... 86
Komparation der Adjektive (regelmäßig und mit
unterschiedlichen Stämmen)

# Index libri

Komparation: Komparativ, Superlativ, Elativ
Ablativ des Vergleichs
Ablativ mit substantivischem Prädikativum
fieri
Trikolon; figura etymologica

| | | |
|---|---|---|
| XXI | Nachdenken über Sklaverei und Freiheit<br>Adverbbildung<br>Adverb und Adjektiv | 92 |
| XXII | Die Olympischen Spiele<br>ferre und Komposita | 96 |
| XXIII | Ein zudringlicher Schwätzer<br>ire und Komposita | 99 |
| XXIV | Sententiae – dicta et proverbia – exempla<br>velle, nolle, malle | 103 |
| XXV | Verba docent, exempla trahunt<br>Deponentia<br>Pronominaladjektive<br>Reflexivität in AcI und Gliedsätzen | 107 |
| XXVI | Philosophie des glücklichen Lebens<br>Deponentia | 113 |
| XXVII | Die Weltstadt Rom<br>-nd-Formen | 118 |
| XXVIII | Was tun bei Schnupfen?<br>Über die Anlage von Bädern<br>-nd-Formen | 124 |
| XXIX | Der Konflikt mit den Helvetiern (I)<br>Partizip Futur Aktiv | 128 |
| XXX | Der Konflikt mit den Helvetiern (II)<br>Oratio obliqua; Supinum | 131 |

# Index libri

LITTERARUM EXEMPLA VARIA

| | |
|---|---:|
| VOM ALLTAG EINES REICHEN RÖMERS | 136 |
| (Aus den Briefen des jüngeren Plinius: 9,36. 1,9) | |
| DIE GRÜNDUNG ROMS (Livius 1,6–7) | 137 |
| ZWEI RÖMISCHE SIEGER (Vell. Paterc. 1,13) | 138 |
| DIE PFLICHTEN DES GUTSVERWALTERS (Cato, de agric. 5) | 139 |
| WIE SOLL SICH DER GESUNDE VERHALTEN? | 140 |
| (Celsus, de medicina 1,1) | |
| DER TOD HANNIBALS (Livius 39,51, 4–12) | 141 |
| MARCUS PORCIUS CATO (Cornelius Nepos) | 142 |
| DIE FABEL VON WOLF UND LAMM | 144 |
| (Phaedrus, Aesopus Latinus, Steinhöwel) | |
| DIE PARABEL DES MENENIUS AGRIPPA (Livius 2,32,9–11) | 147 |
| POMPEJANISCHE INSCHRIFTEN | 148 |
| INSCHRIFTEN AUS NICHTANTIKER ZEIT | 150 |
| RÖMISCHE SPRUCHWEISHEIT (Publilius Syrus) | 152 |
| DAS LOB DER PHILOSOPHIE (Cic. Tusc. disp. 5,5) | 153 |
| DAS SCHWERT DES DAMOCLES (Cic. Tusc. disp. 5,61) | 154 |
| ZWISCHEN REPUBLIK UND KAISERREICH | 155 |
| (Eutropius, breviarium 5–7,10) | |
| RÖMISCHE KAISER | 161 |
| (aus: libellus de vita et moribus imperatorum) | |
| VERBORUM INDICES SECUNDUM LECTIONES | 168 |
| Mutter Latein und ihre neusprachlichen Kinder | 225 |
| INDEX VERBORUM ET NOMINUM LITTERARUM ORDINE DISPOSITUS | 229 |

# I
## Lectio prima

Lesen Sie den Text aufmerksam durch.
Lesen Sie den Text auch laut, langsam, gliedernd.
*(Zur Aussprache ↗ 2 … 5.)*
Was ist Ihnen beim Lesen aufgefallen?
Notieren Sie Ihre Beobachtungen, auch Ihre Fragen.
Haben Sie etwas Bekanntes feststellen können?
Verwenden Sie Ihre Aufzeichnungen für die Erschließung des Textes.

### Römer und Etrusker (um 500 v. Chr.)

*1* Populus Rōmānus est populus Italicus. Etrūscī et aliī populī antīquī populō Rōmānō finitimī sunt. Tiberis fluvius populum Rōmānum ā populō Etrūscōrum sēparat.
Etrūscī servōs habent. Servī in agrīs Etrūscōrum labōrant. Vīcī et
*5* oppida flōrent.
Sed saepe bellum est inter Etrūscōs, Rōmānōs, aliōs populōs. Multī virī in armīs sunt. Aliī in vīcōs et in oppida penetrant• et agrōs occupāre student, aliī adversāriōs ā vīcīs prohibēre dēbent.
Multōs annōs Etrūscī populō Rōmānō aliīsque populīs imperant.
*10* Post multa bella Rōmānī multīs populīs imperant.

*Prunkwagen von Monteleone di Spoleto, 6. Jh. v. Chr., Bronzeblech über Holzkern; New York, Metropolitan Museum; Treibarbeit, Szenen um Achilleus, auf dem Wagenkasten z. B. die Übergabe der neuen Waffen an Achill durch seine Mutter, die Meergöttin Thetis, s. Homer, Ilias 19, 1–13*

# I

ÜBUNGEN ZU SATZ- UND FORMENLEHRE

*1* Ordnen Sie die Kasusformen, die Ihnen im Lektionstext begegnet sind, zu einem möglichst vollständigen Deklinationsbild für vicus et oppidum .
. .
. .
. .
. .

Welche Nominativendungen gibt es in der 2. Deklination?
In welchen Kasus unterscheiden sich Maskulinum und Neutrum?
Welche Kasusendungen der 2. Deklination sind mehrdeutig?
Ermitteln Sie aus Übung 2 Möglichkeiten, die die Mehrdeutigkeit von Endungen einschränken.
Welche weitere Möglichkeiten bietet Übung 3?

*2* Übersetzen Sie! (Nur wenn sich der Kasus aus der Übersetzung nicht eindeutig ergibt, bestimmen Sie ihn):

a fluvium, a fluvio, fluvius, fluvii (2), fluvios, fluviorum; populum Romanum, populi antiqui (2), populo Romano, a populo antiquo, populorum, inter populos, post bellum;

b vir Romanus, viro Etrusco, viri Romani (2), viri ager, alios viros, alii viri, Romanorum, virum Etruscum, aliis viris, a multis viris, a viro.

c oppidum (2), aliud oppidum (2), multa oppida (2), in multis oppidis, oppidorum, Romanorum oppidō, oppidi Etrusci, in aliud oppidum, in armis, bello.

d (Jetzt sind keine Hinweise mehr auf mehrdeutige Formen gegeben):
multi viri, multa oppida, in agris et in oppidis, servi, arma Romana, populo Romano, populis Italicis, in multa oppida, Romanos, virum Romanum, viri Romani agri, Sabini aliique populi.

*3* Übersetzen Sie:
habet, habent, habere; laborare, laborat, laborant; imperant aliis viris; oppidum est antiquum; Davus servus est; Quintus vir Romanus est; Romani sunt, servi sunt; oppida florent; laborare debent.

*4* Vervollständigen Sie:
(Überlegen Sie, was Sie sich zunächst klarmachen müssen,

# I

*Urne in Hausform, 6. Jh. v. Chr., Ton; Rom, Antiquarium*

bevor Sie die fehlenden Kasusendungen einfügen können.)
1. Arpīnum est oppidum antiqu ... Italic ... 2. Etrusci finitim ... sunt popul ... Roman ... 3. Servi in agr ... ( Sing. oder Pl.) laborant; vir ... Roman ... in arm ... esse debent. 4. Mult ... popul ... antiqu ... agr ... finitimorum occupare student. 5. Tiberis fluvi ... Roman ... a popul ... Etrusc ... separat.

5  Wenden Sie die Bestimmung der Satzglieder für den Text der Lektion an.
Versuchen Sie, einige Satzbilder zu skizzieren.
Üben Sie Satzgliedbestimmungen und Satzbildskizzen in jeder Lektion an wenigstens einem Beispiel.

6  Bilden Sie die folgenden Formen und übersetzen Sie:
populus: Akk. Sing., Akk. Pl., Gen. Pl., Dat. Sing.;
ager: Gen. Sing., Nom. Pl., Dat. Pl ., Akk. Sing.;
bellum: Dat. Sing., Nom. Pl., Akk. Pl., Gen. Pl.

7  Setzen Sie die Singularformen in den Plural und umgekehrt, soweit es sinnvoll ist:
in oppido antiquo, in Titi agro, ab agro, in fluvio, armorum, in fluvios, laborare debet, inter oppidum et fluvium, post bellum.

# I

**8** Einmal anders herum – übersetzen Sie:
Ein Fluß trennt Römer und Etrusker – ein Fluß trennt die Römer von den Etruskern – ein Fluß trennt das römische Volk vom Volk der Etrusker – ein Fluß ist zwischen Römern und Etruskern.
In die alte Stadt – in der alten Stadt – von der alten Stadt (dasselbe im Plural?!); die Stadt ist alt – die Städte sind alt.
Auf den Feldern des Marcus müssen Sklaven arbeiten.

**9** Übersetzen Sie! Bestimmen Sie die Satzglieder, beschreiben Sie deren Form.
Quintus Tullius Cicero[1] vir Romanus est. Quintus multos servos habet. Quinti servi in agro laborant, sed non• Quintus servis imperat. Quintus in armis esse• debet: Romani enim• Gallorum agros occupant. Quinti servis vilicus[2] imperat.

[1] (Qu. Tullius Cicero war im Jahr 54 v.Chr. Offizier im Heere Caesars in Gallien)
[2] vīlicus, ī m. Gutsverwalter (ein Sklave)

Welche sachlichen Informationen lassen sich aus dem vorstehenden Text gewinnen?

**10** Fragen an den Text der Lektion
Wo und wie tritt uns die einstige Herrschaft der Römer über viele Völker heute noch entgegen?
Nennen Sie mehrere Sachbereiche mit Beispielen.

# II
## Lectio secunda

Nutzen Sie für die Erschließung des folgenden Textes Ihre Kenntnisse aus Lektion I bezüglich der Deklination (und Konjugation) und der Satzglieder, die den Bau des jeweiligen Satzes konstituieren.
Beachten Sie: Neu hinzukommende Endungen erfordern einen höheren Grad von Aufmerksamkeit und sorgfältigeres Strukturieren.

### DIE BEWOHNER DES ALTEN ITALIEN

1  Antīqua Italia multōrum populōrum patria est. Praeter Rōmānōs et Etrūscōs etiam Gallī incolae• Italiae sunt.
Mediam Italiam Sabīnī aliīque populī ūnā cum Rōmānīs cēterīsque Latīnīs incolunt.
5  Graecī octāvō saeculō ex patriā in Italiam et in īnsulam Siciliam veniunt. Multās colōniās• ibī condunt, patriam novam amant, nam agrī novōs incolās alunt.
Italiae incolae agricolae bonī sunt. Māgnō (cum) studiō agrōs colunt et armenta• alunt. In Italiā frūmentum bonum crēscit.
10 Nātūra nihil ferē negat industriae• incolārum. Sed vīta dūra est, et agricolae nōn vacant cūrīs. Nam in agrō et in vīneā• labōrāre, viās mūnīre, aquam vel addūcere vel dērīvāre, interdum vīcum fīnitimōrum auxiliō tegere adversāriōsque ā vīcō prohibēre dēbent.

*Bauer auf dem Weg zum Markt, Marmor, 33,5 × 29 cm, augusteische Zeit; München, Glyptothek*

# II

ÜBUNGEN ZU SATZ- UND FORMENLEHRE

**1** Legen Sie ein Deklinationsbild an für
servus et agricola    .
.                     .
.                     .
.                     .
.                     .

Welche Endungen der 1. Deklination sind mehrdeutig?
Wie kann Mehrdeutigkeit eingeschränkt werden?
Suchen Sie dazu Beispiele aus Übung 2. Versuchen Sie, eigene Beispiele zu bilden.
Welche Kasus bezeichnet die Endung a/ā in der 1., welche in der 2. Deklination?
Welche Kasus bezeichnet die Endung -īs?

**2** Übersetzen Sie (Bestimmen Sie den Kasus in den Fällen, in denen er sich aus der Übersetzung nicht eindeutig ergibt):
*a* Italiam, in Italia, insulae (3), multas insulas, multae insulae, in Italiam, aliis insulis (2), inter ceteras insulas, aliarum insularum, e patria, ab insulis, patriae novae (2), ceterae insulae, aquae (3);
*b* novi incolae (2), multi agricolae, multos agricolas, agricolam bonum, cum novis incolis, cum novis Italiae incolis, servus agricolaque, multorum agricolarum, bono agricolae.
*c* (Jetzt sind keine Hinweise mehr auf mehrdeutige Formen gegeben) oppida antiqua, magna insula, multis agris, populis magnis, incolarum industria, Italiae incolae, octavo saeculo, una cum Italiae incolis, oppida insulasque, armis, frumenti, auxilio finitimorum.

**3** Ergänzen Sie die fehlenden Endungen:
1. Mult… popul… incolunt Itali…  2. Octav… saecul… etiam Graeci in Itali… et in insul… Sicili… veniunt. 3. Nova oppid… condunt. 4. Nov… patri… novos incol… alit.

**4** Übersetzen Sie:
(im) achten Jahrhundert, auf ["in"] der Straße, sie ist frei (von) Sorgen, aus Italien, in der kleinen Stadt, (mit) Hilfe der Römer.

**5** Stellen Sie die in den Lektionstexten I und II vorkommenden Ablative in formale und funktionale Gruppen zusammen.

# II

Welche dieser Gruppen bedarf besonderer Aufmerksamkeit?

**6** Ordnen Sie die folgenden Verbformen nach Konjugationen. Ergänzen Sie jeweils den Infinitiv. Übersetzen Sie.
amat, venit, incolunt, occupant, debent, veniunt, sunt, est, prohibet, negat, crescunt, condit, tegunt, florere, adducunt aquam.

**7** Vertauschen Sie in den folgenden Sätzen jeweils Singular und Plural:
Ex Italia veniunt. Agros colit. Oppida condunt. Curis vacant. Agros colere debent. Agricola Italicus agnum[1] alit.

[1] āgnus ī, *m.* Lamm

**8** Achten Sie beim Übersetzen darauf, ob im Deutschen der bestimmte, der unbestimmte oder kein Artikel erforderlich ist.
1. Vulcanus[1] est deus• Romanus. 2. Romani etiam alios deos colunt. 3. Tiberis est fluvius et fluvii deus. 4. Dionysum[2], deum Graecum, etiam agricolae Romani amant.

[1] Vulcānus, ī, *m.* Vulkan (der Gott des Feuers)
[2] Dionysus, ī, *m.* Dionysos (der Gott des Weines)

Nach welchen Kriterien entscheiden wir beim Übersetzen ins Deutsche über den Artikelgebrauch?

# III
# Lectio tertia

Sehen Sie sich den folgenden Text überblicksweise an – welche Arten von Formen erwarten Sie bei einem solchen Text?

„SIEBEN – FÜNF – DREI: ROM KROCH AUS DEM EI"

*1* Magistrī amant fābulās dē Rōmulō et Remō narrāre – illās fābulās iam Rōmānī narrābant.
Rōmulus et Remus erant geminī ex familiā rēgiā nātī. Ut Rōmānī putābant, pater puerōrum erat Mārs, deus bellōrum.
*5* Pater fīliōs tegēbat, cum in perīculō erant.

Die Mutter von Romulus und Remus war Ilia (nach anderen Quellen: Rhea Silvia), die Tochter des Königs Numitor von Alba Longa (Diese Stadt hatte einst Iulus von der Stadt Lavinium aus gegründet, der mit seinem Vater Aeneas aus dem brennenden Troja entkommen war.) Numitor war von seinem Bruder Amulius vom Thron gestürzt worden. Außerdem hatte Amulius Ilia zur Vestalin gemacht (die Priesterinnen der Vesta durften weder heiraten noch Kinder haben) und ihren Bruder beseitigt. So wollte er seine Herrschaft sichern. Nun aber sah er durch Romulus und Remus sich und seine Macht gefährdet.

Amūlius erat vir dūrī animī. Puerōs tollere studēbat.
Eines Tages – aliquandō ūnum ex ministrīs suīs vocat et dīcit:
Amūlius: „Audī verba mea!"
Minister: „Audiō, domine, verba tua."
*10* Amūlius: „Nōn vacō cūrīs māgnīs. Nam rēgnum meum in perīculō est. Puerōs egō timeō – etiam tū puerōs timēre dēbēs. Itaque puerōs tollere in animō habeō. Tū autem dominum tuum adiuvāre dēbēs."

Der Diener, in die früheren Anschläge des Amulius eingeweiht und an ihnen beteiligt, entwickelt einen Plan, der dem König und ihm Sicherheit bringt und zugleich die Schuld an der Ausführung anderen zuschiebt:

Minister: „Egō dominum semper adiuvābam – itaque etiam nunc
*15* adiuvābō. Dum geminī in vītā manēbunt, cūrīs nōn

# III

vacābis. Ita dīcō: Sī ministrī puerōs in fluviī aquam portābunt – nēmō ibī puerōs servābit. Tum rēgnum tuum nōn iam in perīculō erit. Servābō, domine, rēgnum tuum, servābō vītam meam. Vocābō aliōs ministrōs, ministrī dominum adiuvābunt."
Et vocat aliōs ministrōs. Ministrī statim veniunt.
Rēx dīcit ministrīs:
    „Audīte, ministrī, verba mea!"
Ministrī:  „Audīmus, ō rēx, verba tua."
Rēx imperat ministrīs:
    „Portāte puerōs ad fluvium,
    expōnite puerōs in aquā!
    Ita servābitis rēgnum meum et vītam vestram."
Ministrī:  „Portābimus, domine, geminōs ad fluvium et in aquā expōnēmus. Nēmō ibī puerīs auxiliō veniet, nēmō puerōs servābit. Nōs autem servābimus vītam nostram et tuum rēgnum."
Tum ministrī puerōs ad fluvium portant et in aquā expōnunt. Sed Mārs pater fīliōs servat. Lupa puerōs alit. Faustulus pāstor geminōs invenit et ēducat. Posteā Rōmulus et Remus Amūlium tollunt. Rōmulus oppidum condit. Nōminat oppidum Rōmam.

# III

Übungen zu Satz- und Formenlehre

*1* Übersetzen Sie:
Patriam amo, in agris laboramus, ministros vocas, nihil negatis; curas prohibeo, deos times, agros novos habemus, adversarios prohibetis; oppidum condimus, agrum colo, pueros exponitis, crescis; oppida munitis, ex Italia venio, geminos invenis.
Curas tollere studebas, aquam in agrum adducebamus, in patriam veniebat, aquam de fluvio derivabatis.
Curis vacabitis, in oppido non manebo, puerum vocabit, in insula agrum habet. A b e r : dicam, dices, inveniet pueros, filios tegemus, filium tegam, oppidum muniemus, puerum exponetis, veniam.

*2*
*a* Nennen Sie die Personalendungen des Präsens-Aktiv-Stammes.
*b* Wann trat bisher in der 1. Pers. Sing. -o und wann -m auf?
*c* Welche Lautgruppe bezeichnet das Imperfekt in der 1.–4. Konjugation?
*d* Nennen Sie die Kennzeichen des Futur I in den verschiedenen Konjugationen!
*e* Wie unterscheidet sich der Imperativ Sing. und Plur. von der 2. Pers. Sing. und Plur. Präs. Akt.?
*f* Welche Abschnitte der Sprachlehre können Sie für die Lösung dieser Aufgabe heranziehen?

*3* Unterscheiden Sie:
Manetis, alemus armenta•, armenta non habent, inveniemus filium nostrum, Amulium non timent, minister exponet pueros, deos coletis, deos timetis.
Bei welchen der Formen ist das -e- Tempuskennzeichen?

*4* Übersetzen Sie. Nennen Sie jeweils den lateinischen Infinitiv und die Konjugation:
Servo, dico, nego, colo, expono, puto, occupo, laboro, venio, maneo, nomino, voco, derivo.

*5* Übersetzen Sie folgende Sätze und vertauschen Sie dann jeweils Präsens und Imperfekt. Überprüfen Sie Ihre Ergebnisse mit Hilfe von ↑86.
1. Periculum est magnum. – Pueri in periculo sunt.

# III

2. Mars deus Romulum Remumque amabat. – Feminae Romanae filiis suis fabulas narrant.
3. Vir duri animi adversarios tollere studebat. – Mars adversarium a filiis suis prohibet.
4. Italiae incolae agros suos colebant. – Frumentum bonum ex agro crescit.
5. Incolae vias muniebant. – Quotannis filius venit in patriam.

**6** cum

Setzen Sie die folgenden Formen an der richtigen Stelle in die Sätze ein: negabo, veniunt, derivat, vocabunt, veniebat, erit, filio, pater.
1. Cum dominus vocat, servi… . 2. Pater cum … aquam e fluvio… . 3. Cum periculum belli erit, Romani deos … . 4. Cum … vocabat, filius … 5. Cum vocabis, auxilium non … . 6. Dominum adiuvate, cum in periculo … .

Was fällt Ihnen bei der Übersetzung der Sätze auf, die im Lateinischen im Futur stehen?

Die Kapitolinische Wölfin, Bronze, H. 75 cm, L. 114 cm, Mitte 5. Jh. v. Chr. Rom, Palazzo dei Conservatori

# III

**7** dum
1. Dum filius puer erat, pater filio nihil negabat. 2. Dum ipse frumentum habebo, et(iam) tu curis vacabis. 3. Romulus: „Non quiescam•, dum Amulius regnum meum obtinebit[1]. 4. Dum servi erunt, domini servos timebunt.

[1] obtinēre in Besitz haben

Formulieren Sie eine Regel über den Gebrauch des Futurs im Lateinischen und Deutschen bei cum (wenn, sooft) und dum (solange).

**8** Übersetzen Sie und vertauschen Sie dann jeweils Singular und Plural:
1. Voca pueros! 2. Colite agros! 3. Puer alios pueros vocabit. 4. In oppido non manebo. 5. Veniam.

**9** „Die Kunst ist lang, doch kurz ist unser Leben" (Goethe, Faust)
Die lateinische Formulierung: Vita brevis, ars longa, zeigt die Wortfolge Substantiv Adjektiv, Substantiv Adjektiv. In Goethes Zeile stehen die Worte anders: Substantiv Adjektiv, Adjektiv Substantiv. Das läßt sich auch so darstellen:
  Die *Kunst* ist *lang,*
  doch *kurz* ist unser *Leben.*
Verbindet man die jeweils entsprechenden Worte, ergibt sich ein Strukturbild, das dem griechischen Buchstaben X (Chi) entspricht. Daher trägt diese Stilfigur die Bezeichnung *Chiasmus.*
Die lateinische Fassung hingegen zeigt in der üblichen Zitierweise das Strukturbild (die Stilfigur) *Parallelismus.*
Suchen Sie aus dem Text der Lektion III Beispiele für
a) Parallelismus und b) Chiasmus.
Was wird durch solche Stilfiguren bewirkt?

# III

*Altar mit Relief, die Sage von Romulus und Remus darstellend, Marmor, 2. Jh. n. Chr.; Rom, Musei Vaticani*

# IV
## Lectio quarta

Welche Personen treten im folgenden Text auf?
Wie werden die Personen vorgestellt?

VOM ALLTAG EINES REICHEN RÖMERS (UM 150 N. CHR.)

1　Hōrā prīmā Pūblius Metellus Philippum, amīcum Graecum, ē somnō• excitat: „Surge, Philippe! Satis est somnī. Nōn es apud Graecōs, apud Rōmānōs sumus. Egō iam parātus sum."
„Quam strēnuī• estis, Rōmānī", inquit Philippus, „sed egō quoque
5　mox• parātus erō. Nam mihī in animō est Rōmam cōgnōscere, pulchra fora et templa multaque alia spectāre, amphitheātrum• quoque vidēre."
Tum Pūblius „Nōn mēcum", inquit, „ibī eris, sed cum Lūciō, fīliō meō. Egō cum amīcīs meīs in forō erō, iūdiciīs intererimus, nam
10　cliēns meus vocat mē auxiliō. Eget meī, itaque adesse dēbeō. Lūcius per pulchrās viās Rōmae tē dūcet multaque tibī mōnstrābit."
Lūcius iam adest et "Ita erit", inquit, „egō per Rōmam tē dūcam, multa tibī mōnstrābō, etiam amphitheātrum māgnum."
Philippus autem rogat: „Multās hōrās ibī manēbimus?" „Nōn
15　multās hōrās", respondet Lūcius, „nam diēs fēstus• nōn est, itaque spectācula• nōn erunt, cēterum• vōbīs Graecīs, ut sciō, tāle• spectāculum non plācet – nōs Rōmānī autem valdē amāmus. Capitōlium vidēbis et ..."
„Nōnā hōrā, Lūcī et Philippe, adeste! Nam cēnam dabō tibī,
20　Philippe, amīcīsque nostrīs. Nihil nōbīs dēerit. Nunc valēte! Amīcōs meōs venīre audiō, mē salūtāre in animō habent."

# IV

Übungen zu Satz- und Formenlehre

**1** Vergleichen Sie den Bau der Formen von esse ↗92 mit den Ihnen bisher bekannten Formen.
Was ist gleich, was unterschiedlich?
Was müssen Sie folglich neu einprägen?

**2** Übersetzen Sie:
a  1. Pulchra es. 2. Amici sunt. 3. Paratus sum. 4. Iudiciis interero. 5. Tecum in amphitheatro eram. 6. Strenuae[1] estis. 7. Mihi non aderit. 8. Minister Amulii erat. 9. In periculo eras. 10. Amicus tuus sum. 11. Nobis adeste!
b  1. Er steht mir bei. 2. Sie ist tüchtig[1]. 3. Er ist tüchtig. 4. Wir (Jungen) sind tüchtig. 5. Das Forum war schön. 6. Werdet ihr mir helfen?
c  In welchen Sätzen ist das Geschlecht der angeredeten Person erkennbar?

[1] strēnuus, a, um tüchtig

*Porträt eines Knaben, Marmor, 36 cm, Anfang 2. Jh. n. Chr.; Berlin, Antikensammlung*

# IV

**3** Personal- und Possessivpronomen
*a* Übersetzen Sie: ducis nos, amicus noster, nobis adestis, amicis nostris; Romam vobis monstrabit, pater vester, pater vos vocabat, vobiscum veniam; tibi aderimus, ministri tui (2), te vocabit; mecum veni, verba (Worte) mea audite!
*b* Setzen Sie in den lateinischen Beispielen 1. Pers. Sing. für 1. Pers. Pl. und umgekehrt, 2. Pers. Sing. für 2. Pers. Pl. und umgekehrt ein.

**4** -is und -īs am Wortende
Übersetzen Sie. Achten Sie dabei auf mehrdeutige Formen.
eris, multis curis, tegis, intereris, venis, condis, studiis, populis antiquis, adestis, deeratis.

**5** In den Straßen Roms
Lucius Philippo Romam monstrat. In viis servi lecticas[1] portant, sed carris[2] vacant viae. Nam agricolae cum carris suis noctu[3] venire debent. „Ibi", inquit Lucius, „vir aquam in insulam portat; incolis aquam vendit[4]". Philippus: „Magnae sunt insulae, sed mihi non placent. Pulchrae non sunt." Tum Lucius: „Pulchrae non sunt, sed lucrosae[5] dominis. Nunc veni! Amphitheatrum tibi monstrabo."

[1] lectīca, ae, *f.* Sänfte
[2] carrus, ī, *m.* Wagen
[3] noctū (*Adverb*) nachts
[4] vēndere verkaufen
[5] lucrōsus, a, um gewinnbringend.

# IV

**6** Silbenrätsel
Aus den folgenden Silben sind acht Wörter zu bilden. Die Anfangsbuchstaben, von oben nach unten gelesen, ergeben eine Berufsbezeichnung.
a, a, ce, ci, cum, cus, di, grae, is, iu, la, li, ma, mi, nam, ni, oc, os, ro, ta, ti, vo.
1. Philippus erat Metelli ...
2. Prima hora Metellus amicum ... ad prandium (Frühstück) vocat.
3. ... erat Romanorum patria.
4. Clientes salutabant Metellum, postea ... interesse debebat.
5. Vespere (am Abend) Metellus amicis suis ... dabit.
6. ... saeculo multi Graeci in insulam Siciliam veniunt.
7. Sabini et Romani sunt populi ...
8. Amulius: „Voca", inquit, „... quoque servos!"

**7** Fragen an den Text der Lektion
Welche Bereiche des Alltagslebens werden angesprochen?
Welche Informationen vermittelt der Text?
Welche ergänzenden Informationen benötigen Sie?

# V
## Lectio quinta

ROM IN DEN ERSTEN JAHRHUNDERTEN SEINER GESCHICHTE

*1* Rōmānī fābulās dē Rōmulō narrātas amābant, sed vērae non sunt. Nam in Palātiō nātūrā mūnītō iam ante Rōmulī rēgnum agricolae Latīnī incolēbant; ab illīs oppidum conditum est. Illud oppidum Rōma nōminātum est. Tum Rōma neque forīs pulchrīs neque
*5* monumentīs clārīs ōrnāta erat.
Rōma multōs annōs sub imperiō Etrūscōrum erat. Tum fabrī Etrūscī saepe Rōmam veniēbant. Illīs annīs Rōmae prīmum templum aedificātum est. Ex forō aliīsque locīs terrae Rōmānae aqua per cloācās• in Tiberim fluvium dērīvāta est. Cloāca•
*10* māxima• ad nostrum saeculum est cōnservāta.
Rēx ā patriciīs creātus populum Rōmānum regēbat. Līvius narrat: Rōmānī septem rēgēs habēbant; prīmōs amābant et colēbant, septimum autem, Tarquīnium, timēbant, nam tyrannus• erat. Oppidum a fīnitimīs saepe armīs petītum mūrīs circumdatum
*15* est. Ita adversāriī• nōnnulla saecula prohibitī sunt, quamquam Rōmānī, cum bellum gerēbant•, semper ferē in māgnō perīculō erant. Posteā autem fīnitimī superātī sunt. Agrīs fīnitimōrum occupātīs paulātim crēscēbat ager Rōmānus.

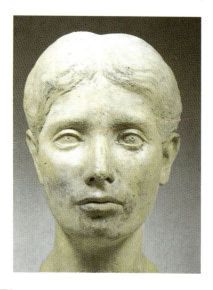

*Porträt eines Mädchens, Terrakotta, mit Resten von Bemalung, 35 cm, Anfang 1. Jh. n. Chr.; Berlin, Antikensammlung*

# V

Übungen zu Satz- und Formenlehre

**1** Zu welchen Infinitiven gehören die folgenden Verbformen? Übersetzen Sie:
amatus, separatus, derivatus, educatus, servatus, salutatus, auditus, munitus, occupatus, prohibitus, altus, tectus, ductus, conditus, datus, nominatus.

**2** Übersetzen Sie die folgenden Wortgruppen (Bestimmen Sie den Kasus, wenn er aus der Übersetzung nicht eindeutig hervorgeht): oppidum munitum (2), vita servata (2), ager occupatus, puer bene altus, filio vocato, pecunia• debita (2), in oppido a Graecis condito, de viris a Romulo ductis.

**3** Übersetzen Sie und bestimmen Sie das Tempus:
1. Ab amico excitati sumus. 2. Via nobis a finitimo monstrata erat. 3. Ubi (sobald) aqua ex illis agris derivata erit, frumentum bene crescet. 4. Roma natura munita non ante sextum• saeculum muris circumdata est.

**4** Bilden Sie Perf., Plpf. und Fut. II Passiv zu educare (2. Pers. Pl. m.), amare (2. Pers. Sing. f.), condere (oppidum), prohibere (pericula), munire (viae).

**5** Schreiben Sie die im Lektionstext vorkommenden Fügungen mit Partizip in folgender Weise geordnet heraus:
fabulas de Romulo narratas – oppidum conditum est.
Übersetzen Sie! Vertauschen Sie dann – wo sinnvoll möglich – in beiden Sprachen Singular und Plural! Was müssen Sie beachten? Was ist im Deutschen anders?

**6**
a Ergänzen Sie die Endungen.
b Stellen Sie fest, ob es sich jeweils um ein Vorgangs- oder ein Zustandspassiv handelt (⇗ 176), und übersetzen Sie entsprechend.
1. Oppidum ab alio oppido fluvio separat… erat. 2. Multi Graeci Siciliam insulam incolebant. Ab illis nonnulla clara oppida condit… erant. 3. Tibi frumentum dabimus, nam horrea[1] nostra complet… sunt frumento. 4. Illa fabula pueris saepe a me narrat… erat. 5. Primus rex a populo amat… est.

[1] horreum, ī n. Speicher

# V

**7** De Aenea

Nunc vobis fabulam a Vergilio poeta• narratam narrabo. Per novem annos Troiae incolae Graecos a patriae muris prohibebant. Decimo• anno Graeci oppidum armis ab incolis bene tectum dolo¹ expugnant•. Aeneas autem a deis servatus cum nonnullis amicis et filio suo Italiam petit. In Africa Dido regina² Aeneae naufrago³ novam patriam dat; sed ille deorum imperio a regina separatus est. Postremo• in Italiam venit ibique novum oppidum condit. Ut Romani putabant, ex Aeneae familia Romulus Remusque nati sunt.

[1] dolus, ī, *m.* List
[2] Dīdō rēgīnā Königin Dido (*die mythische Gründerin der Stadt Karthago*)
[3] naufragus, a, um schiffbrüchig

**8** Fragen an den Text der Lektion

Worin unterscheidet sich der Text der Lektion V von Texten wie in Lektion III oder in Übung V 7?
Versuchen Sie, die Textsorten zu charakterisieren.
Versehen Sie jeden Abschnitt mit einer treffenden Überschrift.

*Aeneas, seinen Vater Anchises tragend, Terrakotta, frühes 5. Jh. v. Chr.; Rom, Villa Giulia*

# I–V

ÜBUNGEN ZUM WORTSCHATZ DER LEKTIONEN I BIS V

Achten Sie auch bei den Wortschatzübungen auf Gemeinsamkeiten und Unterschiede, die im Vergleich des Lateinischen mit anderen Sprachen sichtbar werden! Kontrollieren Sie erschlossene Bedeutungen im Wörterbuch!

**1** Lateinische Verben als Komposita durch Präfigierung (↑ 99)
Erklären Sie die Ausdrücke „Kompositum" und „Präfigierung" hinsichtlich Bedeutung und Herkunft.
Was bedeuten die folgenden Verben?
abducere, adducere, conducere, deducere, educere, inducere, perducere, praeterducere, reducere
advenire, advocare, apportare; convenire, convocare, comportare; revenire, revocare, reportare; evenire, evocare, exportare

**2** Verben als Ableitungen von Substantiven oder Adjektiven
curare, regnare, dominare, cenare, iudicare, armare, bellare, novare

**3** Substantive vom Partizip Perfekt Passiv
dictum, compositum, debitum, responsum

**4** Informieren Sie sich in der Sprachlehre (↑ 100) über die in den folgenden Wörtern auftretenden Suffixe und erschließen Sie die Bedeutung der Ableitungen:
fili-olus, regulus, agellus, servulus, puerulus, oppidulum, amicula; fru-mentum, alimentum, munimentum, tegumentum, ornamentum; puer-itia, duritia, amicitia; aqu-osus, studiosus, periculosus, verbosus, animosus, imperiosus, laboriosus; servilis, monumentalis, annalis, vitalis, verbalis; separa-bilis, educabilis, visibilis

**5** Welche Fremdwörter kennen Sie zu den in den Übungen 1–4 vorgelegten lateinischen Wörtern?
Nennen Sie Fremdwörter und ihre Bedeutung zu: conservare, permanere, detegere, derivare, repetere, intervenire, interesse, imponere, exponere, nominare, demonstrare, salutare, audire.

# VI
## Lectio sexta

Achten Sie sorgfältig auf neue Deklinationsformen.
Vergleichen Sie mit bereits bekannten, versuchen Sie funktionale
Einordnung der neuen Formen in syntaktische Zusammenhänge.
Bauen Sie neben der Übersetzung des Textes ein Deklinationsbild
auf:
res  publica              .
  .                       .
  .                       .
  .                       .
  .                       .

### Römischer Staat und römische Götter

1   Marcus Tullius Cicerō in librō dē rē pūblicā scrīptō dīcit: Est enim
    rēs pūblica rēs populī.
    Prīmīs autem reī pūblicae Rōmānae saeculīs rēx populum
    regēbat, rēx reī bellicae• praeerat, rēx etiam rēbus dīvīnīs• cōn-
5   sulēbat. Cēterās rēs nōn sōlus administrābat, dē multīs enim rēbus
    patriciōs cōnsulere dēbēbat.
    Rōmānī deīs fidem habēbant rērum pūblicārum et prīvātārum•.
    Rōmānōrum spēs semper in auxiliō deōrum sīta erat. Summōs
    deōs Rōmānī nōminābant:
10      Jūnō, Vesta, Minerva, Cerēs, Diāna, Venus, Mars,
        Mercurius, Jovis, Neptūnus, Vulcānus, Apollō.
    Effigiēs deōrum in templīs aliīsque in locīs stābant. Per multa
    saecula deī, ut Rōmānī putābant, rem pūblicam Rōmānam ā
    perniciē servābant.

# VI

ÜBUNGEN ZU SATZ- UND FORMENLEHRE

*1* Welche Endungen der 5. Deklination haben mehrere Funktionen? Bei welchen Kasusendungen der 5. Deklination stellen Sie Gemeinsamkeiten mit der 1. und 2. Deklination fest?

*Vestatempel, Marmorrelief, frühe Kaiserzeit, Höhe 70,7 cm; Florenz, Uffizien*

*2*

*a* Übersetzen Sie (wenn der Kasus aus der Übersetzung nicht eindeutig hervorgeht, bestimmen Sie ihn! Achten Sie auf mehrdeutige Formen!):
res, res publica, rem publicam, meas res, rei publicae, rebus, in Romanorum rebus publicis, spei, rerum tuarum, multas res, in re publica nostra.

*b* Bilden Sie zu spes tua: Dat. Sing., Akk. Sing., Abl. Sing. (de); zu Vulcani effigies: Gen. Sing., Nom. Pl., Gen. Pl.; zu res divinae: Akk., Dat., Abl. (in).

# VI

*Marcus Aurelius beim Opfer vor dem Jupitertempel, Marmor, 314 × 210 cm, vor 180 n. Chr.; Rom, Palazzo dei Conservatori*

c  Ergänzen Sie die Endungen:
1. Multis r... rex Romanus consulebat. 2. Vana[1] sp... iam multi viri in pernici... ducti sunt. 3. Adversarii saepe veros r... public... ministros circumdant, dum in vita manent. 4. Nonnulli etiam propter r... public... (Pl.) curam e medio sublati sunt. 5. Amulius Martis filiorum pernici... (!) studebat, illi autem servati sunt. 6. Non facile est r... public... bene administrare.

[1] vānus, a, um eitel, leer

# VI

*d* Ein Bilderrätsel nennt man auch »Rebus« – warum?

**3** Wiederholung der Präpositionen
1. Rem, non spem petit ab amico amicus. 2. Non pater ad filium, sed filius ad illum venire debet. 3. Ager Marci ad fluvium situs est. 4. De muro Romani Etruscos videbant. – De Romulo Romani fabulas narrabant. 5. Ex Africa venit Romam. – Ex agro frumentum crescit. Multi amicorum aderant – sed unus ex amicis mihi aderat. 6. Sub lupae effigie Romulum Remumque vides. Non semper autem ibi erant, ante quinque (V) fere saecula sub lupa positi sunt. 7. Inter arma silent[1] Musae[2].

[1] silēre schweigen, still sein
[2] Mūsae, ārum Musen (*Göttinnen der Künste und Wissenschaften*)

Welche syntaktische Funktion haben die präpositionalen Wendungen jeweils?

**4** Ein ganz besonderer Prozeß
Lucius Aulusque, pueri Romani, amphitheatrum petunt. Per Forum Romanum ire[1] in animo habent. Quam multos viros ibi vident! „Ecce[2]" inquit Lucius, „iudicium, quamquam dies festi[3] iudiciis vacare debent!"
Tum Aulus: „M. Caelius reus[4], ut putat pater meus, Claudiam Metelli[5] tollere studebat, alius vir autem re vera ab illo sublatus est.

[1] īre gehen
[2] ecce sieh da
[3] diēs fēstus Festtag
[4] reus, reī, m. der Angeklagte
[5] Claudia Metellī (*Frauen behielten in der Ehe den Geschlechtsnamen ihres Vaters bei, der Beiname des Ehemanns wurde im Genitiv hinzugesetzt. Claudia war zum Zeitpunkt des Prozesses – 56 v. Chr. – schon verwitwet.*)

# VI

Itaque etiam die festo Caeli(i) rem agunt●". Lucius autem vocat:
„Ecce vir clarus, M. Tullius Cicero! Defendit● reum! Ego manebo
audiamque Ciceronem⁶."

⁶ Ciceronem – welcher Kasus? (Begründen Sie!)

5 Fragen an den Text der Lektion.
In zwei Hexametern (Zeilen 11 und 12 – ↑233) sind die zwölf
römischen Hauptgötter aufgeführt (aus metrischen Gründen die
altlateinische Form Jovis statt Jupiter).
   Für welche Aufgabenbereiche galten die Genannten als zuständig?
An welchen Merkmalen kann man sie in bildlichen Darstellungen erkennen?

Im Text der Lektion wird eine weitere Stilfigur vorgestellt – die
Anapher (von griech. *anaphora* – Wiederholung):
   rex populum regebat,
   rex rei bellicae praeerat,
   rex rebus divinis consulebat.
Was leistet diese Stilfigur?

# VII
## Lectio septima

Achten Sie im folgenden Text auf die Formen der Prädikate:
Versuchen Sie, die Formen zu ordnen
a    nach formalen Merkmalen
b    nach funktionalem Wert der Sätze im Text
– was wird mit den Verbformen jeweils ausgedrückt?

### Ein wandernder Arzt

Iam diū Mārcus agricola ex oculīs labōrābat, nihil ferē vidēbat.
Illīs diēbus in forō oppidī prope sitī Serāpiōn medicus aegrōtōs•
cūrābat. A filiā ductus etiam Mārcus oppidum petīvit medicum-
que cōnsuluit. Serāpiōn Mārcī oculōs acū• cūrāvit et lānam• ōvī
5    albō tīnctam oculīs imposuit. Tum pretium nōn māgnum postulāvit. Mārcus autem post paucōs diēs dēnuō agrum coluit. Nōn diū
medicus ūnō locō manēbat: cum aegrōtōs cūrāverat, locum
mūtābat.

# VII

Übungen zu Satz- und Formenlehre

***1*** Erläutern Sie die Funktionen der Tempora im Text (/ 177–183)! Ermitteln Sie die Temporalangaben, die nicht in einer Verbform ausgedrückt erscheinen.
Welche Beziehungen zwischen beiden Arten von Temporalangaben (Verbform – Nicht-Verbform) können Sie feststellen?
Vergleichen Sie lateinischen und deutschen Tempusgebrauch.

***2*** Wenn man die folgenden Verse ins Lateinische übersetzen wollte – welche der deutschen Präterita müßten mit dem Imperfekt bzw. dem Perfekt wiedergegeben werden?
Begründen Sie Ihre Ansicht.
        Ich ging im Walde so für mich hin
        Und nichts zu suchen, das war mein Sinn;
        Im Schatten sah ich ein Blümlein stehn,
        Wie Sterne leuchtend, wie Äuglein schön.
        Ich wollt' es brechen, da sagt' es fein:
        „Soll ich zum Welken gebrochen sein?" ...

***3***
*a* Übersetzen Sie. Bestimmen Sie die Tempora:
amavit, narrāvērunt, mutaverat, petiverant oppidum, petivērunt oppidum armis, audivit, audivērunt, fuit, fuerant, floruit, mihi adfuerunt, curas prohibuerunt, pueros exposuerat.
*b* Nennen Sie den Infinitiv Präsens Aktiv und die 1. Pers. Sing. Präs. Aktiv der Verbformen.
*c* Nennen Sie jeweils den Präsens-Aktiv- und den Perfekt-Aktiv-Stamm.

***4*** Pater filiusque migrabant per agros. Diu iam migraverant. Filiolus petivit pausam•, pater autem pausam negavit. „Mox"•, inquit, „apud amicos erimus."
Begründen Sie den Gebrauch der Tempora. Wie müßten Sie übersetzen, wenn statt „petivit" – „petebat" stünde?

# VII

## Tarquinius Superbus wird König in Rom

1  Dum Servius Tullius, rēx sextus, rēgnat•, Rōmae Tarquīnius spē rēgnī excitātus patriciōs• in forum convocāvit• ibīque sibī rēgnum postulāvit.
„Anteā", inquit, „nōs patriciī fuimus dominī Rōmae. Anteā nōs
5  dē nostrīs rēbus dēcrēvimus. Nunc dēcernunt Servius ille plēbeīque – novōs agrōs rēx dabit plēbeīs. Nunc satis est, satis diū egō iniūriam tolerāvī, satis diū vōs rēgem timuistis. Necāre dēbēmus Servium. Iniūria manēbit, nisī illum necāverimus."
Ita Tarquīnius aliōs terruit, aliōs sollicitāvit•, dum Servium
10  necāvērunt. Tarquīnius autem rēgnum occupāvit.

Fragen an den Text „Tarquinius wird König":
Was wirft Tarquinius dem König Servius Tullius eigentlich vor?
Wie stellt er sich selbst dar? Was will er?
Welche rhetorischen Mittel (Stilfiguren) erkennen Sie in seiner (fiktiven) Rede?

# VII

## 1 Übungen zu Satz- und Formenlehre

a  Nennen Sie die Personalendungen des Perfekt Aktiv aller Konjugationen.
b  Nennen Sie die charakteristischen Ausgänge des Plusquamperfekts und des Futur II.

## 2

Unterscheiden Sie die Tempora:
alit, alet, aluit; portas, portabis, portavisti; crescunt, creverant; decrevērunt, decernunt; timetis, timuistis, timebatis; prohibuērunt, prohibueramus, prohibuerimus.

## 3

Lucretia
Setzen Sie jeweils Perfekt oder Imperfekt ein.
Begründen Sie Ihre Entscheidung.
Per multos annos Servius rex rem publicam Romanam (regere). Plebei (amare) Servium. Viri patricii autem, a Tarquinio sollicitati, Servium (necare).
Rex creatus Tarquinius et patricios et plebeios (opprimere•). Aliquando unus e Tarquinii filiis Lucretiam, Collatini pulchram maritam•, (violare¹).
Lucretia maritum• e castris• ad se (vocare), de iniuria (narrare), se ante mariti oculos (necare). Ille iniuriam non (tolerare). Alios viros patricios (convocare), Tarquinium una cum filiis Romā (fugare•).

¹ violāre verletzen, vergewaltigen (*der junge Tarquinius erlangte Zugang zum Hause des Collatinus, der als Offizier im Felde stand, indem er sich als dessen Freund ausgab. Er überfiel und überwältigte Lucretia in der Nacht.*)

# VIII
## Lectio octava

(Achten Sie auf neue Deklinationsformen!
Ordnen Sie diese in Systemkenntnisse der Deklination ein.)

AUS DER FRÜHZEIT DER RÖMISCHEN REPUBLIK

1   Rōmānī Tarquīnium, ultimum rēgem, ex urbe Rōmā pepulērunt,
    nam patrēs plēbemque iniūriīs presserat.
    Rēgis pulsī imperium et cūram reī publicae populus duōbus
    cōnsulibus mandāvit. Cōnsulēs quotannīs creābat. In pāce
5   gerēbant° rem pūblicam, in bellō erant summī imperātōrēs.
    Illīs temporibus multa bella gesta sunt. Multī mīlitum in bellīs
    cecidērunt. Multi agrī vāstātī° sunt.
    Ita nōn paucī plēbēī in summam miseriam incidērunt°. Patriciī
    autem nōn plēbī, sed sibī ipsīs cōnsuluerant: māgnās partēs agrī
10  occupātī sibī sūmpserant, plēbēiōs miserōs ut servōs premēbant.

# VIII

## 1 Übungen zu Satz- und Formenlehre

a   Welche Gemeinsamkeiten zeigen die Kasusendungen der 3. Deklination mit denen der Ihnen bereits bekannten 1., 2. und 5. Deklination?
b   Welche Endungen im Nominativ Singular gibt es in der 3. Deklination?
c   Welche Lautverbindungen können einem -x im Nom. Sing. zugrunde liegen?
d   Übersetzen Sie:
magnam partem, plebi Romanae, non multi milites, non multis militibus, temporibus nostris (2), cum militibus Romanis, duo consules, consuli, a consule, reges expulsos.

## 2 Wörter gleicher Wurzel – nicht verwechseln!
regis (2), regem, regam, regibus, regitis, regno (3), regnavit;
plebis Romanae, plebeis Romanis, plebei Romani, plebeios, plebem, plebeium;
consulo, consulis (2), consulam, consulem, consulem consulit, consul consuluit rei publicae, consules etiam plebeis consulere debent.

## 3 Variation
Im Folgenden ist der Text von Lektion VIII/I abgewandelt. Sie können ihn bei der Übersetzung heranziehen.
Tarquinius, der letzte König der Römer, wurde (*lat. Perf.*) aus der Stadt Rom vertrieben, denn lange hatten Väter und Plebs von Tarquinius Unrecht erduldet. Die Römer übertrugen (*lat. Tempus?*) die Herrschaft des vertriebenen Königs zwei Konsuln. Jährlich wählten (*lat. Tempus?*) sie Konsuln, immer Patrizier.

# VIII

## Die Plebs wehrt sich

*1* Aliquandō agricola in forum cucurrit ibīque clāmāvit:
„Vidēte miseriam meam! Multūs bellīs interfuī, patriam tēxī corpore meō. Nunc autem agrō mē expulit crēditor•, nunc mē premit ut servum. Nam pecūnia mihī dēfuit, pecūniam dēbitam ad
*5* diem• non reddidī."
Tum ūnus ex plēbe dīxit:
„Audīvimus verba tua. Vidēmus tē in miseriā esse, scīmus tē nōn sine causā dēspērāre. Sed cognōsce nōs quoque agrīs expulsōs esse. Patriciōs semper plebem oppressisse scīmus. Illōs miseriam
*10* nostram creāvisse dīcō. Illōrum iniūriās repellere dēbēmus."
Ad cūriam• plēbs contendit, patriciōs māgnō tumultū• terruit.

*Latinische Krieger, einen Gefallenen tragend, Bronze (Handgriff einer bronzenen Aschenkiste), Ende 4. Jh. v. Chr.; Rom, Villa Giulia*

# VIII

## ÜBUNGEN ZU SATZ- UND FORMENLEHRE

**1** Die folgenden lateinischen Sätze enthalten eine Fügung, die wir nicht in jedem Fall wörtlich ins Deutsche übertragen können. Beschreiben Sie diese Fügung (Struktur). Aus welchen Bestandteilen ist sie aufgebaut? Welche Rolle spielt die Fügung im Satzganzen? Welche Rolle spielen die Bestandteile dieser Fügung in ihr selbst?
Kontrollieren Sie Ihre Feststellungen an ↑ 196/197.

*a* Übersetzen Sie:
1. Lucius Aulum in fluvium cadere **videt**.
2. **Audit** Aulum amicos auxilio vocare.
3. Lucius ceteros amicos non adesse **scit**.
4. Finitimus **videt** Lucium Aulum servavisse.
5. Pater **cognoscit** filium a Lucio servatum esse.
6. Lucium bonum amicum esse **putat**.

*b* Bestimmen Sie in Satz 1–6 das Zeitverhältnis (↑ 197).
*c* Setzen Sie die hervorgehobenen Verbformen in die Vergangenheit. Begründen Sie, welches lateinische Tempus Sie jeweils wählen.
*d* Übersetzen Sie nochmals. Welche Veränderungen ergeben sich bei der Wiedergabe der A.c.I.? Begründen Sie.

**2** Während im Lateinischen alle indirekten Aussagen im A.c.I. stehen, können wir im Deutschen unterscheiden, ob wir eine indirekte Aussage für wahr halten (Lucius wußte, daß Aulus Nichtschwimmer w a r) oder ob wir uns mit der berichteten Ansicht nicht identifizieren wollen (Jemand erzählte ihnen, daß Aulus ertrunken s e i).
Arbeiten Sie diesen Unterschied bei der Übersetzung der folgenden Beispiele heraus. Sie finden Anregungen auch in ↑ 200.
1. Laborem agricolae durum esse videmus. 2. Pater Titum summo studio agrum coluisse putabat; re vera autem cum amicis potaverat . 3. Romani Aeneam Troia in Italiam venisse proavumque[1] Romuli fuisse narrabant. 4. Bene scimus plebeios in miseria fuisse.

[1] proavus, ī, *m.* Urgroßvater, Ahnherr

Bei einigen dieser Sätze ist eine Übersetzung mit deutschem Konjunktiv nicht möglich. Können Sie den Grund dafür angeben?

# IX
## Lectio nona

MENENIUS AGRIPPA

Unter dem Druck der Plebejer und durch äußere Feinde bedroht, gaben die Patrizier zeitweilig nach, versuchten aber immer wieder, ihre Vorherrschaft uneingeschränkt auszuüben. Da riß eines Tages den Plebejern die Geduld, sie wanderten aus Rom aus.

1 Līvius aliīque rērum scrīptōrēs trādunt plēbem urbe excessisse et montem sacrum occupāvisse; tum patrēs lēgātōs mīsisse ad plēbem; inter lēgātōs fuisse Menēnium Agrippam, hominem sapientem, fācundum•, plēbī cārum; Menēnium fābulā narrātā
5 plēbēiōs Rōmam recēdere• commōvisse.
Menēniī fābulam ipsam legētis pāginā 147 oder in Shakespeares Tragödie „Coriolanus" (1. Akt, 1. Szene).

*Bronzestatue eines Redners, genannt L'Arringatore, 179 cm, Anfang 1. Jh. v. Chr., etruskische Inschrift (daher benannt als Aulus Metellus); Florenz, Museo Archeologico*

# IX

Übungen zu Satz- und Formenlehre

Dichter und Patrizier
Quintus Ennius, *239–169, römischer Dichter*; Publius Cornelius Scipio Nasica Corculum, *geb. um 205, gest. nach 142, ein angesehener Rechtsgelehrter und erfolgreicher Feldherr.*

Cicero erzählt (De Oratore II 276) die folgende Anekdote über die beiden:

Aliquando Scipio Nasica venit ad ostium¹ Ennii poetae •. Ancilla² dixit dominum non adesse; Scipio autem putavit illam domini iussu • dixisse et illum intus³ esse. Paucis post diebus ad Nasicam venit Ennius et ad ostium dominum quaesivit⁴. Nasica autem e cubiculo⁵ suo vocavit: „Nasica non adest."
Ennius: „Non cognosco vocem •", inquit, „tuam?" Sed Nasica „Vir es impudens⁶! Ego ancillae tuae credidi • te non adesse, tu mihi non credis ipsi?"

¹ ōstium, ī, *n.* Mündung, Haustür
² ancilla, ae, *f.* Magd, Sklavin
³ intus (*Adv.*) drinnen
⁴ quaerō, quaesīvī, quaesītus *b. Akk.* nach jemandem fragen
⁵ cubiculum, ī, *n.* Zimmer
⁶ impudēns (*Adj.*) unverschämt

# IX

CORIOLANUS

Zu den Infinitiven im folgenden Text findet sich (fast) immer ein Akkusativ. Ergänzen Sie, prüfen Sie aber, welche Rolle dieser Akkusativ spielt. Wo finden Sie tatsächlich die Fügung AcI?

*1* Nōn multō post plēbs suī praesidiī causā tribūnōs creāvit. Patrēs enim illud iūs concesserant. Sed, ubi tempus vēnisse putābant, tribūnōs tollere studēbant.
Nōnnūllīs annīs post propter multa bella frūmentum in urbe
*5* dēesse coepit, et patrēs plēbem fame• opprimere statuērunt. Tum Coriolānus ōrātiōnem• habuit:
„Nunc tempus est iūra nostra recuperāre• et rem pūblicam ab illīs tribūnīs dēfendere. Dē summīs rēbus agunt cum plēbe, dēcernunt etiam, intercēdunt• lēgibus, nisī plēbī placent. Postulābunt tōtam
*10* rem pūblicam, nisī prohibuerimus. Itaque frūmentī ex Siciliā importātī• nihil dabimus plēbēīs, dum tribūnōs creābunt."
Patribus verba placuērunt, sed plēbs Coriolānum hostem expulit urbe.
Irātus Coriolānus ad Volscōs contendit. Illōrum cōpiīs Rōmānōs
*15* opprimere cōnstituit. Postquam ad urbem pervēnit, Rōmānī lēgātōs mīsērunt. Sed frūstrā dē pāce ēgērunt. Tum māter Coriolānī, uxor cum līberīs, aliae fēminae Rōmānae in castra Volscōrum vēnērunt. Illae tandem virum vīcērunt precibus – cōpiās in fīnēs Volscōrum redūxit•. Rōma servāta erat.
*20* Coriolānum autem ā Volscīs irātīs occīsum esse fāma est.

# IX

Übungen zu Satz- und Formenlehre

**1** Fertigen Sie eine Tabelle an, in der Sie die in den Lektionen I bis IX gelernten Verben nach der Art der Perfekt-Aktiv-Bildung ordnen.
Benutzen Sie als Hilfe die Sprachlehre (↑ 73).

**2** Übersetzen Sie und nennen Sie die Grundform der Verben:
Posuistis, teximus, egerant, pepuli, reppulerunt, decrevit, crevit, divisit, salutaverunt, viderunt, vident, dedit, statuerunt, statuunt, vēnisse. Postulabit, postulavit, studebat, desperaverat, laborabit, tollit, tollet, timuisse, terruisse, territus, sustulerunt, decernebat, crevisse, audiet, auditum est, pervenit (2).

**3** Übersetzen Sie (achten Sie dabei auf mehrdeutige Verben):
1. Contendit in urbem. – Contendimus cum hostibus. Quo contendis?
2. Iura nostra semper defendemus. – Vir bonus amicum defendit ab iniuriis.
3. Rex milites ante oppidi muros constituit. – Metellus amico amphitheatrum monstrare constituit.

**4** Suchen Sie den passenden Ausdruck für agere:
1. Quid agitis in agro meo? 2. In periculis non desperare, sed agere debemus. 3. „Cum hoste armato de pace non agemus!" Romani dicebant. 4. Cicero causam Caelii in foro egit.
Nach welchen Kriterien haben Sie beim Übersetzen in den Übungen 3 und 4 entschieden?

**5** Reges Romanorum
Eine Übung zum Aufsuchen lateinischer Perfektformen
Lucius Ampelius, ein Autor des 2. Jh. n. Chr., verfaßte einen Liber memorialis, ein „Merkbüchlein" für seinen Sohn, in dem er knappe Auskünfte über Weltall und Gestirne, die Erde und ihre Wunder, Götter und Menschen zusammengestellt hat.
Romulus, qui urbem condidit.
Numa Pompilius, qui sacra constituit.
Tullus Hostilius, qui Albam diruit.
Ancus Marcius, qui leges plurimas tulit et Ostiam coloniam constituit.

# IX

Tarquinius Priscus, qui insignibus• magistratus adornavit.
Servius Tullius, qui primum censum• egit.
Tarquinius Superbus, qui ob nimiam• superbiam• regno pulsus est.
Welche der Perfekt-Aktiv-Bildungen kommt nicht vor?
Was fällt Ihnen an der Gestaltung der Aussagen auf?

6 Der Schulmeister von Falerii (um 390 v. Chr.)
Diu Faliscos oppidum suum Falerios[1] a Romanis defendisse narrat Livius.
Tum magister ludi[2] spe praemii• adductus oppidum prodere• constituit. Filios Faliscorum in castra Romanorum duxit. Imperatori: „Meo auxilio", inquit, „Faliscos vinces. Incolae enim oppidi liberorum amore• commoti nunc tecum de pace agent." Ille autem Romanos cum viris, non cum pueris bellum gerere magistro respondit; duobus militibus „Reducite[3]", imperavit, „liberos in patriam!" Magistrum autem vinctum• una cum pueris remisit[3].
Apud Livium legimus Faliscos non armis, sed imperatoris magnanimitate• victos esse et pacem inter Romanos et Faliscos constitutam esse.

[1] Falerii, ōrum m. (*Plurale tantum*) – Falerii (*der Hauptort der Falisker; er lag am Oberlauf des Tiber; heute* Civitá Castellana)
[2] magister ludī Schulmeister, Elementarlehrer
[3] reducere, remittere ↑ 99

*Römischer Fleischerladen, Marmor, 38 × 103,5 cm, 1. Jh. n. Chr.; Dresden, Skulpturensammlung*

47

# X
## Lectio decima

IN DER SUBŪRA

1   Philippus noster, quī nōnnūllās regiōnēs Rōmae iam nōvit, etiam
    aliās nōscere optat. Ambulat• per viās urbis cum Lūciō. Is hodiē
    quoque dux Philippī est. In Subūram veniunt eā viā, quae ā forō ad
    orientem• dūcit. Subūra is locus urbis est, quī permultās•
5   īnsulās altās habet, cuī monumenta pulchra dēsunt. Permultī
    prōlētāriī• eam regiōnem incolunt. Angustae• sunt viae ēius
    regiōnis, māgna est in viīs turba• hominum. Nōn rārō fabrōrum
    caupōnumque tabernīs male cōnstrūctīs viae clausae sunt. Ante
    tabernās virī stant. Aliī spectant id, quod emere optant, aliī pānis
10  frustulum• et pōculum• vīnī sibī nōn negant. Lūcius quoque
    tabernam intrat cum Philippō, quod amīcus eum rogāvit.
    Caupō• vīnum cum aquā iīs apportat•. Rōmānī enim et Graecī
    vīnum mixtum bibunt. Amīcī audiunt vōcēs Latīnās et Graecās.
    Sed linguam eōrum, quōs ibī āleā• lūdere vident, neque Lūcius
15  intellegit neque ēius amīcus. Ea autem, quae inter sē narrant,
    iocōsa• esse appāret. Caupō, quem Lūcius dē eīs interrogat, dīcit:
    „Iīdem sunt, quī ex Āfricā eās bēstiās• apportāvērunt, quibuscum
    gladiātōrēs• in amphitheātrō pūgnābunt." „Intellegō", Philippus
    inquit, „hominēs ēiusdem generis ante amphitheātrum• iam
20  vīdimus."
    Nōn multō post amīcī tabernā excēdunt.

# X

## Übungen zu Satz- und Formenlehre

**1**

*a* Deklinieren Sie lateinisch und deutsch:
is homo, ea regio, id genus.

*b* Übersetzen Sie (achten Sie auf mehrdeutige Formen):
is populus, ea lingua, ei oppido, in id oppidum, iis fabulis, iis periculis, ea lex, ea monumenta, eo anno, eos fines, ea cura.

**2** Setzen Sie die jeweils richtige Form des Relativpronomens ein. Welche Frage(n) müssen Sie vor dem Einsetzen der Formen klären?
(Achten Sie auf die Übereinstimmung – Kongruenz – von Numerus und Genus mit dem Beziehungswort!)
1. Subura est pars Romae, ... Philippus nondum vīdit. 2. Lucius, ... hodie tempus est, Philippo urbis regiones monstrat. (Lucius, ... tempus habet, etc.) 3. Male ornatae sunt tabernae, ... unam intrat (vgl. Englisch *one of which*). 4. Non intellegit Philippus linguas, ... audit. – Non intellegit Philippus verba, ... audit. – Non intellegit Philippus verba eorum, ... videt.

**3** De Coriolano
Gnaeus Marcius erat vir patricius Romanus magna gloria• belli. Sub eius imperio enim Romani Volscos, qui oppidum suum Coriolos[1] diu defenderant, vicerunt. Itaque Gn. Marcius imperator „Coriolanus" nominatus est. Postea autem idem vir clarus tribunos• plebis tollere et plebeios opprimere studuit. Sed ii eum (ex) urbe cedere coegerunt. Finem historiae eius (zwei Möglichkeiten der Übersetzung) ipsi novistis.

[1] Coriolī, ōrum, *m.* (*Plurale tantum*) Corioli (*genaue Lokalisierung nicht möglich*)

**4** Welche Form ist die richtige?
1. Lēgimus de Romulo Remoque et de patre (suo/eorum) Marte deo, sed matrem (suam/eorum) non iam cognovistis. 2. Diu Romulus Remusque ipsi matrem (suam/eorum) non noverant, putaverunt enim pastoris• uxorem matrem (suam/eorum) esse. 3. Re vera autem Ilia, Numitoris filia, erat mater (sua/eorum). 4. Marcus Claudiae librum lēgit. Nunc reddit Claudiae librum (suum/eius). 5. Claudia unum e libris (suis/eius) amicae donum dedit.

# X

Die Sprachlehre ↗54 weist auf Ähnlichkeiten und Unterschiede von Lateinisch und Russisch hin.
Übersetzen und vergleichen Sie. Achten Sie dabei auch auf die gemeinsame Zielsprache Deutsch.
Marcus videt patrem suum et matrem° suam, vocat parentes° suos, parentes vocant filium suum.
Иван видит своего отца и свою мать, он зовёт своих родителей, а родители зовут своего сына.
Lucius videt parentes Marci, salutat eius parentes.
Павел видит родителей Ивана, он приветствует его родителей.
Cornelia laudat° amicam suam, multa narrat de patre suo et de matre sua, amat parentes suos.
Iulia, Corneliae amica, eam eiusque parentes saepe visitat°. Libenter° est in villa° eorum, libenter quidem° ad parentes suos revenit°.

5   Achten Sie auf die verschiedenen Bedeutungen von quod.
Läßt sich die Wahl der Bedeutung von „quod" begründen – wenn ja, wie? – oder muß man einfach ausprobieren, was am besten paßt?

De Aesculapio, medicorum deo
Aesculapius erat Apollinis filius, tamen homo mortalis[1]. A patre rogatus „Id est", inquit, „quod maxime opto: hominibus aegrotis° adesse." Apollo filio non negavit, quod petiverat. Aliquando autem Aesculapius puerum aegrotum servavit, quamquam Iuppiter eius mortem° decreverat. Iratus°, quod ab homine victus erat, pater deorum Aesculapium fulmine[2] occīdit. Postea autem in numerum deorum eum recepit[3]. Et Graeci et Romani Aesculapium amabant et colebant, quod eum amicum hominum esse putabant.

[1] mortālis, e, sterblich
[2] fulmine mit dem Blitz
[3] recēpit er nahm ihn auf (*Perfekt*)

# VI–X

## Übungen zum Wortschatz der Lektionen VI bis X

**1** Vom Perfekt-Passiv-Stamm lateinischer Verben sind viele Wörter im Lateinischen selbst, in anderen Sprachen, darunter Internationalismen und Kulturwörter, sowie viele Fremdwörter und wissenschaftliche Termini abgeleitet.
Geben Sie die Bedeutung der folgenden Wörter sowie ihre lateinische Grundlage an:
Dekret, Division, Kursus, Mutation, Kollekte, Auktion, Mandat, Kollektion, Migration, Konzession, Reduktion, Tradition, Intellekt, Mission, Konstitution.

**2** Lateinische Infinitive im Fremdwort – welche Veränderungen in Form und Bedeutung erkennen Sie?
agieren, mutieren, dividieren, florieren, konsultieren, edieren, postulieren, intervenieren, konstruieren, optieren, kooptieren, apportieren, importieren, reduzieren, statuieren.

**3** Was bedeuten folgende Adjektive? ↑ 100
urbanus, hostilis, montanus, realis, legalis, vocalis; pekuniär, partiell, verbal, total, deskriptiv, kreativ, tolerabel, militärisch. Was ist aus den lateinischen Suffixen geworden? Nennen Sie englische und/oder französische Wortparallelen.

**4** Woher kommen und was bedeuten
migration, administration, cure, misery, division, part, script, defence, fame, region, mixture, language, beast, mount, peace, fidelity, diary; public, tolerable, urban, total, strenuous; postulate, respond, finish?

**5** Woher kommen und was bedeuten
tolérance, oculiste, publicité, effigie, paix, terreur, homme, liberté, duc, temps, mal, voix, misère, vin, mont, corps, table, livre, fin?

**6** Woher kommen und was bedeuten
vino, pace, altitudine, scrittore, uomo, tempo, medico, prezzo; regionale, misero, pericoloso, solo, raro; entrare, finire?

# XI
## Lectio undecima

### Die Zwölftafelgesetze

*1*   Senātus auctōritātī tribūnōrum resistēbat, saepe cōnsulēs aliīque magistrātūs potentiam plēbis minuere studēbant. Sed tribūnī senātum et magistrātūs multa, quae plēbī placēbant, concēdere cōgēbant.

*5*   Plēbēī in forō ita dīcēbant: „Quid agere possumus? Patriciī, cum iūs dīcunt, ad suum arbitrium agere possunt. Nōs nihil agere possumus, lēgēs scrīptās enim nōn habēmus." Alius autem: „Nihil? Egō ita dīcō: neque egō possum neque tū potes sōlus – nōs plēbēī autem, quī permultī sumus, possumus. Possumus enim

*10*   negāre mīlitiam! Cum hostēs iterum Rōmam armīs petent, patrēs vidēbunt: patrēs sōlī neque rem pūblicam neque urbem Rōmam neque rēs et domōs suās ab hostium exercitū defendere poterunt." Tandem patrēs cessērunt. Unus enim ē tribūnīs plēbis verbīs clārīs in senātū dīxerat: „Dum vōs negābitis lēgēs scrīptās, plēbs negābit

*15*   mīlitiam." Collēgium decem virōrum ā populō creātum lēgēs cōnscrīpsit in duodecim (XII) tabulīs.

  Eās lēgēs fontem pūblicī prīvātīque iūris Rōmānī fuisse cōnstat. Lēgum numerus per saecula augēbātur, dum imperātor Iūstīniānus tōtam illārum lēgum mōlem collēgit et ēdidit. Id Corpus Jūris

*20*   etiam apud multōs Eurōpae populōs per multa saecula fundāmentum iūrisdictiōnis fuit.

# XI

Übungen zu Satz- und Formenlehre

**1**

a  pos/sum (ursprünglich potsum) – potui – posse: können
possum – potest – possumus – potestis; welche Lautregel wird in den Formen mit ss wirksam? (↗ 18)

b  Übersetzen Sie: poterant, poterit, poteras, poteram, potes, possunt, potero, poterunt.

c  Wie wird im Deutschen das Perfekt der Modalverben (können, sollen, mögen, wollen ...) gebildet?
Übersetzen Sie unter Berücksichtigung dieser Besonderheit: amico adesse non potui; manere non potuimus; nos adiuvare non potuistis.

d  Übersetzen Sie:
1. Oppidum occupare non poterant. – Sie hatten die Stadt nicht besetzen können. 2. Nos separare non potest. – Er konnte (zwei Möglichkeiten) uns nicht trennen. 3. Frumentum emere potuimus. – Wir werden Getreide kaufen können.

**2**  Außer senatus und magistratus gehören noch domus, us, f. Haus, und eine Reihe Verbalsubstantive wie z.B. casus, us, m. Fall, metus, us, m. Furcht zur 4. Deklination.

a  Übersetzen Sie (achten Sie dabei auf mehrdeutige Formen):
ille magistratus, illae domus, ei magistratui, magno metu, eam domum, ex Marci domo, casus, illos magistratus, ii magistratus, alius casus, eius metus, ei casui.

b  Stellen Sie die Kasus zusammen, in denen Übereinstimmung zwischen der 4. Deklination und anderen Deklinationen besteht.

c  Was kann durch die Kasusendung -us angezeigt sein?
Wodurch kann Eindeutigkeit erreicht werden? Finden Sie Beispiele dazu aus den Lektionen I bis XI.

d  Setzen Sie im folgenden Text statt patres – senatus und statt consules – summi magistratus ein (achten Sie darauf, ob sich die Verbform ändern muß).
1. Romani quotannis consules creabant. 2. Consules patres convocare poterant. 3. Hodie patres a consulibus consulti sunt. 4. Nam auctoritate patrum sua consilia confirmare studuerunt consules. 5. Consilia consulum patribus non placuerunt.

# XI

*3* Dicta et Proverbia
1. Nosce te ipsum! 2. Repetitio¹ est mater studiorum. 3. Veni – vidi – vici. 4. Surdo² fabulam narrare. 5. Multum – non multa (soll man lernen). 6. Inter dominum et servum nulla amicitia³ esse potest.

¹ repetitiō, ōnis, *f.* Wiederholung
² surdus, a, um taub
³ amīcitia: Ableitung von amīcus nach ↑ 100

*4* Übersetzen Sie die folgenden Sätze, notfalls unter Benutzung der Paragraphen über den Dativ (↑ 128–132): Metello sunt multi servi, agri, armenta•. Magna pecunia ei non est¹.
Vervollständigen Sie die folgenden Sätze nach diesem Muster:
1. (Senatus) erat magna auctoritas. 2. Ut Gellius scriptor dicit, proletarii• Romani erant homines, (qui) nihil erat nisi „proles" – id est: liberi. 3. Est (tu) filius? Non, (ego) non est filius, sed filia. 4. Roma est urbs, (quae) sunt multa templa, fora, theatra.

¹ (Viele reiche Römer waren verschuldet – Bargeld war stets knapp.)

# XII
# Lectio duodecima

Achten Sie auf die Verbformen!
Wie sehen die neuen, d.h. Ihnen bisher unbekannten Formen aus?
In welchen syntaktischen Zusammenhängen kommen sie vor?
Wie geben Sie diese Formen jeweils im Deutschen wieder?

### Das Ende der Ständekämpfe – Rom unterwirft Italien

1 Sī tempus habērēmus, multa dē discordiā patriciōrum et plēbēiōrum narrārem: sed tempus nōbīs nōn est.
Ea discordia nunquam fīnīta esset, nisī plēbēī ipsī malās vītae condiciōnēs mūtāvissent. Multīs agrī datī erant, nōnnūllī iam dīvitēs●
5 erant. Lēge statūtum erat, ut alter cōnsulum plēbēius esset. Ita Rōmae concordia esse coeperat.
Illīs temporibus Rōmānī multīs bellīs Latīnōs, Samnitēs, aliōs Italiae populōs, colōniās Graecās subēgērunt●. Agrōs subāctōrum● partim sibī sūmpsērunt, ut cīvibus Rōmānīs agrōs dare possent.
10 Tarentī incolae, nē Rōmānī suam quoque urbem opprimerent, Pyrrhum rēgem auxiliō vocāvērunt, quī māgnō cum exercitū in Italiam vēnit. Rōmānus exercitus initiō ab elephantīs● rēgis territus eum Tarentīnōsque superāvit.
Tōta Italia sub Rōmānōrum imperiō fuit. Tōtā Italiā nēmō Rōmā-
15 nīs resistere potuit. Rōmānī autem nunquam quaesīvērunt, num nātiōnibus victīs pāx Rōmāna placēret. Semper dēlīberāvērunt, quid sibī ipsīs ūsuī esset.

# XII

**1** Übungen zu Satz- und Formenlehre

a  Wie bildet man den Konjunktiv Imperfekt aller Konjugationen? Wie den Konjunktiv Plusquamperfekt?
b  Übersetzen Sie:
essem, fuissem; veniretis, venissemus; viderent, vidissem; putaremus, putavisses.
c  Was heißt also: wir wären, du wärest gewesen; wir kämen, sie wäre gekommen; er sähe, du hättest gesehen; ihr glaubtet (würdet glauben), sie hätten geglaubt?

**2**
a  Übersetzen Sie:
1. Si anulus mihi placeret, eum emerem. 2. Si mecum in taberna fuisses, poculum vini tibi non negavissem. 3. Si nobiscum venires, elephantos videres. 4. Adfuissem amico, si potuissem.
b  Verwandeln Sie nun in Satz 1–4 den Irrealis der Gegenwart in den der Vergangenheit und umgekehrt, ↑ 189.

**3**  Si tacuisses[1]...
Der christliche Philosoph Boëthius (480–524) erzählt folgende Anekdote: Ein Dummkopf hatte gehört, daß ein wahrer Philosoph sich durch Schmähungen nicht aus der Ruhe bringen lasse. Als ihn jemand heftig angriff, schwieg er also eine Weile und rief dann: „Intellegis me esse philosophum?" Ille autem: „Intellexissem, si tacuisses!" Daraus wurde die Kurzfassung: Si tacuisses, philosophus mānsisses.
(Bei Boëthius wörtlich: „Intellexeram, si tacuisses." ↑ 184)

[1] tacēre, taceō, tacuī schweigen

**4**  Fragen und Antworten:
Erschließen Sie die Bedeutung der Ihnen nicht bekannten Fragewörter aus den Antworten.
Quis est ille puer? – Lucius, Metelli filius est.
Unde venit? – Romā venit.
Quo contendit? – Tusculum petit.
Quem ibi quaerit? – Patris amicum videre in animo habet.
Quid est illi nomen? – Satis est! Non amat dominus meus curiosos![1]

[1] cūriōsus, a, um, neugierig

# XII

**5** Machen Sie die Fragen (und Antworten) aus Übung 4 abhängig nach folgendem Muster (↗ 190):
Vir curiosus rogavit, quis esset ille puer. – (Servus respondit puerum esse Lucium, Metelli filium).

**6** Der Dativ (vgl. ↗ 128–134, dort auch bisher unbekannte Verben.) Ordnen Sie die Dative in den folgenden Sätzen den verschiedenen Funktionen des Dativs zu. In welchen Fällen drückt man die Funktion im Deutschen mit anderen Mitteln aus?
1. Familiae meae consulere debeo. 2. Studemus linguae Latinae. 3. Quid tibi nomen est? 4. Si me auxilio vocavisses, te adiuvissem. 5. Muri oppido praesidio • sunt. 6. Der Philosoph Seneca prägte im Hinblick auf das Schulwesen seiner Zeit den Satz: Non vitae, sed scholae discimus. 7. Philippus Metello non invidet •. 8. Parcite • victis!

**7** Übersetzen Sie:
1. Ich heiße Claudia. 2. Die Römer hatten viele Feinde. 3. Warum (cur) bist du mir nicht zu Hilfe gekommen? 4. Er hat für (seinen) Sohn gesorgt. 5. Schone[1] mein Leben! Ich werde dir viel Geld geben.

[1] parcere 3, *mit Dativ*

**8** Fragen an den Text der Lektion.
*a* Gliedern Sie den Text und finden Sie treffende Abschnittsüberschriften.

*b* Romani nunquam quaesiverunt ..., semper deliberaverunt ... – die Textführung, die wie ein Parallelismus aussieht, faßt inhaltlich jedoch eine *Antithese*, eine Gegenüberstellung. Finden Sie weitere Beispiele für Antithese im Text der Lektion!
Eine Sonderform der Antithese ist der Chiasmus ( ↗ Lektion III).

# XIII
## Lectio decima tertia

Lesen Sie den Text überblicksweise.
Achten Sie auf vorkommende Personen und Örtlichkeiten.

EINE GRIECHISCHE SAGE

1 Antīquīs temporibus Mīnōem, Crētae īnsulae rēgem, cum Athēniēnsibus bellum gessisse fāma est. Rēx, cum Athēniēnses vīcisset, dūrum tribūtum• eīs imposuit: coēgit eōs decimō quōque annō septem puerōs septemque puellās in Crētam īnsulam mittere. Ibī
5 Mīnōtaurus eōs dēvōrābat•.
Tandem Thēseus, rēgis Athēniēnsium fīlius, nāvem cōnscendit Crētamque petīvit, ut cum Mīnōtaurō contenderet. Illud mōnstrum• in labyrinthō• inclūsum erat, nē īnsulae incolās opprimeret.
10 Thēseus mōnstrum vīcit occīditque. Sed labyrinthō excēdere nōn potuisset, nisī Ariadna, Mīnōis rēgis fīlia, eī adfuisset.
Thēseus Ariadnam sēcum duxit, nē pater eam pūnīret, quod hostī adfuerat. Sed postea Thēseus eam in Naxō īnsulā exposuit, quod Bacchus deus, amōre Ariadnae īnflammātus•, eī imperāverat, ut
15 eam relinqueret. Bacchus autem Ariadnam sēcum in Olympum sustulit, ut eam in deōrum numerum indūceret•.

Informieren Sie sich zu folgenden Fragen:
– Wer hatte das Labyrinth gebaut?
– Wie hatte Ariadne dem Theseus geholfen?
– Was wurde aus Theseus?

*Relief mit Zug des Dionysos/Bacchus, römischer Marmorsarkophag, 62×170,5 cm, 3.Jh. n.Chr.; Dresden, Skulpturensammlung*

# XIII

## ÜBUNGEN ZU SATZ- UND FORMENLEHRE

**1** Ersetzen Sie rogare durch quaerere, dicere durch narrare, amare durch placere, defendere durch munire:
1. rogat, rogabunt, si rogarent, rogavisti, rogavero; 2. dicet, dicebamus, dicerem, dixissem, diximus; 3. amabo, cum amaretis, amamus, amavistis, si amavisset; 4. defendimus (2), ut defenderent, si defendissent, defendisse, defendebatis.

**2** Überführen Sie die indirekte Aussage in eine direkte.
Muster:
Per saecula Germanos cum Romanis contendisse legimus. –
Per saecula Germani cum Romanis contendebant.

1. Modo• Germanos, modo• Romanos vicisse constat. 2. Sed numquam Romanos Germanos subicere• potuisse Tacitus rerum scriptor dixit. 3. Duo iam saecula Romanos Germanos vincere scripsit. 4. Germanos multas res a Romanis didicisse• constat.
Wie sind Sie bei der Transformation vorgegangen? Nennen Sie die einzelnen Schritte.

**3** Das Ende des Aegeus
Theseum cum amicis Cretam petivisse legistis. Cum navem conscenderet, Theseus Aegeo patri promiserat•: „Si vicero, velis• albis• domum navigabimus". Si non – amici velis fuscis[1] navigabunt." Itaque pater, cum navis procul[2] apparebat, eam magno cum studio spectabat. Theseus autem, cum Minotaurum vicisset, ab Ariadna separatus verba sua non iam memoria tenebat[3]. Ea de causa Aegeus, cum filii navem vidisset: „Vela fusca sunt!" exclamavit, „Theseus non iam est!" Et ipse in aqua mortem• petivit.

[1] fuscus, a, um dunkel (*das war die übliche Farbe der Segel bei antiken Booten*)
[2] procul in der Ferne
[3] memoriā (*vgl. E.* memory) tenēre im Gedächtnis behalten

Wie sind Sie vorgegangen, um festzustellen, welche Bedeutung *cum* jeweils hat?

# XIII

**4** De Daedalo
(Setzen Sie die richtigen Verbformen ein.)
Minotaurum novistis. Daedalus autem erat is faber, quem Minos rex advocaverat •, ut labyrinthum • (construere). Cum Minotaurus in labyrinthum (inclusum esse), Minos tamen • Daedalo non concessit, ut patriam (petere).
Daedalus autem, cum iniuriam tolerare non (posse), alas[1] construxit sibi et filio Icaro.
Novimus eum nunquam in patriam pervenisse.

[1] āla, ae, *f.* Flügel

# XIV
## Lectio decima quarta

### Die Hafenanlagen von Ostia

1 Metellus, cum propter negōtia Ostiam vocātus esset, Philippum sēcum dūxit, ut hic urbis illīus portūs nōsceret.
In itinere Metellus Philippō dē portū Ostiēnsī narrat:
„Portus ille, quem veterem nōminant, iam rēgum aetāte conditus
5 est, ut scrīptōrēs tradunt. Tum colōnī• in eam regiōnem missī sunt, ut agrōs huius regiōnis colerent et huic portuī praesidiō essent. Hunc portum iam Caesaris aetāte Tiberis fluvius tantīs arēnīs• complēverat, ut ille eum restituere dēcerneret. Sed cum in hōc portū nōn satis spatiī esset tot tantīsque nāvibus, quae adve-
10 niēbant•, imperātor Claudius novum portum cōnstrūxit. Eiusdem imperātōris iussū īnsula in mare īnstrūcta• est. Vidēsne turrim illam? Turris īnsulae imposita est, ex quā, ut ex Pharō, nocturnī īgnēs nāvium cursum regunt. Paulō ante nostram aetātem imperātor Traiānus portum illum novum auxit, ut etiam posterīs
15 saeculīs Rōmānīs ūsuī esset."
Amīcī nāvēs vīnō et oleō• onerātās• portū excēdere vident. Aliae adveniunt. Hae frūmentum, māteriam, metalla•, marmora• multaque alia apportant. Vēla• cadunt. Vectōrēs• dēscendunt. Servī nāvēs exonerant•.

*Relief mit Darstellung des Claudius-Hafens von Ostia (oder Portus?), Marmor, 75 × 122 cm, um 200 n. Chr., Inschrift: V(otum)L(ibero); Rom, Museo Torlonia*

# XIV

ÜBUNGEN ZU SATZ- UND FORMENLEHRE

**1** Informieren Sie sich in ↑ 25 und 27 über die Substantive und deklinieren Sie dann:
hic civis – haec turris – hoc mare.

**2** Übersetzen Sie und achten Sie dabei auf mehrdeutige Formen:
hoc periculum, hoc die, haec domus, haec pericula, huic viro, huic feminae, huic generi, illius civis, illius fabulae, illius monumenti, his saeculis, his verbis, hic, hunc, illa, hae domus, illi, illi iniuriae, hic locus.

**3** Achten Sie bei der Wiedergabe der Pronomina auf Unterschiede zwischen deutschem und lateinischem Sprachgebrauch.
1. Haec via bona est, illam incolae munire debent. 2. Hac via in illud oppidum nunquam venietis. 3. Hae sunt naves Graecorum, illae Romanorum. 4. Hic est ager Metelli, ille Titi. 5. Lucius ipse mihi librum dedit. – Lucius librum mihi ipsi dedit.

**4**

*a* Isolieren Sie aus den folgenden Sätzen alle Akkusativobjekte und alle Fügungen, welche die Stelle eines Akkusativobjekts einnehmen. Welche Unterschiede zum Deutschen sehen Sie?
1. Nemo vos servabit, nisi ipsi vos servabitis. 2. Imperator, cum milites in fugam• se dare videret, consilium• mutavit. 3. Pictor[1] saepe videt, quae alii homines non vident. 4. Magistratus curavit, ne homo malus impunitus[2] discederet. 5. Avarus[3] est homo, qui non spectat ea, quae habet, sed semper petit, quod non habet.

[1] pictor, ōris, *m.* Maler
[2] impūnītus, a, um ungestraft
[3] avārus, a, um: Versuchen Sie, die Bedeutung des Wortes aus der Definition zu erschließen!

*b* Welches der Beispiele veranschaulicht das folgende Satzbild:
- - - - ,cum.-.-.-Konj.,- - - - .?
*c* Zeichnen Sie das Satzbild zu Satz 5!

**5** · Aus Frontins Buch über Kriegslisten (etwa 85 n. Chr.) ·

Römische Militärdisziplin
Manlius consul bello Samnitium[1] decreverat, ne quisquam[2] cum hostibus contenderet, nisi ipse imperavisset. Tam severus[3] erat, ut

# XIV

*Straße in Ostia antica*

filium suum, cum lacessitus˙ ab hoste pugnavisset, capitis[4] damnaret[4], quamquam vicerat. Milites tum tumultum˙ paraverunt, ut damnatum servarent. Hic autem monuit˙ eos, ne propter virum unum disciplinam˙ tollerent. Ita obtinuit[5], ne consuli resisterent. (Nach IV, 1, 40-41).

[1] bellum Samnitium der Krieg gegen die Samniter (4. Jh. v. Chr.); *zum Ablativ* ↑160
[2] quisquam irgendwer
[3] sevērus streng (*vgl. E.* severe, *F.* sévère)
[4] capitis damnāre zum Tode verurteilen
[5] obtinēre *hier:* erreichen

*a* Stellen Sie fest, welche Funktion die Konjunktive jeweils haben.
*b* Welche Satzglieder werden durch Nebensätze vertreten?
*c* Hätte sich dem Konsul eine andere Lösung des Konflikts geboten? Beurteilen Sie die Situation.

# XIV

Der Konsul Marius rettet eine verfahrene Lage durch Schlagfertigkeit.

Bello Cimbrorum[1] Marii metatores[2] per imprudentiam[3] aliquando locum castris[4] ita statuerant, ut Cimbri Romanos aqua prohibere possent. Cum milites aquam postularent, Marius hostes monstravit et „Illinc aquam petite!" dixit. His verbis obtinuit[5], ut statim milites hostem tollerent. (nach II 7, 12)

[1] bellum Cimbrōrum (*Ende des 2. Jh. v. Chr. fielen die Kimbern und Teutonen in römisches Gebiet ein*)
[2] metātor, ōris *m.* Vermesser
[3] im-prūdentia, ae *f.* Un-vorsichtigkeit (prūdentia < pro-videntia)
[4] castrīs *(Dativ)* für das Lager
[5] obtinēre *hier:* erreichen

**6** Bestimmen Sie die in den Lektionen XII bis XIV vorkommenden indikativischen und konjunktivischen Gliedsätze nach ihrem Inhalt.
Fertigen Sie eine tabellarische Übersicht an.
Welche Kriterien für die Inhaltsbestimmung erkennen Sie?

*Sarkophagrelief (Fragment eines Feldherrensarkophags) mit Hochzeitsszene, Marmor, 2. Jh. n. Chr.; London, British Museum*

# XV
## Lectio decima quinta

Achten Sie im folgenden Text auf Auffälligkeiten bei Prädikatsformen!
Welche Annahme (Vermutung, Arbeitshypothese) führt zu sinnvoller Übersetzung?
Prüfen Sie Ihre Hypothese. (↑ 86 und 92)

### Eine Hochzeit auf dem Lande

1   Helvia, Marcī Helviī fīlia, cum duodecim annōs nāta esset, Titō dēstināta• est. Ex eō tempore ānulum ferreum gerit. Nunc diēs nūptiārum• adest, cum parentēs optent, ut Titus Helviam in mātrimōnium• dūcat.
5   Prīmā lūce Marcus auspicia• observāvit. Cum bona fuerint, Marcō Aulōque fīliīs imperat, ut propinquīs et amīcīs dīcant deōs nūptiās probāvisse; rogent eōs, ut ad fēstum cūnctī veniant. Interea māter Helviae vestem nūptiālem• induit• et flammeum• capitī ēius corōnātō imposuit. Iam Titus adest cum parentibus.
10  Amīcī quoque et propinquī advēnērunt.
Tum ūna ex mātrōnīs• dextrās Titī Helviaeque manūs coniungit atque• ille hanc interrogat:
„Esne parāta māter familiae esse?"
Helvia respondet: „Ubī tū Gāius, ibī egō Gāia."
15  Nunc cūnctī clāmant: „Fēlīcēs sītis! Bene vīvātis! Deī bona tempora dent! Dent multōs līberōs! Malum vōbīs nē occurrat!"
Propinquī et amīcī dōna trādunt. Posteā cūnctī edunt, pōtant, narrant, cantant, saltant ūsque ad multam noctem. Iī, quī etiam nunc pedibus stāre possunt, Titō, dum Helviam pompā• nūptiālī in
20  domum suam dūcit, facibus viam illūstrant atque hymenaeum• cantant.

65

# XV

## ÜBUNGEN ZU SATZ- UND FORMENLEHRE

**1** Übersetzen Sie:
det! audiant! discedamus! veniat! ne veniat! ne clamemus! servum vocet! utinam felices sint!
Welche Art von Mitteilungen enthalten lateinische Hauptsätze im Konjunktiv?
Welche sprachlichen Mittel verwenden wir dafür im Deutschen?

**2** veni! aber: ne veneris!
consulite medicum! aber: ne consulueritis astrologum!
Zur Verneinung des Imperativs wird im Lateinischen (für die 2. Person Sing. und Plur.) auch nē mit Konjunktiv Perfekt benutzt.
Verneinen Sie die folgenden Imperative und übersetzen Sie:
Bibite! pugnate! time! despera! pelle! descendite! dic! prohibete! respondete! clama! cade!

*Römisches Ehepaar, Marmor,
180 × 45 cm, um 40 v. Chr.;
Rom, Palazzo dei Conservatori*

# XV

**3** Tantum est periculum, ut nautas terreat.
Machen Sie auch die folgenden Sätze von dem Vordersatz abhängig: vectores• res suas colligunt; nautae vela contrahere¹ non possunt; cuncti• deos vocant deisque magna dona promittunt•; nautae quaerunt auctorem² malorum; hunc miserum undis³ tradunt.

¹ contrahere *hier:* reffen
² auctor, ōris, *m.* Urheber (man forschte nach, wer die Götter erzürnt haben könnte.)
³ unda, ae, *f.* Woge, Welle

**4** Erfüllbare und unerfüllbare Wünsche
Informieren Sie sich in ↑ 186, 187, 189 und übersetzen Sie.
Aulus de feriis¹ cogitat:
Utinam pater mecum Ostiam visitet²! Utinam navem eius ibi spectemus! Utinam ne magister scribat me male didicisse³! Utinam Helvia et Titus me in domum suam invitent⁴! Utinam ne feriis Homerum legere deberem! Utinam nunquam scriptor Graecus librum scripsisset! Utinam pater mihi concederet, ut solus aut cum Quinto amico per Italiam migrarem! Mehercle⁵, utinam vir essem, et non iam puer!

¹ fēriae, ārum, *f.*, (*die Sommerferien dauerten in Rom zwei Monate*)
² vīsitāre besuchen
³ discere, discō, didicī lernen
⁴ invītāre *vgl. E.* invite, *F.* inviter: ad se vocare
⁵ mēhercle beim Hercules!

**5** Dicta et Proverbia
1. Der Dichter Ovid läßt Helena an Paris die Worte richten: Bella gerant fortes•, tu, Pari¹, semper ama! 2. Der Vers wurde später mit Bezug auf das Fürstenhaus der Habsburger umgedichtet: Bella gerant alii, tu, felix Austria², nube³! Nam quae Mars aliis, det tibi regna Venus. (Zur Form ↑ 233/234). 3. Dum vivimus – vivamus! 4. Trinkspruch: Vivat – crescat – floreat! 5. Grabschrift: Sit tibi terra levis•.

¹ (*Vokativ*)
² Austria, ae, *f.* Österreich
³ nūbere, nūbō, nūpsī, nūptum – heiraten (*von der Frau*)

# XV

**6** Die Sage von Paris und Helena

Iuno, Minerva, Venus deae inter se certaverunt•, quae esset pulcherrima¹. Paris pastor•, regis Priami filius, a Jove arbiter² nominatus est iudicavitque• Venerem esse pulcherrimam; haec enim dea ei Helenam, pulcherrimam feminam, promiserat•.
Paris Spartam navigavit•, ut Helenam, Menelai regis uxorem abduceret³. Helena, cum pulchro Paridi diu resistere non posset, una cum eo Troiam petivit. Ea iniuria causa fuit belli, quod Graeci cum Troianis per decem annos gerebant.

¹ pulcherrimus (*Superlativ zu* pulcher)
² arbiter als Schiedsrichter
³ ab-ducere: erschließen Sie!

**7** Cuncti edunt, potant, narrant, cantant, saltant usque ad multam noctem.
Dieser Satz enthält gleich zwei Stilmittel:
1. das *Asyndeton*, die Aufzählung ohne Bindewörter (asyndeton – unverbunden),
2. die *Klimax*, die Steigerung des Ausdrucks oder des Aussageinhalts (klimax – Treppe, Leiter)
Der Text enthält auch je ein Beispiel für Parallelismus und Chiasmus. Nennen Sie die Stellen.

# XI–XV

ÜBUNGEN ZUM WORTSCHATZ DER LEKTIONEN XI BIS XV

**1** Nennen Sie zu den gegebenen Wortreihen aus romanischen Sprachen die lateinischen Grundwörter mit deutscher Bedeutung.

| frz. | ital. | span. |
|---|---|---|
| parents | parente | padres |
| navire | nave | nave |
| course | corsa | curso |
| condition | condizione | condición |
| donation | donazione | donación |
| capital | capitale | capital |
| question | questione | questión |
| espace | spazio | espacio |
| nuit | notte | noche |
| félicité | felice | feliz |
| vivre | vivere | vivir |

Wie heißen die englischen Entsprechungen?

**2** Erläutern Sie folgende Fremdwörter, gehen Sie dabei auf die lateinischen Grundwörter zurück!
Tribut, Reliquie, Relikt, Observatorium, Observation, Kantate, Kapital, Illustration, Restitution, Approbation, Pedal, Usus, Itinerarium, Manual, Subjekt, Konjunktion, Äquinoktien, Matriarchat, probieren, definieren.

**3** Stellen Sie aus XI bis XV präfigierten Wortschatz (Substantiv, Verb) zusammen – wie wirken Präfixe?

**4** Wörter und Wendungen zu Orts- bzw. Zeitangaben – sammeln und ordnen Sie nach Form und Funktion.

**5** Stellen Sie Verbenpaare zusammen, die ein aufeinander Reagieren bezeichnen. Beispiel: vocare – audire

**6** Welches Wortgut kennen Sie zum Thema: Wir bauen eine Stadt?

**7** Welches Wortgut kennen Sie zum Thema: Wirtschaft?

**8** Welches Wortgut kennen Sie, das Beziehungen zwischen Menschen bezeichnet?

# XVI
## Lectio decima sexta

### Der Untergang Pompejis (79 n. Chr.)

1 Per multa saecula Vesuvius mōns quiēverat, ut nēmō iam perīculum timēret. Usque ad summum ferē montem ex agrīs frūmentum et vīnum crēscēbant. Annō quidem nostrae aetātis sexāgēsimō tertiō terrae mōtus subitus hominēs terruit, aedificia multa cor-
5 ruērunt. Mox˙ autem quiēs erat ut anteā.
Sēdecim annīs post subitō ē Vesuviō nūbēs˙ crēscit speciē pīnī˙, flammae˙ altae caelum petunt, cinis˙ in altum tollitur, ut sōl obscūrētur˙, lapidēs ēruptiōne˙ sublātī dēcidunt˙, terra movētur. Hominēs perterrentur. Multī fugā salūtem petunt, nē ruīnā
10 aedificiōrum opprimantur. In viīs prae tenebrīs˙ nihil cognōscī potest. Vōcēs autem audiuntur:
„Cervīcal˙ capitī impōne, nē lapide occīdāris!"
„Vidēte, nē cinere retineāminī!"
„Servāte mē, cinere opprimor!"
15 „Sī deī essent, servārēmur."
Hōrum hominum pars vītam āmittit, multī autem in campōs sē servant. Sed illōrum, quī domī mānsērunt, nēmō servābitur – eōrum vīta sub lapidibus cinereque fīniētur.
Bīduō post, cum mōns quiēsceret, vīta multōrum hominum
20 exstīncta˙ erat, tōta regiō lapidibus et cinere obruta˙ erat.
Virī doctī Pompēiōs effōdērunt. Ibī nunc domūs antīquae restitūtae, pictūrae clārae, multae rēs, quae incolīs ūsuī cottīdiānō fuērunt, variaeque īnscrīptiōnēs spectārī possunt.
Īnscrīptiōnum exempla praebentur pāginā 148.

# XVI

## 1 Übungen zu Satz- und Formenlehre

a  Unterscheiden Sie:
Ich werde grüßen – Ich werde gegrüßt.
Bilden Sie Präteritum und Futur I Passiv von „grüßen".

b  Vergleichen Sie die Satzglieder nach Funktion und Form:
Titus amat Helviam – Helvia a Tito amatur.
Propinqui dona tradunt – dona a propinquis traduntur.

c  Übersetzen Sie:
1. Amici separantur – separabantur – separabuntur. 2. Dominus durus timetur – timebitur – timebatur. 3. Hostes repellentur – repelluntur – repellebantur. 4. Vox audītur – audiebatur – audiētur. 5. Utinam res adversae superentur! Optabamus, ut res adversae superarentur. 6. Utinam ne nostri vincantur! Optabam, ne nostri superarentur.

d  Stellen Sie fest, wie die übrigen passivischen Personalendungen des Präsensstammes lauten, und übersetzen Sie dann:
salutor, salutabaris, salutaremini, salutabimur, ut saluteris; videor, videremini, ne videamini; cum mitterer, mittimur, mittar (2), mittebamini; audiris, audietur, salutaberis, videberis, mitteris, mittēris.
Führen Sie an 5 Beispielen Formenanalysen nach Morphemen durch (↑ 10–12).

e  Führen Sie durch alle Zeiten des Passivs (Konjunktive jeweils mit „cum"): manus coniunguntur; amor.

## 2

a  Übersetzen Sie:
1. Plebei leges scriptas postulabant. 2. Illae leges a nobis conservabuntur. 3. Verba plebeiorum patricios non movebant, factis autem moti sunt. 4. „Nunquam misericordia vestri movebor", dixit Coriolanus. 5. „Sed a nobis expelleris", responderunt plebei.

b  Wie müssen Sie vorgehen, um jeweils Aktiv und Passiv in den Beispielen zu vertauschen, ohne den Sinn der Aussagen zu verändern? Erarbeiten Sie eine Schrittfolge und überprüfen Sie sie.

c  Warum steht in Satz 2 und 5 „a" vor dem Ablativ, in Satz 3 und 4 aber nicht?

## 3  Konjunktionen mit verschiedener Bedeutung

1. Cum fabula narratur, hic puer quaerit, num vera sit. – Cum

# XVI

Pompeii obruerentur, multi deos esse negaverunt. – Romani, cum victi essent, non desperaverunt.
2. Dum in vita manebo, parentes a me alentur et colentur. – Hic manebis, dum mihi dederis, quod a te petivi! – Dum de pace agitur, imperator clam[1] novas copias conscripsit.
3. Postquam amici separati sunt, per multos annos alter de altero nihil audiebat.

[1] clam heimlich

In welchen Fällen weicht das deutsche Tempus vom Lateinischen ab? Erläutern Sie die Unterschiede.

**4** Zahlen von I–XII
*a* Welche lateinischen Grund- und Ordnungszahlen (Kardinal- und Ordinalzahlen) kennen Sie bereits?
Komplettieren Sie die Liste nach ↑65. Zählen Sie bis zwölf vorwärts und rückwärts.
*b* Lesen und übersetzen Sie:
II consules, XII tabulae, III. annus, V pueri, X. pars, X viri, III viri, VII. rex, V. rex, VII montes, II. domus (!).
Der vierte Tag, zwei Häuser, drei Frauen, acht Tage, neun Jahre, elf Teile, ein (einziger) Mann.
*c* Deklinieren Sie:
duo fontes, duae partes, duo genera. (Für den Genitiv der Substantive ↑27).

**5** Wie man die Fläche eines Quadrates verdoppelt
· (Nach Vitrūv, dē architectūra, praefatiō zu Buch IX.) ·
*a* Im folgenden Text werden Sie viele unbekannte Wörter finden, von denen Sie jedoch einen großen Teil hinsichtlich der Bedeutung erschließen können. Nutzen Sie Fremdwortkenntnisse, Wortbildungskenntnisse, die Unterstützung durch den Kontext – setzen Sie das Wörterbuch erst zuletzt, zur Kontrolle ein!
praefatiō: prae-fa-tiō, nis *f.* – vergleichen Sie die Wurzel „fa" in fabula, fama.
magnitūd/ō, inis *f.* von magnus, a, um
Vom Fremdwort her erfaßbar sind: quadrātus, a, um; quadrātum, ī *n*; duplicāre; linea, ae *f.*; linea diagōnalis; multiplicātiō, nis *f.*; aus dem Kontext: angulus, ī *m.* (≙ griech. gōnia); trīgōnum, ī *n.*; aequus, a, um.

# XVI

b  Überprüfen Sie Vitruvs Anweisung an Hand einer Skizze.
Si agrum quadrātum •duplicāri •oportet •, id ex descrīptiōne[1] lineārum[1] invenītur •, quod multiplicatiōne •invenīri non potest. In eo quadrātō •enim linea •ab angulo •ad angulum diagonālis • ducatur, ut quadrātum dividatur in duo trigōna •aequa •māgnitūdine •. Ad eam lineam diagonālem alterum quadrātum descrībātur[2]. Erunt in novo quadrātō IV (quattuor) trigōna eādem māgnitūdine atque[3] duo trigōna in illo primo.

[1] dēscrīptiō lineārum zeichnerische Konstruktion
[2] dēscrībere *hier:* konstruieren
[3] atque *hier:* wie

c  Bestimmen sie die Passivformen des Textes.

**6**  Fragen an den Text der Lektion
Welche Tempusformen werden im Verlauf des Textes verwendet? Steht der Tempuswechsel in Bezug zur Gliederung des Textes?

# XVII
## Lectio decima septima

Rom wird zur Weltmacht

Rom und Karthago

1 Urbem Carthāginem iam ante Rōmam conditam cōnstitūtam esse ā Phoenīcibus trāditum est. Carthāginiēnsēs bonī nautae mercātōrēsque erant. Quī per maria celeribus nāvibus nāvigābant et mare, īnsulās, terrārum ōrās ingentī classe coercēbant•.
5 Rōmānī cum Carthāginiēnsibus tria bella gravia gessērunt. Terrā marīque summīs vīribus variāque fortūnā pūgnātum est. Multa mīlia mīlitum cecidērunt, multa oppida dēlēta multīque agrī vāstātī• sunt, hominum multa mīlia in servitūtem abducta• sunt. Prīmō bellō Pūnicō Rōmānī Siciliam īnsulam sibī sūmpsērunt.
10 Brevī tempore post pācem cōnstitūtam, dum Carthāgō seditiōne• premitur, Corsicam atque Sardiniam per vim occupāvērunt. Quās trēs īnsulās prīmās Rōmānōrum prōvinciās fuisse nōtum est. Secundō bellō Hannibal Poenus Rōmānōs in Italiā ipsā dēlēvisset, nisī exercituī hostium tantā virtūte restitissent, ut nūllā clāde•
15 frāctī postrēmō vincerent. Quō bellō gravī fīnītō imperium omne, quod anteā Carthāginiēnsium fuerat, Rōmānōrum fuit. Bellō tertiō urbs Carthāgō solō• aequāta est.

# XVII

## Römische Expansion im gesamten Mittelmeergebiet

Poenīs Hispāniā expulsīs imperium Rōmānum Oceanum tetigit. Carthāgine captā Rōmānī in Africa sibī auctōritātem comparāre
20 coepērunt. Macedonēs tribus bellīs gestīs subiectī sunt – Macedoniam Rōmānī prōvinciam fēcērunt. Graecia quoque prōvincia facta est, nam Graecī, cum resisterent Rōmānīs, ingentī pūgnā pulsī imperiō Rōmānō adiūnctī sunt. Pergamēnōrum rēgnō hērēditāte•, ut scrīptōrēs quīdam antīquī narrant, acceptō fīnēs
25 imperiī Rōmānī ūsque in Asiam prōpagātī• sunt.
Potentiā Rōmānōrum auctā rēgēs atque līberae cīvitātēs arbitriō populī Rōmānī sē subiciēbant. Quī id nōn fēcerant, vī armīsque opprimēbantur.
Quī Hannibalī, quī ūsque ad mortem Rōmānōrum odiō nōn
30 dēstitit, vītae exitus fuerit, praeter aliōs et Līvius, rērum Rōmānārum scrīptor, trādit. Legās, lēctor cārissime, pāginā 141.

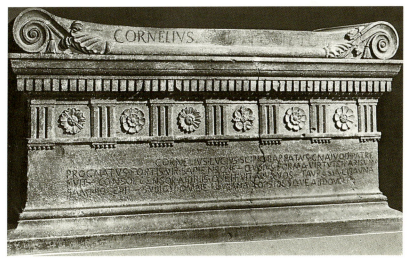

*Sarkophag des Lucius Cornelius Scipio Barbatus, Peperin, 135 × 277 cm, Ende 3. Jh. v. Chr., Inschrift in Saturniern für den Konsul von 298; Rom, Musei Vaticani*

CORNELIUS LUCIUS SCIPIO BARBATUS GNAIVOD PATRE
PROGNATUS FORTIS VIR SAPIENSQUE/ QUOIUS FORMA VIRTUTEI PARISUMA
FUIT/ CONSOL CENSOR AIDILIS QUEI FUIT APUD VOS/ TAURASIA CISAUNA
SAMNIO CEPIT/ SUBIGIT OMNE LOUCANAM OPSIDESQUE ABDOUCIT

# XVII

Übungen zu Satz- und Formenlehre

**1** In welchen Kasus unterscheiden sich die Adjektive der 3. Deklination von Substantiven der 3. Deklination des Typs consul/nomen? (Von der Regel weichen ab z. B. dives, vetus, pauper, princeps, deren Deklination dem Typ consul/nomen folgt, ↗ 25).

**2** Welche Kasus bezeichnet die Endung -i in den verschiedenen Deklinationen?
Unterscheiden Sie:
veni, antiquitati, amari, a mari, ei, illi, honesti viri, potuisti, nulli, nonnulli, nemini, tui, sibi, nisi, audi, Luci, mi fili, domi, domini, domui, spei, brevi, Corinthi.

**3** Achten Sie auf mehrdeutige Formen:
tres montes, tria maria, ingenti classi, ingenti classe, montes altos, caput grave, brevia verba, brevibus verbis, manu dextra, pedi celeri, pedes celeres, divitum hominum, brevi temporis spatio, felices liberi, felices parentes, divitem hominem, cor grave, felicium liberorum, veterum legum, veterum leges.

**4** Klarheit – oder: bellum omnium in omnes?
omnis, omnis spes, omnis urbs, omnis familiae, omne saeculum, omne negotium, omnia auxilia, omnibus, omnium virorum, omnia concessit, sine omni periculo.
Omnia mea mecum porto. – Non omnia possumus omnes. – Omnia vincit amor. – Labor omnia vincit. – Omnia praeclara rara. – Omne initium difficile est. – Omne nimium nocet. – Omnis ars naturae imitatio est. – Vulnerant omnes, ultima necat. – Omnis determinatio est negatio. – Sol omnibus. – Omnia sponte fluant, absit violentia rebus.

**5** Bestimmen Sie die syntaktische Funktion der Ablative in den folgenden Sätzen. (Im Zweifelsfall ↗ 145–160 konsultieren.)
1. Bellis semper miseria hominum aucta, non minuta est, etiamsi populi saepe mala sua bello tolli posse sperabant. 2. Belli Punici secundi annis multi milites vitam amiserunt, tota Italia agri vastati sunt. 3. Summo studio utraque pars perniciem alterius petebat. 4. Hannibal, cum bonus dux esset, tamen victoriis suis patriam perdidit, non auxit. 5. Agricolis autem Romanis posteris annis

# XVII

magnus servorum numerus, qui post bellum in Italiam importati erant, damno¹ fuit.

¹ damnum, ī n. Schaden (welcher Kasus ist „damno"?)

**6** Der adverbiale Ablativ wird erweitert
1. *Frumento* oppidi oppugnati¹ incolae se aluerunt.
2. *Frumento consumpto•* incolae oppidum suum hostibus tradiderunt.
3. *Frumento* post sexaginta dies *consumpto•* incolae oppidum tradiderunt.
4. *Frumento*, quod antea emerant, post LX dies *consumpto•* incolae oppidum tradiderunt.

¹ oppugnāre belagern

Was wird bei der Übersetzung in den Sätzen 2 bis 4 aus dem Substantiv im Ablativ, was aus dem zugehörigen Partizip?

**7** Wie wird das Partizip in den folgenden Sätzen gebraucht? Zu welchem Satzglied gehört es jeweils?
Was fällt Ihnen für die Übersetzung auf?
1. P. Rutilius Rufus¹ in exilium ² missus Smyrnae summis honoribus receptus est. – 2. Smyrnae incolae P. Rutilium Rufum in exilium missum in portu salutaverunt. – 3. P. Rutilio Rufo in exilium misso multi Romani iudices iniuriam fecisse putabant.

¹ (P. Rutilius Rufus [um 150 bis nach 78 v. Chr.] wurde wegen Amtsmißbrauchs in der Provinz angeklagt und verurteilt. Er ging in ebendiese Provinz ins Exil und wurde dort mit Jubel begrüßt – was schließen Sie daraus?)
² exilium, ī n. Verbannung

Wandeln Sie die partizipialen Gruppen der Sätze 1 bis 3 in lateinische Nebensätze (Einleitung: cum mit Konjunktiv) um. P. Rutilius soll jedesmal Subjekt des Nebensatzes werden. Was fällt Ihnen auf?

**8** Noch ein paar Formenübungen
capiunt, capiebant, cum caperetur, capi; incipio, incipiam, incipit

# XVII

liber secundus, coepisse; eum accipiamus!, cum acciperetur, accipiebaris, accepti sunt; faciunt, facerem, fac!; iaciunt, iaciant, iacitur, subicientur, subici, subiecisse, subiectum esse.

Läßt sich eine Regel feststellen und formulieren, bei welchen Formen der Stamm um ein -i- erweitert ist? (Vgl. auch / 86 und 87.)

Das Marcellustheater in Rom, 13 (oder 11) v. Chr.

# XVIII
## Lectio duodevicesima

Aus den „Periochae" (Inhaltsangaben) zu Livius
für die Jahre 272 bis 136 v. Chr.

Titus Livius (59 vor bis 17 n. Chr.) verfaßte eine umfangreiche Darstellung der römischen Geschichte in 142 Büchern. Ein so ausführliches Opus las man bereits wenige Jahrzehnte später nicht mehr in voller Länge, sondern begnügte sich mit Übersichten (epitomae) und Inhaltsangaben (periochae). Aus diesen kennen wir heute wenigstens grob den Inhalt des Gesamtwerks, von dem außer Fragmenten nur die Bücher 1–10 und 21–45 erhalten blieben.
Die hier vorgelegten Periochae wurden wahrscheinlich im 4. Jh. angefertigt.

*1*    XV      Victīs Tarentīnīs pāx et lībertās data est.
                  Tum prīmum populus Rōmānus prō nummīs argentum in ūsū habēre coepit.
       XVII    C. Duīlius cōnsul adversus classem Poenōrum bene
*5*                pūgnāvit prīmusque omnium Rōmānōrum ducum nāvālis victōriae dūxit triumphum.
      XVIII   Rēs ā Rōmānīs terrā marīque bene gestās dēformāvērunt• naufragia• classium. Rēgulus cōnsul ā Carthāginiēnsibus captus Rōmam missus est ad senātum tamquam• lēgātus,
*10*              quī dē pāce ageret.
       XIX     Petentibus Carthāginiēnsibus pāx data est.
       XXII    Propter paucitātem mīlitum VIII mīlia servōrum armāta sunt. Captīvī•, quī potuissent redimī ā Poenīs, redemptī nōn sunt.
*15*   XXIII   Hannō, vir ex Poenīs nōbilibus, suādēbat senātuī Carthāginiēnsium, ut pācem ā populō Rōmānō peterent, nec tenuit resistente Barcīnā factiōne•.
      XXIV    Tib. Semprōnius Gracchus prōcōnsul bene adversus Poenōs pūgnāvit servōrum māximē operā, quōs līberōs
*20*             esse iussit.
    XXXIII   T. Quīnctius Flāminīnus prōcōnsul cum Philippō dēbellāvit•. Pāx petentī Philippō Graeciā līberātā data est.

# XVIII

IIL Gulussa, Numidārum rēgis fīlius, nūntiāvit Carthāgine dīlēctūs• agī, classem comparārī et sine dubiō bellum parārī. M. Porcius Catō suāsit, ut Carthāginiēnsibus bellum indīcerētur. Contrādīcente• P. Cornēliō Nāsīcā placuit senātuī lēgātōs mittī Carthāginem, quī spectārent, quid agerētur.

Cum theātrum exstruerētur, īdem P. Cornēlius Nāsīca dīxit id esse inūtile nocēnsque pūblicīs mōribus. Ex senātūs cōnsultō dēstrūctum est populusque stāns lūdōs• spectāvit.

IL Inter M. Porcium Catōnem et Scipiōnem Nāsīcam certātum est dīversīs sententiīs Catōne suādente bellum, ut tollerētur dēlērēturque Carthāgō, Nāsīcā dissuādente.

LI Carthāgō dēlēta est ā Scipiōne septingentēsimō annō quam erat condita.

LII Achaeīs victīs et omnī Achaiā in dēditiōnem• acceptā L. Mummius cōnsul Corinthum dīruit• ex senātūs cōnsultō.

LVI In Siciliā bellum servīle• opprimī nōn potuit. Huius bellī initium fuit Eunūs servus nātiōne Sȳrus, quī contractā agrestium• servōrum manū et solūtīs ergastulīs• exercitum comparāvit et adversus exercitum Rōmānum bellum saepe gessit.

*Der Circus Maximus am Palatin, erste Anlage Ende 4. Jh. v. Chr., heutiger Zustand geht auf Kaiserzeit zurück, ca. 600 × 150 m*

# XVIII

Übungen zu Satz- und Formenlehre

**1** Übersetzen Sie unter Verwendung von ↑ 83 und 207 und der dortigen Verweise:
clamans, movens, tangens, faciens, audiens, vivens, vincens, studens;
imperium crescens, cura crescens, magistratui deos colenti, magistratibus deos colentibus, condicionibus acceptis•, a puero clamante, puerorum clamantium, oppida florentia, verba moventia.

**2** Deklinieren Sie:
iniuria clamans, mos inutilis atque nocens, oppidum florens et pulchrum.

**3**

a Übersetzen Sie:
1. Marco agricola iam diu ex oculis laborante medicus in proximum oppidum venit (vēnit). 2. Marcus, cum medicum adesse audiat (audiret), cum filia in oppidum migrat (migravit). 3. Vici• incolae enim medicum multos aegrotos• bene curavisse audiverunt (audiverant). 4. Multis civibus spectantibus medicus Marci oculum curat (curavit) 5. Pretio soluto Marcus in vicum suum remigrat (remigravit).

b Ersetzen Sie die Verbform(en) durch die eingeklammerte(n) Form(en). Welche Veränderungen ergeben sich für die Wiedergabe der Partizipien und Infinitive?

**4** Erschließen Sie den Inhalt der folgenden Satzgefüge und entscheiden Sie, ob das Verb des Relativsatzes jeweils im Indikativ oder Konjunktiv stehen soll (↑ 193.4).
1. Primis rei publicae saeculis Roma regebatur a rege, quem populus (creabat/crearet). 2. Saepe rex viros patricios convocavit, quos (consultabat/consultaret). 3. Servius Tullius rex plebeios, quibus antea civitas non (erat/esset), in populum recepit•. 4. Sunt, qui (credunt/credant) Servium servae cuiusdam filium fuisse. 5. M. Tullius Cicero aliquando dixit se esse unum ex Servii Tullii posteris•. Quod dubitari• (potest/possit). 6. Romani multos deos colebant, qui patriae et in bello et in pace (aderant/adessent).
Erläutern Sie die Besonderheit des Relativsatzes in Beispiel 5.

# XVIII

**5** Unus vir – vir quidam:  e i n  Mann – (irgend)ein Mann
Vergleichen Sie:

*a* 1. Unus vir me a tribus adversariis servavit. 2. Cum nescirem•, ubi amicus viveret, viam e servo quodam quaesivi.

*b* Eine Geschichte aus der Bibel (nach 2. Samuel 12)
Ad regem Davidem vir quidam sapiens venit ̒et „Novi", inquit, „virum quendam in urbe tua, cui erat unus agnus[1], quem amabat ut filiolum. Sed finitimus dives hunc unum agnum ei subtraxit•." Iratus rex: „Ubi est ille dives", quaesivit, „ut eum puniam?" „Tutemet[2] es", respondit vir sapiens, „qui uxorem militis cuiusdam tui amas eumque in bello occidi curavisti." – Quis vestrum novit nomen pulchrae feminae, quam David rex amabat?

[1] āgnus, ī *m.* Lamm
[2] tūtēmet – verstärktes tu.

*Grabmal eines Freigelassenen-Ehepaars, Marmor, 115 × 64 cm, 1. Hälfte 1. Jh. n. Chr., Inschrift: P. AIEDIUS. P(ubli). L(ibertus). AMPHIO und AIEDIA. P(ubli). L(iberta) FAUSTA MELIOR; Berlin, Antikensammlung*

# XIX
## Lectio undevicesima

RÖMISCHE SKLAVEN
VORBERICHT

*1* Inter alia ēiusmodī •exempla multa Līvius hoc trādit /
ā Līviō haec trāduntur:
Ex Hirpīnīs• oppida trīa, quae ā populō Rōmānō dēfēcerant, vī recepta sunt per M. Valerium praetōrem. Auctōrēs dēfectiōnis•
*5* secūrī• percussī• sunt. Suprā quīnque mīlia captīvōrum sub hastā vēniērunt. (XXIII 37, 12)
Non bellīs tantum, sed multīs aliīs variīsque modīs Rōmānī ingentem cōpiam servōrum sibī comparābant, quī omnia ferē opera facerent.

Welche weiteren Quellen, sich Sklaven zu verschaffen, kamen Ihrer Ansicht nach noch in Betracht?

VERWENDUNG UND BEHANDLUNG DER SKLAVEN

*10* Pars eōrum in lātifundiīs, lapicīdīnīs, metallīs• labōrāba(n)t. Aliī viās mūniēbant, pontēs faciēbant, onera gravia portābant, ubicumque oportēbat. Quōs servōs brevī tempore labōribus cōnsūmptōs esse appāret. Multī autem leviōribus operibus dominīs ūtilēs erant. Aliīs ministeria domestica mandābantur, aliī in fabricīs īnstrū-
*15* menta, vāsa, arma aliaque cōnficiēbant. Nōn paucī, saepe Graecī nātiōne, virī doctī erant velut medicī et magistrī. Medicīs dominī vītam, magistrīs līberōs committēbant, quōs ēducārent. Prīmus poēta Rōmānus nōmine Līvius Andronīcus servus fuit, quem bellō Tarentīnōrum captum esse cōnstat. Fuērunt servī, quōs rem
*20* familiārem dominī vel alia negōtia administrāvisse scīmus.
Servī īnstrūmenta vōcālia putābantur. Dominī in servōs potestātem vītae necisque habēbant. Omnia, quae per servōs acquīrēbantur, dominī erant, prōlēs quoque ex servā nāta.
Operibus bene perfectīs prūdentēs dominī servōs laudibus vel
*25* parvīs praemiīs afficiēbant, nōnnullīs etiam lībertātem concēdēbant. Contumācēs autem servōs gravibus poenīs affectōs esse nōtum est.

# XIX

ÜBUNGEN ZU SATZ- UND FORMENLEHRE

**1** Verbinden Sie folgende Satzpaare durch Relativen Anschluß und übersetzen Sie (↗ 174):
1. Prope Neapolim urbem est Vesuvius mons. Eius eruptione• oppidum Pompeios deletum esse legimus. 2. Oppidum cinere• et lapidibus obrutum• est. Ea de causa multi homines vitam amiserunt. 3. Multi fuga salutem petiverunt. Eorum magna pars cinere oppressi sunt (oppressa est), alii se servaverunt. 4. Viri docti Pompeios effoderunt•. Ii multas res, quae incolis usui cottidiano fuerant, invenerunt.

**2** Sogenannte „verschränkte" Relativsätze

| | |
|---|---|
| Cicero orator summus fuit. | Cicero war ein großer Redner. |
| Ciceronem oratorem summum fuisse scimus. | Wir wissen, daß Cicero ein großer Redner war. |
| Cicero a nobis laudatur. | Cicero wird von uns gelobt. |

Drei Aussagen oder Urteile: über einen objektiven Sachverhalt (1. Satz), über unser Wissen bezüglich dieses Sachverhalts (2. Satz), über unser Verhalten zu Cicero (3. Satz). Die Sätze 1 und 2 können jeweils mit Satz 3 gekoppelt werden:
Cicero a nobis laudatur, nam orator summus fuit.
Cicero a nobis laudatur, nam Ciceronem oratorem summum fuisse scimus.
Die zweite Aussage kann aber auch vermittels eines Relativsatzes in die erste eingebunden werden:
Cicero, qui orator summus fuit, a nobis laudatur.
Cicero, der ein großer Redner war, wird von uns gelobt.
In der lateinischen Sprache kann man sogar noch einen Schritt weitergehen:
Cicero, quem oratorem summum fuisse scimus, a nobis laudatur.
Hier nun versagen die Möglichkeiten der wortgetreuen deutschen Wiedergabe. Das Scheitern ist bedingt durch die zweifache Verwendung des Relativpronomens:
q u e m  ist eindeutig auf ein maskulines Nomen im Singular bezogen (Cicero), der Kasus Akkusativ wird aber mit doppelter Funktion besetzt:
— Objektkasus (AcI!) zu scimus
— Subjektkasus im AcI zu fuisse.

# XIX

Das Lateinische erreicht damit eine Verdichtung, die wir im Deutschen so nicht unmittelbar nachvollziehen können. Wir müssen uns zunächst die syntaktischen Beziehungen klarmachen, danach die lateinischen Bindungen aufbrechen und über gleichsam Hilfskonstruktionen eine Wiedergabe versuchen:
Cicero wird von uns gelobt:
    von dem wir wissen, daß er ein großer Redner war;
    der, wie wir wissen, ein großer Redner war;
    der unseres Wissens ein großer Redner war.

**3** Übersetzen Sie:
*a*   Lucius, qui cenae horam adesse scit, domum contendit.
Welche Funktion hat das Relativpronomen im Nebensatz?
*b*   Komplizierter wird die Wiedergabe, sobald das Relativpronomen Bestandteil eines AcI im Relativsatz ist. Man spricht dann von „Verschränkung":
Lucius, quem Romam bene novisse constat, Philippo patriam suam monstravit.
Lucius Philippum, quem Romam nondum vidisse audivit, per fora et vias ducit.
Vergleichen Sie Ihre Übersetzungsvorschläge mit ↗ 174.3!
*c*   Dieselben Möglichkeiten bestehen auch dann, wenn das Relativpronomen nicht der Subjektsakkusativ des AcI, sondern anderweitig mit ihm „verschränkt" ist:
1. Lucius Philippo, cui urbem notam non esse scimus, multa de aedibus narravit. 2. Cliens quidam a Metello, a quo alios adiutos esse novit, auxilium petit. 3. Metellus uxorem, quam non solum pulchram, sed etiam prudentem esse nemo negabit, non raro consultavit. 4. Philippus amico, cui bibliothecam magnam esse audiverat, librum rarum attulit (dono dedit).

# XX
## Lectio vicesima

Achten Sie während der Übersetzung des Textes auf dessen Gliederung!
Versuchen Sie, jeden Abschnitt/Absatz mit einer möglichst knappen, überschriftsartigen Zusammenfassung zu versehen. Ordnen Sie den erwähnten Ereignissen Zeitangaben (Jahreszahlen) zu.
Sind die Textabschnitte inhaltlich und sprachlich miteinander verknüpft? Nehmen sie aufeinander Bezug?
Erhält der Leser Informationen über die Momente, die die römische Republik in eine Krise führten?
(Vergleichen Sie auch den Varianttext hinsichtlich Aussage, Informationsgehalt, Darstellungstendenz.)

### DIE RÖMISCHE REPUBLIK TREIBT IHREM UNTERGANG ENTGEGEN

*1* Imperiō Rōmānō crēscente populus Rōmānus, ut multī tum putābant, potentior erat quam anteā.
Nōbilēs potentiōrēs dī[vi]tiōrēsque erant cēterīs cīvibus. Multō ampliōra agrōrum spatia, multō ampliōrēs servōrum cōpiās possi-
*5* dēbant, possidebant domūs pulchriōrēs, gerēbant summōs magistrātūs, prohibēbant cēterōs cīvēs ā rē pūblicā.
Sed multī cīvium iterum iterumque ad mīlitiam cōnscrīptī, cum neque rēs suās ab hostibus dēfendere neque agrōs colere potuissent, miseriōrem vītam vīvēbant quam anteā.
*10* Nōn paucī pauperum Rōmam migrāvērunt, ut ūnā cum prōlētāriīs sūmptū pūblicō alerentur. Ita numerus agricolārum Rōmānōrum paulātim minūtus est.
Agricolārum autem numerō minūtō mīlitum quoque numerus minūtus est. Quā dē causā virī prūdentissimī timēbant, nē rēs
*15* pūblica in perīculum incideret , nam lēgēs māiōrum prohibēbant, nē prōlētāriī essent legiōnāriī.
Tiberius Semprōnius Gracchus tribūnus plēbis agrāriā lēge pauperiōribus cīvibus adesse studuit. Lēx Semprōnia ā plēbe probāta est, sed virī nōbilēs odiō acerrimō mōtū Tiberium sociōsque eius
*20* occīdērunt, corpora eōrum īnsepulta in Tiberim fluvium prōiēcērunt.

# XX

XII annīs post C. Gracchus, cum rem ā Tiberiō frātre inceptam perficere studēret, miserrimē vītam āmīsit.
Tandem, ut mīlitum numerum augēret, Marius contrā lēgēs maiōrum prōlētāriōs cōnscrīpsit, quibus sūmptū pūblicō arma stīpendiumque dedit.
Sociī Italicī, quī in peiōre condiciōne erant cīvibus Rōmānīs, māximō bellō senātum Rōmānum coēgērunt, ut sociīs pāria atque Rōmānīs iūra concēderet.
Tamen meliōra tempora Rōmānī tum frūstrā exspectābant. Nam complūrēs annōs gravissimum bellum cīvīle saeviit inter partēs Mariānās et Sullānās. Urbem Rōmam Rōmānus exercitus Sullā duce bis expūgnāvit. Crūdēlissima scelera commissa sunt. Cum Sulla ā senātū dictātor factus complūribus dēcrētīs potentiam nōbilium mūnīvisset, tamen spēs pācis internae minima erat.
Per omnia illa tempora etiam multa bella externa variā fortūnā gesta sunt. In Siciliā īnsulā duo gravia bella servīlia māximā vī oppressa sunt. Māximum autem illud servīle bellum fuit, quod Spartacō duce in Italiā ipsā gestum est.
Septuāgintā gladiātōrēs Spartacō auctōre ex urbe Capuā ērūpērunt. Mīlitēs ā magistrātibus in eōs missōs iterum iterumque vīcērunt. Ita brevī tempore ingēns servōrum multitūdō ex agrīs cōnflūxit sēque cōpiīs ā Spartacō ductīs adiūnxit. Servī rapientēs, dīripientēs, incolās crūdēlissimē interficientēs iniūriās acceptās reddidērunt.
Spartacus autem, quī prūdentior erat cēterīs servōrum ducibus, hīs persuādērc studuit optimum esse quam celerrimē servōs in Galliam Cisalpīnam dūcere et Alpibus superātīs in suam quemque patriam dīmittere. Sed multīs recūsantibus hōc cōnsiliō dēsistere coāctus est. Acerrimā pūgnā postrēmō servī ā legiōnibus Crassī victī sunt.
Spartacus ipse, ut trāditur, fortissimē pūgnāns quasi imperātor occīsus est. Sex mīlia servōrum captōrum secundum viam Appiam crucibus affīxa sunt.

# XX

## Übungen zu Satz- und Formenlehre

**1** Varianttext zum ersten Teil des Lektionstextes
Im Text begegnen Formen eines sogen. unregelmäßigen Verbums
– vergleichen Sie dazu ↑ 96! Was muß eingeprägt werden?

Bauernsterben in Italien – Die Gracchen
Imperio Romano crescente non omnium civium condiciones meliores fiebant. Nobiles ditiores potentioresque facti sunt. Multorum autem vita in peius mutata est. Tum numero agricolarum minuto militum quoque numerus minuebatur. Erat enim lex Romanorum, ne quis fieret miles, nisi qui ipse se armare posset. Tib. Sempronius Gracchus tribunus plebis et exercitui et pauperibus consulebat. Legem agrariam tulit•, qua lege pauperrimis agri darentur, ut denuo suo sumptu militare possent. Cum autem Tiberius contra morem maiorum iterum tribunatum peteret, ut colonis agros adsignare• posset, a senatoribus iratis per speciem, ne rex fieret ille, in foro Romano occisus est.

**2** Fiat lux et lux facta est
1. Nihil fit sine causa. – 2. Nemo fit casu bonus. – 3. Non fiunt poetae, nascuntur. – 4. Fiat voluntas tua. – 5. Sanior fieres, si corpus bene exerceres. – 6. Factum infectum verbis fieri non potest. – 7. Fit clamor maximus. – 8. Dictum, factum. – 9. Marius iterum consul factus est. – 10. Senatus suasit, ne pax cum Poenis fieret. – 11. Omnia, Castor, emis: sic fiet, ut omnia vendas. – 12. Fiat finis, ergo finem faciamus.
Vertauschen Sie Aktiv und Passiv:
fieret, factus est, fieri, fecisse, facit, pontem fecerunt.

**3** Übersetzen Sie (achten Sie auf mehrdeutige Formen):
*a* mons altissimus, templum pulcherrimum, vasa pulcherrima, feminae pulcherrimae, lapidum durorum, lapidem duriorem, lapidum duriorum, onera• graviora, onera gravia, viros sapientiores, hominibus notioribus, via breviore, tempus brevius, bellum gravissimum, navium celeriorum, navium celerium.
*b* luce clarior, ferro gravius, lapide durior, hora brevius, miserior servo, di(vi)tior Croeso•, sapientior magistra.

# XX

**4**

*a*   Fassen Sie die Beispiele der Tabelle in ↗ 43 der Sprachlehre in drei Gruppen zusammen und formulieren Sie Regeln über die Komparation.

*b*   Weshalb wäre es nicht sinnvoll, zu Adjektiven wie captivus•, nocturnus•, ingens Komparativformen zu bilden? Nennen Sie noch mindestens fünf weitere Adjektive dieser Art (↗ Index verborum et nominum!).

*c*   Bilden Sie noch mindestens acht weiterer Komparationsreihen, je vier aus der 1./2. und aus der 3. Deklination (wegen der Ausnahmen ↗ 44 beachten!)

*d*   Suchen Sie aus Lektion XX und dem Varianttext alle Formen heraus, die zur „Komparation mit verschiedenen Stämmen" gehören (↗ 44), und ergänzen Sie jeweils die beiden anderen Formen (achten Sie dabei auf Zahl, Fall und Geschlecht!)

**5**   In englischen Public Schools wurden Jungen früher nur mit dem Familiennamen angeredet. Brüder wurden als „Smith maior", „Smith minor" bezeichnet.
Wie unterscheidet sich davon die Bedeutung von maiores in Fügungen wie mos maiorum, leges maiorum?

**6**   Der Lektionstext stellt weitere Stilfiguren vor:
das *Trikolon*, die Dreigliedrigkeit oder dreifache Setzung:
possidebant domus pulchriores,
gerebant summos magistratus,
prohibebant ceteros cives a re publica.
Das Trikolon ist vielfach, so auch hier, mit einer Klimax (Steigerung, inhaltlich und in der Länge der Glieder) verbunden;
eine sog. *Figura etymologica*, die Verbindung zweier Wörter mit gleichem Stamm:
miseriorem vitam vivebant.
Weitere Beispiele: victoriam vincere, pugnam pugnare, somnium somniare, facinus facere – finden Sie treffende Übersetzungen.
Deutsche Beispiele:
Mönchlein, Mönchlein, du gehst einen schweren Gang!
… gar schöne Spiele spiel ich mit dir …
Welche bereits früher vorgestellten Stilfiguren enthält der Haupttext?

# XVI–XX

ÜBUNGEN ZUM WORTSCHATZ DER LEKTIONEN XVI BIS XX

**1** Von welchen Verben sind die folgenden Substantive abgeleitet? Was bedeuten die Substantive?
eruptio, inscriptio, persuasio, exspectatio, liberatio, dimissio, expugnatio, possessio, recusatio, educatio.

**2** Von welchen Adjektiven sind die folgenden Substantive abgeleitet? Was bedeuten die Substantive?
aequitas, utilitas, crudelitas, brevitas, levitas, libertas, paupertas, gravitas, varietas, diversitas, unitas, urbanitas.

**3** 20 „Vokabeln" – wieviele Wissenselemente werden benötigt?
salus, salutare, salutatio; laus, laudare, laudatio, laudator, laudabilis; navis, navigium, navalis, navigare, navigatio, navigabilis, navicula, navicularius; varius, variare, variatio, variabilis.

**4** Wie lauten die grammatischen Ausgangsformen der folgenden Fremdwörter? – Geben Sie eine deutsche Erklärung der Wörter!
Emigrant, Dozent, Konsument, Denunziant, effizient, potent.

**5** Formen der unregelmäßigen Komparation werden vielfach für Fremdwörter genutzt. – Was bedeuten folgende Wendungen?
optimale Bedingungen, maximale Forderungen, minimale Erfolge, pessimistische Lebenseinstellung, Zweckoptimismus verbreiten, die Majorität erringen, pluralistische Gesellschaft, pejorative Bedeutung, Ackerland meliorieren.

**6** Erläutern Sie Bildung und Bedeutung folgender Fremdwörter und benennen Sie die lateinischen Ausgangswörter!
Moral, Laudatio, Potentat, Servilität, Laboratorium, Fraktur, Tangente, Lapidarium, Interna, Dekret, Komparativ, Motiv, kampieren, variabel.

**7** Verwandtschaften mit zufälligen Ähnlichkeiten
majority, liberty, mortality, captivity, victory; picture, lecture, consumer; fortune, labour, exit.

# XVI–XX

8 Das Sachfeld „Geographie" – das Bild von Himmel und Erde: was kennen Sie dazu bereits?

9 Suchen Sie Gegenwörter zu
utilis, bonus, diversus, pauper, miser, prudens, gravis, par.

*Der Philosoph L. Annaeus Seneca, von einer Doppelherme mit Sokrates, Marmor, 28 cm, Kopie des 3. Jh. n. Chr. nach Original von 50/60 n. Chr., Inschrift: SENECA; Berlin, Antikensammlung*

# XXI
## Lectio vicesima prima

NACHDENKEN ÜBER SKLAVEREI UND FREIHEIT

· Nach einem Brief des Philosophen Seneca an seinen Freund Lucilius (Sen. ep. mor. 47) ·

Worin zeigt sich der Textcharakter „Brief"? In welcher Weise sind Darstellungsweise und Gedankenführung dadurch geprägt? Versuchen Sie, *nach* der Lektüre des Textes die Grundgedanken des Autors in wenigen Sätzen zu formulieren. Vergleichen Sie Ihre Zusammenfassung mit dem Textverlauf.

1 Seneca Luciliō suō salūtem.
Libenter ex hīs, quī ā tē veniunt, cōgnōvī familiāriter tē cum servīs tuīs vīvere. Hoc prūdentiam tuam, hoc ērudītiōnem decet.
Quīdam hōc locō clāmābunt: „Servī sunt." Immō•, hominēs.
5 Rīdeō istōs, quī turpe exīstimant cum servō suō cēnāre. Cōgitā istum, quem servum tuum vocās, aequē spīrāre, aequē vīvere, aequē vītā dēcēdere.
Nōs autem dominī in servōs superbissimī, crūdēlissimī, contumēliōsissimī• sumus. Nōn habēmus illōs hostēs, sed facimus.
10 Praeceptī meī summa haec est: Vive cum servō clementer, cōmiter• quoque, in sermōnem illum admitte• et in cōnsilium et in convictum•. Iterum clāmābunt omnēs illī dēlicātī• : „Nihil turpius est, nihil humilius est hāc rē!" Hōs autem ego dēprehendam• aliēnōrum servōrum manūs ōsculantēs•.
15 Māiōrēs nostrī dominum patrem familiae appellāvērunt et servōs familiārēs. Instituērunt diem fēstum, quō cum servīs dominī cēnārent. Honōrēs illō diē in domō gerere et iūs dīcere servīs permīsērunt. Domum parvam rem publicam esse iūdicāvērunt.
Nē servum propter operam sordidiōrem• rēiciās. Nē ministeriīs
20 aestimēs illum, sed mōribus. Sibī quisque dat mōrēs, ministeria cāsus adsīgnat•. Quīdam cēnent tēcum, quia dīgnī sunt, quīdam, ut sint.
„Servus est" — sed fortāsse līber animō? „Servus est" — hoc illī nocēbit? Ostende, quis nōn sit servus. Alius libīdinī servit, alius
25 avāritiae, alius ambitiōnī, omnēs timōrī.

# XXI

Nūlla servitūs autem turpior est quam voluntāria.
Servī colant tē potius• quam timeant. Quī colitur, et amātur.
Diūtius tē nōn retinēbō. Nōn est enim tibī exhortātiōne• opus. Hoc
habent inter cētera bonī mōrēs: placent sibī, permanent. Levis est
30 malitia•, saepe mūtātur, nōn in melius, sed in aliud. Valē.

*Porträt des Kaisers Nero, Marmor, lebensgroß, um 60 n. Chr.;
Rom, Museo Nazionale Romano*

# XXI

Übungen zu Satz- und Formenlehre

**1** Adverb und adverbiale Bestimmung
a  Ermitteln Sie aus dem Text alle adverbialen Angaben und ordnen Sie diese nach ihrer Gestalt.
b  Bilden Sie – unter Verwendung von ↑ 47 – Adverbien zu: strenuus, verus, contumax, pulcher, dignus, sapiens, facilis.
c  Es gibt zwei Grundformen (und eine Variante) der Adverbbildung von Adjektiven. Formulieren Sie Regeln nach der Tabelle in ↑ 47.
d  Vergleichen Sie: Ich kenne ihn *gut*. – *Bene* eum novi. – I know him *well*. – Je le connais *bien*.

**2** Setzen Sie in den folgenden Beispielen jeweils die deklinierte Form des Adjektivs oder das Adverb ein: Seneca ostendit Romanos in servos (crudelis et superbus) fuisse. 2. Domini servos saepe (crudelis) puniebant. 3. Omni pecunia (levis) profusa[1] homo (levis) frustra auxilium ab amicis petivit. 4. Hostis (captivus) imperatori Romano (contumax) respondit. 5. Milites (captivus) Romani non redemerunt.

[1] prōfundere, prōfundō, prōfūdī, prōfūsus vergeuden

**3** Bilden Sie Vergleiche nach folgendem Muster:
Is mons altior est *quam ille* – Is mons altior est *illo*.
1. Titus – frater eius (prudens, parvus). 2. Mea patria – Roma (mihi cara). 3. Homerus poeta – Horatius poeta (notus). Ferrum – argentum (leve). 5. Argentum – ferrum (grave). 6. Pauperes – divites (multi).

**4** Superlativ oder Elativ? (↑ 167.2)
1. Romani Poenos crudelissimos omnium populorum esse dicebant. 2. Veterrimam imperii Romani provinciam Siciliam fuisse constat. 3. Mater vas pulcherrimum mihi dono dedit. 4. Putasne te sapientissimum? Putasne te sapientiorem magistro? Putas te sapientissimum omnium! 5. Puer ille pulcherrime cantat. 6. Filius minimus fungum[1] maximum invenit.

[1] fungus, ī, m. Pilz

# XXI

**5** Fragen an den Text der Lektion
Erkennen Sie im Text des Briefes besondere Stilfiguren? Nennen Sie sie.
Was halten Sie von Senecas Ansichten zu dem von ihm behandelten Problemen?
Vergleichen Sie den Text in der Lektionsfassung mit dem vollständigen Wortlaut des Seneca-Briefes (in einer Übersetzung). Was entspricht, was weicht ab?

# XXII
## Lectio vicesima secunda

### Die Olympischen Spiele

1 Corpus exercērī oportet, ut ea agere et ferre possīmus, quae diēs fert. Quā in rē Graecī nōbīs exemplō sunt: certāminibus corpora exercēbant, ut et bellī et pācis temporibus summōs labōrēs perferrent.

5 Olympia, illa inter Graecōrum lūdōs clārissima, agēbantur Olympiae ex antīquissimīs temporibus. Dē lūdōrum orīgine scrīptōrēs antīquī varia trādunt – quīdam referunt Pelopem certāmina prīmum īnstituisse, quīdam autem Herculem.

Olympia quīntō quōque annō ācta sunt. Nūntiī ad omnēs Graecās
10 cīvitātēs sē contulērunt, quī virōs līberōs Olympiam ad certāmina vocārent. Athlētae corpora māgnō cum studiō exercuerant, ut certāminum labōrēs perferre victōriamque domum referre possent. Nē qua cīvitās bellum īnferret alterī, arma quiēscēbant, dum lūdī aguntur.

15 Prīmō lūdōrum diē et arbitrī et athlētae dē honestō certāmine admonitī per Jovem, cuius in honōrem lūdī agantur, iūrant. Tum certāmina incipiunt. Prīmum puerī et adulēscentēs, deinde virī summīs vīribus inter sē dē victōriā contendunt. Clāmōre ā spectantibus sublātō certantēs impelluntur. Arbitrī māgnā cum dili-
20 gentiā observant, quis in certāmine vīcerit. Nōmina victōrum praedicantur.

Tertiō vel quartō diē, quī est medius certāminum diēs, lēgātiōnēs cīvitātum, quae lūdīs adsunt, deō dōna amplissima afferunt. Sub vesperum huius diēī athlētae et arbitrī, sacerdōtēs• Jovis et cīvi-
25 tātum lēgātī in cūriam•, quae Graecā linguā prytaneion• vocātur, sē cōnferunt ad cēnam.

Ultimō diē māgnificentissima pompā ad Jovis templum prōcēdit. Ibī victōrēs corōnam ē rāmulīs sacrae olīvae factam accipiunt. Id apud Graecōs summus honor est.

30 Domī autem ā magistrātibus cīvibusque laudibus, praemiīs, honōribus afficiētur, quī victōriam in patriam rettulerit.

# XXII

## Übungen zu Satz- und Formenlehre

**1** Ferre (fero, tuli, latus)
Die Darstellung der sogen. unregelmäßigen Verben wird fortgesetzt. Ermitteln Sie aus ↑ 94, was Sie als die Besonderheiten dieses Verbums aufmerksam einprägen müssen und was mit dem Ihnen bereits bekannten System lateinischer Verbalformen übereinstimmt!

**2** Vertauschen Sie portare und ferre:
Fertur, lata sunt, tulissemus, tulisti, latum sit, afferunt, ferat onus, ferret onus.
Portas, donum apportat, portavistis, portatum est, portari, portavisse, apportaveramus dona, cum portes.

**3** Geben Sie die 1. Person Sing. Präs. an und übersetzen Sie:
a  relatum est; cum bellum finitimis intulissent, nuntius ad nos perlatus est; multos labores Hercules pertulerat; relata refero;
b  fecit, subiecti sunt, labore confectus, coepimus, accepisti, se recipient, ceperunt, capti sunt;
c  egissem, legerunt, cum pecunia collecta sit; verbis tuis non moveor; vicisse, visae sunt.
d  Welche Formen der Perfektbildung kommen vor?

# XXII

**4** (De iis), qui ipsorum lingua Celtae, nostra Galli appellantur (Caesar)

I. Die große Keltenwanderung von Frankreich bis Kleinasien
IV. ante Christum natum saeculo multa milia Celtarum, cum terra sua non iam alerentur, Gallia relicta novam patriam quaerebant. Pars eorum in Italia consedit[1], alii Graecia vastata• in Asiam pervenerunt. Agros vastantes tributaque• postulantes Celtae per multos annos Asiae incolas opprimebant, postremo autem ab Attalo, Pergamenorum rege, uno loco considere[1] coacti sunt. Quae regio Galatia[2] nominata est. Celtis victis Pergameni magnam aram[3] in victoriae honorem aedificaverunt. Qua in ara dei deaeque cum gigantibus[4] contendentes videri possunt. Scitisne, ubi haec ara nunc sit?

[1] cōnsīdere, cōnsīdō, cōnsēdī, cōnsessum sich ansiedeln (*in Norditalien geschah dies nach 387 v. Chr.*)
[2] (*im Jahre 235 v. Chr. wurden die Kelten dort seßhaft*)
[3] ara, ae, *f.* Altar
[4] gigantes, ium, *m./f.* (*riesige Söhne und Töchter der Erdgöttin, die sich der Sage nach gegen die Götter empörten*)

II. Gallier, Germanen und Römer in Gallien
Sexagesimo fere anno ante Christum natum Germani Gallis bellum intulerunt neque ab iis adduci poterant, ut se referrent. Nam vitam suam cum Gallorum (vita) conferentes finitimos multo di(vi)tiores esse Germani noverant. Postremo Gallorum legati se ad Caesarem[1] contulerunt, qui ab eo peterent, ut sibi auxilium (af)ferret. Qui libenter venit Germanosque trans Rhenum celeriter reppulit. Galli autem a Germanis liberati Romanorum vim perferre coacti sunt.

**5** [1] (*Caesar war seit 58 v. Chr. Statthalter in Gallien*)
*a* Stellen Sie die partizipialen Fügungen aus den Texten 4. I und II zusammen und erproben Sie verschiedene Übersetzungsmöglichkeiten.
*b* Analysieren Sie die vorkommenden Relativsätze.

# XXIII
## Lectio vicesima tertia

### Ein zudringlicher Schwätzer

· Nach Horaz, Sermones 1,9 ·
Der römische Dichter Horatius konnte mit Verstehensvoraussetzungen bei seinem römischen Publikum rechnen. Wir hingegen müssen uns gewöhnlich solches „Hintergrundwissen" erst verschaffen, um das Textverständnis zu ermöglichen und zu sichern. Deshalb einige Bemerkungen vorweg:
Die via sacra, die Hauptgeschäfts- und Triumphstraße (daher sacra) über das forum Rōmānum, mußte Horaz von seiner Wohnung auf dem Esquilīn zur Tiberbrücke ein Stück entlanggehen; trāns Tiberim, in der regiō XIV Trānstiberīna augusteischer Zeit (heute: Trastevere), auf dem rechten Tiberufer, befanden sich außer einem ausgedehnten Arme-Leute-Viertel auch Luxusvillen mit prächtigen Parkanlagen (hortī); die hortī Caesaris lagen südlich der porta Portuēnsis, also außerhalb der Stadt, knapp eine Stunde Fußweg vom Forum entfernt;
die aedēs Vestae, das Vestaheiligtum, lag linker Hand von Horaz' Weg, daneben das Tribunal, der Ort für Zivilprozesse; C. Cilnius Maecēnas war Freund und Berater des Kaisers Augustus, Förderer junger Dichter (daher: Mäzen) – Horaz und Maecenas verband eine besondere gegenseitige Vertrautheit; Apollo galt auch als der Schutzgott der Dichter.

*1* Ibam forte viā sacrā, sīcut meus est mōs, aliquid meditāns, tōtus cōgitātiōnibus meīs trāditus. Accurrit homō quīdam, nōtus mihī nōmine tantum. „Salvē", dīxit, „quid agis, cārissime, quō īs?" Tum mēcum īre loquāx iste coepit. At egō studēbam discēdere ab
*5* illō, illum relinquere. Interdum anteiī celerius, interdum cōnstitī – nihil prōfēcī. Verba facit multa, haec laudat, vituperat illa, quōsdam salūtat, mē interrogat. Nihil respondēbam. Tamen nūllō modō discēdere potuī, nūllō modō, ut abīret ille, mihī contigit. Dīxī: „Longum iter est mihī, cupiō vīsere amīcum nōn tibi nōtum,
*10* trāns Tiberim, prope Caesāris hortōs." At ille: „Nihil habeō, quod agam, est mihī temporis satis superque – ībō tēcum." „Estne tibī māter vel cōgnātī , quibus tē opus erit?" „Nōn mihī sunt, omnēs

# XXIII

composuī." O vōs fēlīcēs, mēcum cōgitāvī, nunc egō restō! Utinam vītāvissem hominem istum loquācem! Ventum erat ad aedem
15 Vestae. Causa quaedam agēbātur apud iūdicēs. Ille autem ā mē nōn abiit, rem, ut cōgnōveram, etiam suam praeteriit, prōdīre cupit, verbōsē• faciēns verba. Est enim cupidissimus• – tandem clārē ēdīxit sententiam suam – Maecēnātem adīre atque cōgnōscere, Maecēnātī proximus esse. Egō ut praebeam operam atque
20 subsidium, petit ōratque. At egō ad haec nihil. Tum ille: „Mūneribus servōs corrumpam, nōn dēsistam, tempora quaeram opportūna, illī occurram, illum dēdūcam – nihil sine māgnō labōre vīta mortālibus dedit." Ecce, nōbīs euntibus Fuscus Aristius occurrit, mihī cārus amīcus. Cōnsistimus. „Unde venīs et quō tendis?"
25 rogat et respondet. Sīgna dedī tacitus, ut mē ēriperet, mē ab istō līberāret. Fuscus nōn intellēxit, immō vērō• sē nōn intellegere fēcit. Abiit Fuscus mēque cum istō relīquit. Cāsū venit obvius illī adversārius in causā et „Quō tū īs, turpissime?" vōce māgnā inclāmat. Rapit in iūs. Clāmor utrimque, undique concursus. Sīc
30 mē servāvit Apollō.

*Der Vesta-Tempel auf dem Forum Romanum, Ruinen vom Wiederaufbau des Tempels Anfang 3. Jh. n. Chr. Vgl. auch S. 31!*

# XXIII

## Übungen zu Satz- und Formenlehre

**1**

*a* Übersetzen Sie (Achten Sie auf mehrdeutige Formen):
ibat, ibis, ierunt, eo, istis, issem, isse, is, iens, cum ierit, ut iremus, cum ibant, eam, eas, euntis.

*b* Vertauschen Sie die Formen von ire und currere:
currit, curramus, cucurrissent, curres, si curreres, currite, cucurrerunt;
isse, iret, ibimus, cum ierint, si iero, istis.

**2** Setzen Sie im folgenden Text jeweils eine passende Verbform ein. Wenn es mehrere Möglichkeiten gibt, begründen Sie Ihre Wahl.

De Horatio poeta
Q. Horatius Flaccus, libertini• filius, non multos annos (vivere) Venusiae, quae (esse) oppidum Italiae inferioris•, ubi natus (esse). Pater eius enim cum puero, qui bene magnaque diligentia (discere•), Romam (migrare), ut Quintus ibi, posteaque etiam Athenis, meliores magistros (habere). Horatius in operibus suis non raro de patre (narrare); de matre autem verba non (facere). Nihil ergo• de ea novimus.
Adulescens Horatius bello civili (interesse): rem publicam liberam contra Caesaris heredes• (defendere – Versuch). Tyrannicidis[1] victis autem in Caesare Octaviano[2] unam Romanorum spem positam esse (cognoscere). In imperatoris Augusti honorem postea multa carmina• (componere).

[1] tyrannicīdae, ārum, *m.* „Tyrannenmörder" (*oder „Befreier" nannten die Anhänger der Republik Brutus und Cassius, die Anführer der Verschwörung gegen Caesar. Sie wurden im Jahre 42 v. Chr. in der Schlacht bei Philippi besiegt und starben beide.*)

[2] (*C. Iulius Caesar Octavianus, später Augustus genannt, von Caesar testamentarisch adoptiert, er war der erste Kaiser (Imperator), reg. 27 v. bis 14 n. Chr.*)

**3** Aliter Latine
Ersetzen Sie im folgenden Text die partizipialen Fügungen durch Nebensätze.
1. Poenis Hispania expulsis imperium Romanum Oceanum tetigit (cum). 2. Carthago post longam oppugnationem• capta a Romanis crudelissime deleta est (Rel. Satz; cum). 3. Romani in Africa

# XXIII

Carthaginiensibus erepta auctoritatem sibi comparabant (Rel. Satz Aktiv). 4. Macedonibus tribus bellis subiectis Romani etiam Macedoniam provinciam fecerunt (postquam – Zeitform beachten!)

**4** Das Verbum ire in Wendungen, Sprüchen, Inschriften
1. Sic transit gloria mundi. – 2. Medio tutissimus ibis. – 3. Sic itur ad astra. – 4. Pax intrantibus, salus exeuntibus. – 5. Transit umbra, manent opera. – 6. Pereat mundus, fiat iustitia. – 7. Non quae praeteriit hora, redire potest. –
Omnia transibunt, transibimus, ibitis, ibunt
unus post alium, tandem discedimus omnes.
Transivere[1] patres, simul hinc transibimus omnes.
In coelo[2] patriam, qui bene transit, habet. (Wolfenbüttel, Marienkirche)

[1] trānsīvēre = trānsiērunt.
[2] coelum ≙ caelum. – Zur Form ↑ 233 und 234!

**5** Fragen an den Text der Lektion
Verfolgen Sie durch den Text hindurch die Tempusformen der Prädikate und erläutern Sie Funktionen von Tempusgebrauch und Tempuswechsel.
Welche Personen kommen vor? Versuchen Sie, diese Personen zu charakterisieren. Wie stehen die Personen zueinander und wie werden sie vom Autor dem Leser präsentiert? Welche Person steht im Mittelpunkt, welche Person ist der eigentliche „Held" der Geschichte?

# XXIV
## Lectio vicesima quarta

SENTENTIAE – DICTA ET PROVERBIA – EXEMPLA

In den bisher behandelten Lektionen wurden deskriptive und narrative, argumentierende und instruierende Texte von unterschiedlicher textualer Struktur und kommunikativer Funktion vorgestellt.
Was bedeuten diese Termini eigentlich? Illustrieren Sie Ihre Erklärung durch Zuordnung entsprechender Textbeispiele aus den bisherigen Lektionen.
Die vorliegende Lektion bietet als Textsorten die Sentenz (sententia, griech. gnōmē), den kurzen Sinnspruch in Vers oder Prosa, meist lehrhaften Inhalts, das Dictum, den Ausspruch, oft von einer bekannten Persönlichkeit in einer bestimmten Situation geäußert, das Proverbium, das Sprichwort, meist unbekannter Herkunft, aber von trefflicher, anschaulicher Kürze, die Anekdote, eine Charakteristisches pointiert erfassende Kurzgeschichte, meist über berühmte historische Personen, ohne freilich immer verbürgt zu sein – das lateinische Exemplum hat nicht selten eine Neigung zur Belehrung durch ein Vor-Bild.

Und noch einmal „unregelmäßige" Verben:
velle – wollen, nōlle – nicht wollen, mālle – lieber wollen.

Gehen Sie bei der Übersetzung der folgenden Sätze zunächst von Ihrem Systemkenntnissen aus und stellen Sie erst danach in ↑ 95 die Besonderheiten sowie die Formen fest, die Sie als unregelmäßig einprägen müssen!

1. Idem velle atque idem nōlle, ea dēmum• firma amīcitia est.
2. Hoc volō, hoc iubeō, sit prō ratiōne voluntās.
3. Quod tibī fierī nōn vīs, alterī nē fēceris.
4. Sī vīs pācem, parā pācem.
5. Stultum facit Fortūna, quem vult perdere.
6. Spīritus flat, ubī vult.
7. Incidit in Scyllam, quī vult vītāre Charybdim.
8. Ubī nihil valēs, ibī nihil velīs.
9. Aut prōdesse volunt aut dēlectāre poētae.

# XXIV

10. Sīc fāta voluērunt.
11. Nōlī mē tangere!
12. Nōlī turbāre circulōs meōs!
13. Volentī nōn fit iniūria.
14. Dūcunt volentem fāta, nōlentem trahunt.
15. Eius est nōlle, quī potest velle.
16. Hominēs mālunt exempla quam verba.

Versuchen Sie, die angeführten Texte den oben genannten Textsorten sententia, dictum, proverbium, zuzuordnen. Vergleichen Sie die Formulierung bei lateinischem proverbium und deutschem Sprichwort.
Welche Stilfiguren fallen Ihnen auf? Was bewirken sie?

### Anekdoten und Exempla

*1* Alexander, Macedonum rēx, cum aliquandō in urbe Corinthō esset, ad Diogenem philosophum vēnit eumque interrogāvit, num quid ā sē vellet. Diogenes „Paululum•", inquit, „ā sōle recēde!" Rēx, cum hoc audīvisset, exclāmāvisse narrātur: „Nisī Alexander
*5* essem, Diogenes esse vellem!"

M. Cūrius Dentātus, cum eī Samnītēs aurum dōnāre vellent, „Mālō", inquit, „dīvitibus imperāre quam ipse fierī dīves."

Rutilius Rūfus, iūstissimus homō, iniūstissimam rogātiōnem• amīcī suādēre nōlēbat. Itaque is īrātus „Quid ergō", inquit, „mihi
*10* prōdest amīcitia tua, cum, quod rogō, facere nōlīs". Tum Rūfus: „Immō quid mihi tua, cum velīs mē propter tē facere iniūriam."

# XXIV

## Übungen zu Satz- und Formenlehre

**1** Übersetzen Sie (↑ 95):
*a* 1. Quid vis? Quid vultis? 2. Volumus, vult, volo, volunt, volebam, volebamus, volui, voluerunt, voluit, 3. Visne nobiscum in forum ire? Vellem, si possem.
*b* 1. Gaius venire vult, ego autem eum venire nolo. 2.Nolumus, nolunt, nolebant, nolebatis, nolui, noluerunt. 3. Vultisne mecum venire? Nollemus, etiamsi possemus.
*c* 1. Mecum venire velis? Malim domi manere. 2. Quid spectare mavultis – spectaculumne gladiatorum an[1] ludos circenses? 3. Caesar nihil esse quam secundus esse malebat.

[1] an oder (*Fragepartikel*)

*d* Was ist Ihnen hinsichtlich der syntaktischen Ergänzung zu velle, nolle, malle aufgefallen? Läßt sich eine Regel formulieren?

**2** Das Lateinische kennt zwei Möglichkeiten, eine Aufforderung oder einen Befehl zu negieren – ↑ 187.2!
Bilden Sie zu den folgenden Formen solche negierten Imperative (Verbote):
Venis; venitis; clamatis; oppidum deletis; aegroto• viro vinum offers•; de pace cum hoste armato agitis; loquacior es.

**3** De Caesaris vita (I)
C. Iulius Caesar[1], cum iam diu *rebus publicis* studuisset, IIXL (duodequadraginta) *annos* natus non multa nisi aes• alienum maximum sibi comparaverat. *Praetor* autem creatus Hispaniam postea administravit magnasque fortunas ibi acquisivit. Tamen provinciae incolis non displicuit•: bonus administrator *re vera* fuerat!
Post reditum• contigit ei, ut Cn. Pompeium, magnum imperatorem, adversario eius M. Licinio Crasso, homini Romae ditissimo, conciliaret•. Caesar ipse, qui neque *gloria* alteri, neque *alteri* divitiis •par erat, utrumque• autem vi, *prudentia*, ingenio• vincebat, tertius socius factus est. Isti „triumviri" plus quam decem annos

[1] (*Caesar lebte von 100–44 v. u. Z., er war 62 Praetor*)

# XXIV

multum in re publica potuerunt: consules facti sunt[2], divites provincias postea acceperunt[3], quidquid volebant, effecerunt.

[2] (*Das sog. 1. Triumvirat kam 60 zustande. Caesar war 59 Konsul, Pompeius und Crassus 55*).
[3] (*Caesar erhielt beide Gallien – Südfrankreich und Norditalien – sowie Illyrien, Crassus Syrien; Pompeius übernahm Spanien, verwaltete diese Provinz aber durch einen Vertreter von Rom aus.*)

*a*    Bestimmen Sie den Fall der hervorgehobenen Wörter und seine Funktion im jeweiligen Zusammenhang. Belegen Sie Ihre Ansicht mit Leitzahl und Beispiel aus der Sprachlehre.
*b*    Welche Stilfiguren erkennen Sie im Text?

## 4

*a*    Bestimmen Sie in den folgenden Beispielen die Gliedsätze nach dem Inhalt:
Labore ita confectus erat, ut concideret. – Labore ita confectus erat, ut edere non posset.
Cives frumentum emerant, ut fames prohiberetur. – Cives frumentum emerant, ut famem prohiberent. – Cives frumentum emerant, ne fame opprimerentur.
Servus optabat, ut praemio afficeretur. – Servus optabat, ne poena afficeretur.

*b*    Entscheiden Sie nunmehr, ob in den folgenden Beispielen „ut...non" oder „ne" als Verneinung von „ut" einzusetzen ist:
1. Medicus suasit, ... vinum biberem. 2. Tam delicati erant nunnulli Senecae amicorum, ... cum servis cenare vellent. 3. Seneca Lucilio suadet, ... familiariter cum servis suis vivat, ... eius hostes fiant. 4. Petivit ab amico, ... servum propter operam sordidiorem reiceret. 5. Paris Helenam tantopere amabat, ... hominumque deorumque iram timeret.

## 5

Wiederholung als Vorübung für Lextion XXV
*a*    Nennen Sie die Personalendungen der Passivformen des Präsensstammes.
*b*    Welche Nominalformen des Passivs kennen Sie bereits?
*c*    Bilden Sie die Passivform zu den folgenden Aktivformen: rogas, roges, rogo, rogabit, rogaretis; tangere, tangit, tangeret; audiunt, audiemus; cum decreverit; posuisset; trahimus, traximus; affert, afferebat; sustulistis, sustuleras, sustulissem.

# XXV
## Lectio vicesima quinta

VERBA DOCENT, EXEMPLA TRAHUNT

1.
Hannibalī, cum apud Cannās fēlicissimē contrā Rōmānōs proeliātus esset, sed, Rōmam urbem ut aggrederētur, commovērī nōn posset, Maharbal, equitātūs Carthāginiēnsium dux, „Victōriā", inquit, „potīrī scīs, Hannibal, victōriā ūtī nescīs."

2.
*1* Cum M. Naevius tribūnus plēbis accūsāret Scīpiōnem Africānum ad populum dīceretque accēpisse ā rēge Antiochō pecūniam, ut condiciōnibus grātiōsīs et mollibus pāx cum populō Rōmānō fieret, tum Scīpiō „Memoriā", inquit, „Quirītēs, repetō diem esse *5* hodiernum, quō Hannibalem Poenum imperiō vestrō inimīcissimum māgnō proeliō vīcī in terrā Africā pācemque et victōriam vōbīs peperī. Nōn igitur sīmus adversum deōs ingrātī et relinquāmus hunc nebulōnem• et eāmus hinc•, ut Iovī Optimō Māximō grātulēmur." Id cum dīxisset, āvertit et īre in Capitōlium coepit. *10* Tum contiō• ūnīversa rēlictō trībūnō Scīpiōnem in Capitōlium comitāta est atque inde ad aedēs ēius cum laetitiā prōsecūta est.

3.
*1* Post proelium• Cannēnse Hannibal, Carthāginiēnsium imperātor, ex captīvīs Rōmānīs ēlēctōs decem Rōmam mīsit mandāvitque, ut, sī populō Rōmānō vidērētur, permūtātiō fieret captīvōrum. Eōs, priusquam proficīscerentur, iūrāre coēgit in castra Poenōrum sē *5* redīre velle, sī Rōmānī captīvōs nōn permūtārent. Veniunt Rōmam decem captīvī. Mandātum Poenī imperātōris in senātū expōnunt. Permūtātiō senātuī nōn placuit. Parentēs autem captīvōrum eōs postlīminiō• in patriam redīsse dīcēbant atque, nē ad hostēs redīre vellent, ōrābant. Tum octō ex hīs postlīminium• iūstum nōn esse *10* sibī respondērunt statimque, ut iūrāverant, ad Hannibalem profectī sunt. Duo reliquī Rōmae mānsērunt solūtōsque esse sē ac līberātōs religiōne dīcēbant. Nam cum castra hostium ēgressī essent, regressī sunt, tamquam sī cuius reī oblītī essent. Haec eōrum fraudulenta• calliditās• tam esse turpis exīstimāta est, ut in *15* senātū multīs placuerit, ut hī, quī redīre nōllent, datīs custōdibus ad Hannibalem dēdūcerentur. Eōs tamen, quī ad Hannibalem nōn

107

# XXV

redīssent, adeō intestābilēs• cīvibusque invīsōs fuisse Cornēlius Nepōs, rērum gestārum scrīptor, narrat, ut taedium vītae cēperint sēque ipsōs necāverint.

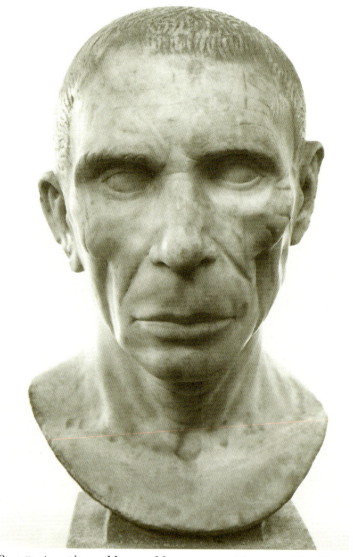

*Porträt eines älteren Mannes, Marmor, etwa 35 cm, um 60 v. Chr.; Dresden, Skulpturensammlung*

# XXV

## Übungen zu Satz- und Formenlehre

**1** Die folgenden vier Formenpaare weisen Gemeinsamkeiten und Unterschiede auf – stellen Sie beides fest:
proeliantur / contendunt – redit / regreditur – prosequeris / comitaris – proficiscor / eo. Welches der vier Paare paßt nicht exakt in die Gruppe?

**2** Führen Sie die obigen Formen nebeneinander durch alle Zeiten.

**3** Wie heißen zu obigen Verben die Imperative?
Wie die Imperative zu uti, commoveri, potiri?

**4** Variantentext zu Lektionstext 1
Ersetzen Sie in den folgenden Sätzen jeweils die Verbform durch eine Form des eingeklammerten Verbs.
1. Hannibalem felicissime apud Cannas contra Romanos contendisse (proeliari) Titus Livius rerum scriptor narrat. 2. Marhabal Hannibali suadebat, ut impetum in urbem Romam faceret (aggredi). 3. Hannibalem id facere nolentem Marhabal rogavit, cur victoria potitus (Romani victi – Abl. m. Part.) bona fortuna uti non vellet. 4. Oblitus erat (non intellegere) equitatus dux urbem bene munitam non nisi maximis machinis expugnari posse. 5. Vincens (multis victoriis potiri) Hannibal iter per Italiam faciebat (proficisci), tandem ipse in Africa victus est a Scipione Africano Maiore.

**5** Variantentext zu Lektionstext 2
Setzen Sie die richtigen Pronomen ein. Begründen Sie Ihre Entscheidung.
1. M. Naevius accusavit Scipionem dixitque (se – eum) accepisse pecuniam a rege Antiocho. 2. Scipio memoria repetivit (se – eum) vicisse Hannibalem eo ipso die. 3. Romani memoria tenebant (suum – eorum) imperium (a se – ab eo) esse servatum, victoriam (se – eum) (sibi-iis) peperisse. 4. Fama est Romanos omnes (se – eum) in Capitolium comitatos esse, ut Iovi gratularentur, neque quaesivisse, num Scipio re vera pecuniam accepisset.

# XXV

**6** Pronominaladjektive (Zusammenfassung)
(Unus, solus, totus, ullus, uter•, alter, neuter•, nullus / haben alle -ius, -i, / (alius nur alii). Vgl. auch ↑ 38).
(Merkversvariante: ... alius erfordern alle
  -ius in dem zweiten Falle
  und im dritten haben sie
  allesamt ein langes -i.)

Übersetzen Sie:

*a* uni homini, uni provinciae, totius Italiae, tota Italia (2), neutra pars, neutrius legionis, neuter consul, soli fratri, a solo fratre, alterius mercatoris, alii honores, alii amico, alii urbi.

*b* 1. Regibus expulsis Romani constituerunt, numquam nisi summo periculo coacti salutem totius rei publica uni viro mandare. 2. „Audiatur et altera pars" est regula iuris. 3. Apud Athenienses lex erat, ut poena afficeretur, qui in discordiis civium neutram partem sequeretur. 4. Erat alia lex Atheniensium, ne ulli parenti alimenta• deberentur a filiis, nisi curavisset, ut discerent artem[1]. 4. „Non omnes adiuvare possum", dixit vir avarus•, neque ulli adfuit.

[1] ars *hier:* Gewerbe, Broterwerb

**7** videri
1. A. Scaptius, qui nocturno• tempore domum intravisset, ut aurum argentumque auferret•, a nullo homine visus est. 2. Sol terram circumferri• videtur, re vera autem terra solem circumfertur. 3. Hic mons altior (esse) videtur quam ille. 4. Ea res mihi non iure fieri videtur. 5. Diligens esse videris – spero te etiam prudentem esse!

**8** Fragen an den Text der Lektion
Welches Verhalten wird in jeder der drei Geschichten vor Augen geführt?
Finden Sie treffende Überschriften zu jeder Geschichte.
Der Autor der zweiten Geschichte, Cornelius Nepos, nennt bezüglich Scipios die virtutum gloria, die altitudo animi und die sui conscientia, die in der Episode hervortraten. Was halten Sie von diesem Urteil?

# XXI–XXV

ÜBUNGEN ZUM WORTSCHATZ DER LEKTIONEN XXI BIS XXV

**1** Stellen Sie aus den Vokabeln der Lektionen XXI–XXV je 10 positive und negative menschliche Eigenschaften (Adjektive) und Verhaltensweisen (Verben) zusammen:

| *positiv* | *negativ* |
|---|---|
| honestus | turpis |
| adesse | nocere |

**2** Benutzen Sie ein Fremdwörterbuch und erläutern Sie folgende Begriffe:
Afferenz / Konferenz / Differenz / deferieren / efferent / Interferenz / Offerte / Offerent / Präferenz / Referenz / Referent / Referat

**3** Übersetzen Sie! Gehen Sie dabei auf die Simplexformen der Verben zurück und erläutern Sie die Bedeutung der Präfixe und deren Veränderung.

| avertere | abire | accurrere | afferre | anteire |
| appellare | consistere | diiudicare | discedere | eripere |
| exclamare | impellere | praestare | praeterire | prodire |
| redire | reicere | restare | transire | |

**4** Auf welche lateinischen Grundwörter gehen die folgenden Fremdwörter zurück?
die Mollusken, das Universum, das Memorial, der Volontär, der Nuntius, Dr. h. c., ein Legationsrat, Rector Magnificus, der Akkusativ, das Procedere
glorifizieren, gratulieren, meditieren, komponieren, delektieren, deklarieren, parieren, reparieren, repatriieren
aggressiv, ostentativ, originär, nebulös, familiär

**5** Was bedeuten die folgenden Redewendungen?
Das führt direkt in einen Circulus vitiosus.
Die Angelegenheit ist noch sub iudice.
A. war halt schon immer ein Fatalist.
Die Firma geht in Konkurs.
B. hat in der Sache gewaltige Ambitionen.
Da muß C. eine ziemlich delikate Mission erfüllen.

# XXV

*Porträt des Marcus Tullius Cicero, Marmor, 36 cm,
frühe Kaiserzeit; Rom, Museo Capitolino*

# XXVI
## Lectio vicesima sexta

PHILOSOPHIE DES GLÜCKLICHEN LEBENS

*1* M. Tullius Cicerō in librīs, quī Tusculānae disputātiōnēs īnscrībuntur – in vīllā suā enim Tusculānā Cicerō cum familiāribus quibusdam, ut fingit, dē philosophiā vel dē sapientiā colloquitur-, quaerit, quid sit malum et quid malum sit ad nōs.
*5* Sapientium virōrum sententiās, quās dē morte, dē dolōribus, dē animī perturbātiōnibus dīxērunt, recordātur contemplāturque.
Hortātur lēctōrēs•, ut ratiōne suā bene ūtantur, nam, ut arbitrātur, vītam beātam nōn assequēmur, nisī ingeniī nostrī vīribus rēctē ūtēmur.
*10* Inter hās Tusculānās disputātiōnēs colloquentēs iterum iterumque in Epicūrī philosophī sententiīs morantur, nōn tamen ut illī assentiantur quam ut illās aspernentur.
Stultam esse praemeditātiōnem• futūrī malī Epicūrus dīxerat:
Satis enim est odiōsum malum omne, cum vēnit. Quī autem *15* semper cōgitat aliquid adversī posse accidere sibī, eī fit illud malum sempiternum, is suscipit miseriam voluntāriam. Nam cēnset Epicūrus animum nostrum ratiōnī pārēre et, quō illa dūcat, sequī. Vetat igitur ratiōnem īnsequī molestiās, impellit animum, ut tōtus sequātur voluptātēs.
*20* Ad haec autem Cicerō:
Revocātiō• illa Epicūrī, quā nōs ā malīs āvocat•, nūlla est. Nōn est enim in nostrā potestāte quāsdam rēs, quās malās esse arbitrāmur, dissimulāre vel oblīvīscī. Lacerant• nōs, vexant, stimulōs admovent•, īgnēs adhibent, respīrāre nōn sinunt – et tū oblīvīscī iubēs, *25* quod contrā nātūram est? Iubēs mē bona cōgitāre, oblīvīscī malōrum? Pȳthagorās mihi sī dīceret aut Sōcratēs aut Platō: „Quid iacēs aut quid maerēs aut cūr succumbis• cēdisque fortūnae? Māgna vīs est in virtūtibus – eās excitā•, sī forte dormiunt. Iam tibi aderit fortitūdō, aderit temperantia, aderunt iūstitia et prūdentia."
*30* Ad haec bona mē sī revocās•, Epicūre, pāreō, sequor tē, ūtor tē ipsō duce, oblīvīscor etiam malōrum, ut iubēs. Sed trādūcis cōgitātiōnēs meās ad voluptātēs. Quās? Corporis, crēdō.
Rēctēne interpretor sententiam tuam? Mē audiente Athēnīs Zēnō, Epicūrēōrum acūtissimus, māgnā vōce dīcere solēbat eum esse

113

# XXVI

35 beātum, quī praesentibus voluptātibus frūerētur dolōre nōn interveniente et nec mortem nec deōs extimēsceret •.
Quam istī bonōrum cōpiam dīcunt? Esse summum bonum nōn dolēre. Summum malum sit dolēre? Quī igitur dolōre careat, frūitur summō bonō?

40 Queruntur quīdam Epicūrēī, virī optimī – nam nūllum genus est minus malitiōsum – mē studiōsē dīcere contrā Epicūrum. Mihi summum in animō bonum vidētur, illī in corpore, mihī in virtūte, illī in voluptāte.
(nach Cic. Tusc. disp. 3, 32–60)

*Porträt des Kaisers Marcus Aurelius, Marmor, 71 cm,
Ende 2. Jh. n. Chr.; Dresden, Skulpturensammlung*

# XXVI

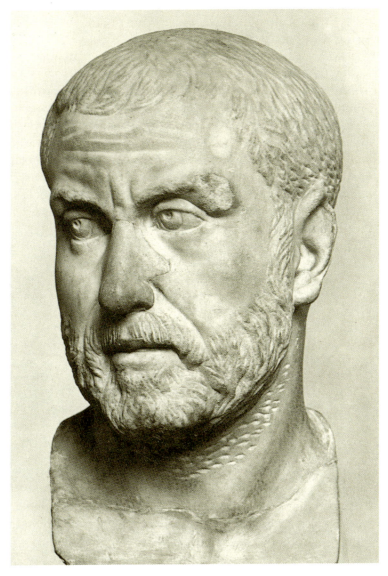

Porträt eines älteren Mannes, Marmor, 35 cm, Mitte 3.Jh. n.Chr.;
Dresden, Skulpturensammlung

# XXVI

Übungen zu Satz- und Formenlehre

**1** De Caesaris vita II
1. *Gallia* usque ad Oceanum Rhenumque fluvium subiecta[1] Caesar consulatum iterum petebat. 2. Spes *ceterorum triumvirorum* autem ei nulla iam erat: Crassus in Syria exercitum vitamque amiserat[2], Pompeius autem *senatui* conciliatus erat[3]. 3. Ita Caesari non concessum est, ut absens *consul* crearetur. 4. Hic autem, qui *Romae sibi* multos adversarios esse non ignoraret, Rubiconem una cum legionibus suis transgressus[4] bellum civile *Italiae* intulit. 5. Quattuor *annis* post, *potestate* potitus, multis legibus novis latis bellum cum Parthis renovabat, cum a LX (sexaginta) senatoribus in ipso senatu crudeliter interfectus est. 6. Res publica libera autem restitui non potuit.

Und wenn man auch den Tyrannen ersticht,
Ist dennoch viel zu verlieren:
Sie gönnten Caesarn das Reich nicht
Und wußten's nicht zu regieren. (Goethe)

[1] (*Caesar war von 58 bis 51 als Statthalter in Gallien*)
[2] (*Crassus kam im Jahre 53 bei einem Angriff auf das Partherreich mitsamt seinem Heer um*)
[3] (*Bis zu ihrem Tode im Jahre 54 hatte Caesars Tochter Iulia als Gattin des Pompeius die Gegensätze zwischen beiden überbrückt*)
[4] (*Der Rubico bildete die Grenze der Provinz Gallia Cisalpina, Caesar überschritt ihn am 10. 1. 49 v. Chr.*)

*a* Bestimmen Sie die Kasus der hervorgehobenen Wörter und erläutern Sie deren Funktion, möglichst mit Verweis auf die Sprachlehre.
*b* Erläutern Sie die Funktion der Imperfekte im vorliegenden Text.
*c* Der Gliedsatz von Satz 5 wird durch ein sog. „cum inversum" eingeleitet. Wie haben Sie übersetzt? Was fällt Ihnen auf?

**2** Der Wortausgang -er
Übersetzen Sie. Bestimmen Sie die Wortart und gegebenenfalls Konjugation bzw. Deklination:
puer, acer, acriter, premerer, sequerer, per, fer, ut recorder, tangerer, faber, magister, pauper, prudenter, ferrer, ager, agerer, dexter, liber (2), liberer, alter, neuter, turpiter.

# XXVI

*3* Fragen an den Text der Lektion
Ermitteln Sie die philosophischen Begriffe, lateinisch und deutsch, um die und mit denen die Erörterung geführt wird.
Beschreiben Sie kurz und knapp die philosophischen Grundpositionen im obigen Text und ihr Verhältnis zueinander.
Wie werden die Ansichten jeweils begründet? Welche Konsequenzen werden aus ihnen abgeleitet?
Worin liegen die Leistung, worin die Grenzen der geäußerten Ansichten? Wie würden Sie, von diesen Ansichten als Anregungen ausgehend, das anstehende Problem bedenken?
Welchen Charakter trägt der Text? Welcher Mittel bedient sich der Autor?

*Relief, Darstellung eines Tretkrans vom Grabbau der Haterii, Marmor, 131×104 cm, Ende 1. Jh. n. Chr.;*
*Rom, Museo Profano Lateranense*

# XXVII
## Lectio vicesima septima

Im folgenden Text begegnen Ihnen Formen, denen keine direkten Entsprechungen im Deutschen gegenüberstehen. Versuchen Sie daher, die Erscheinungen gleichsam einzukreisen, die formale (oder Morphem-) Struktur zu beschreiben, die Art der syntaktischen Einbindung festzustellen und daraus die semantische Funktion dieser Form zu ermitteln, um zu einer angemessenen Wiedergabemöglichkeit zu gelangen. Fertigen Sie laufend dazu Notizen an, in denen Sie die neuen Formen mit ihrem syntaktischen Zusammenhang und Ihrem Wiedergabe-/Übersetzungsversuch festhalten. Vergleichen Sie nunmehr / 84 und 216–220 und nehmen Sie eventuell erforderliche Korrekturen Ihrer Übersetzung vor.

### DIE WELTSTADT ROM

1 Prīmīs post adventum in urbem diēbus Philippus videndī explōrandīque cupidissimus Rōmam perambulāverat cūncta circumspiciēns, non paulum temporis hōc studiō absūmēns. Architectōrum artem omnia illa monumenta compōnendī et pretiōsissimē
5 exōrnandī iterum iterumque admīrābātur. Haec ingentia fora, basilicās•, templa, arcūs triumphālēs• multaque alia praeclāra opera certē exstrūxerant dīligentissimē omnia computandō māchināsque adhibendō.
Urbis Rōmae splendōre captus in Metellī domum reversus tem-
10 pore vespertīnō inter cēnandum cum illō loquēbātur dē hīs rēbus, quās interdiū vīderat.
„Rōma vestra", inquit, „urbs Graeca facta esse mihi vidētur." „Ita est", Metellus respondet, „nam in aedificandō exempla vestra optima sequimur, sequimur vōs etiam aliīs in artibus. Nōn paucī
15 Rōmānī discendī causā Athēnās vel Alexandriam vel Pergamum vel Rhodum proficīscuntur." Philippō autem mīrante, quanta sit in urbe hominum multitūdō, Metellus libellum ē bibliothēcā tollit et: „Num hōs omnēs Rōmae nātōs esse arbitrāris?
Audī, amīce, quae Seneca, philosophus noster, scrīpserit: Aspice
20 hanc frequentiam, cui vix urbis immēnsae tēcta sufficiunt. Ex mūnicipiīs et colōniīs, ex tōtō orbe terrārum cōnflūxērunt. Aliōs

# XXVII

addūxit ambitiō, aliōs necessitās officiī publicī, aliōs lēgātiō, aliōs luxuria, aliōs studiōrum cupiditās, aliōs spectācula, aliōs amīcitia. Quīdam vēnālem formam attulērunt, quīdam vēnālem ēloquen-
25 tiam. Nūllum nōn hominum genus concurrit in urbem et virtūtibus et vitiīs māgna pretia praebentem. Hāctenus• Seneca ille. Sed verba ēius ad philosophiam nōs videntur abdūcere• – magis placeat nōbīs loquī dē urbe Rōmā. Veniunt autem hominēs nōn modō in urbem, proficīscuntur etiam in omnēs imperiī nostrī pro-
30 vinciās, in omnēs orbis terrārum regiōnēs.
Imperātōrum iussū viae mūnītae sunt pontēsque factī, portūs pharīque• exstrūctī. Imperātor Augustus epistulās perferendī causā cursum pūblicum• īnstituit. Quō cursū pūblicō ūtī quidem prīvātīs nōn licet, Caesarī autem facultās omnia celeriter cōgnō-
35 scendī est. Cum imperiō nostrō crēscente fīnēs lātiōrēs dēfendendī essent, prōvīsum est, ut legiōnēs nostrae quam celerrimē ad prōvinciās dēfendendās ēgredī possent. Mercēs multae et variae trānsportantur per maria, fluviīs, viīs. Maria autem, ut scīs, nōn nisī mēnsibus ad nāvigandum īdōneīs patent. Commerciī

*Blick in das Amphitheatrum Flavianum (Colosseum), Längsachse 188, Querachse 156 m*

# XXVII

40 augendī causā mercātōrēs et nāviculāriī collēgia cōnstituērunt. Ex Italiā imprīmīs exportantur• vīnum et oleum•. Multō plūra autem nōbīs sunt importanda•, māximē frūmentum. Ad luxuriam dīvitum explendam rēs pretiōsissimās oriēns• praebet...– ō, Philippe,
45 vereor, nē loquāciōr fiam. Tempus est ōrātiōnī fīnem faciendī. Sunt enim haec tibi nōta. Hoc ūnum tamen adiciam – Seneca, ē cuius libellō tibi recitāvī, luxuriam ad vītam beātam gerendam, ad animī tranquillitātem adipīscendam nihil afferre posse rēctē prō certō habet. Num tibi dissentiendum vidētur?"

*Das Forum Romanum*

# XXVII

## Übungen zu Satz- und Formenlehre

**1** Sie kennen vermutlich aus dem Englischen die substantivische -ing-Form, das sogen. gerund, das syntaktisch zwischen Substantiv und Verbum steht. Ebenso verhält es sich mit der lateinischen (quasi-substantivischen) -nd-Form (dem sogen. Gerundium).

*a* Vergleichen und übersetzen Sie:
ars *scribendi* — the art *of writing*
ars *librum* scribendi — the art of writing *a book*
ars *bene* scribendi — the art of writing *well*
*scribendo* scribere disces — *by writing* you'll learn to write

*b* Welche Eigenschaften des Verbums bewahrt diese Art der -nd-Form?

*c* Welche Mittel setzen wir im Deutschen ein, um die entsprechenden Zusammenhänge auszudrücken?

*d* Übersetzen Sie: Colloquendi causa amici ad Ciceronem venerunt. 1. „Non querendo, sed viribus recte utendo neque umquam• desperando omnia mala superabis," dixit philosophus. 2. Miser autem: „Quam paratus" inquit, „es ad alios hortandum! Cur non ades mihi? Bis• dabis celeriter dando!"

**2**

*a* Eine andere Art -nd-Form enthalten folgende Fremdwörter:
1. Dividende, Minuend, Summand, Subtrahend, Legende, Examinand. *Aber:* 2. Laborant, praesent, Komponente, penetrant•. Was bezeichnet hier das Morphem -nd, was -nt?

*b* Entscheiden Sie, ob ein -d oder ein -t ans Wortende gehört:
Patien-, Dezernen-, Dividen-, Multiplikan-, Agen-, Examinan-, Summan-, Skriben-, Disponen-, Proban-, Konsumen-.

**3** Die adjektivische nd-Form (sogen. Gerundivum) als Prädikativum:
1. Coloniae condendae sunt, sunt domus aedificandae, sunt etiam agri colendi[1]. 2. Nihil sine ratione faciendum est. 3. „Semper progrediendum• est, numquam consistendum!" — „Ne ad contemplandum[3] quidem[2], quo progrediendum sit, consistere vis?"

---

[1] colere *hier:* urbar machen
[2] nē ... quidem nicht einmal ...
[3] contemplāre betrachten, nachdenken

# XXVII

**4** Gerundivum oder Gerundium – (k)ein Verwirrspiel!
a Bestimmen Sie die nd-Form im folgenden Satz: Mihi non erat tempus ad librum legendum (2).
b Ausgehend von ähnlichen Fällen wird vielfach die -nd-Form mit Objekt durch eine Fügung mit adjektivischer -nd-Form ersetzt, ohne daß sich Sinn und Übersetzung ändern (↑219).
Übersetzen Sie:
ad consul*es* creand*os* – (*ad* consules creand*um*)
mult*is* libr*is* legend*is* – (multos libros legend*o*)
timor tu*i* amittend*i* – (timor te amittend*i*)
c Analysieren Sie die Fügungen: Wie verhält es sich mit den Abhängigkeiten der Wörter in den jeweiligen Wortgruppen?
d Formen Sie die folgenden Wendungen nach den Mustern in b) so um, daß wieder nd-Form und Objekt erscheint:
in libris scribendis, oppidi muniendi causa, victoriae adipiscendae causa, ad merces transportandas, in mercibus transportandis.
Weshalb hat man Ihrer Ansicht nach auf die Umformung libros scribendi causa → librorum scribendorum causa, facultas magnas urbes videndi → facultas magnarum urbium videndarum im Lateinischen durchgehend verzichtet und in diesen Fällen lieber das sogen. Gerundium stehen lassen?

**5** Noch einmal: beide Arten -nd-Form nebeneinander
· Aus: Caesar, bellum Gallicum 2, 20–21 ·
Prüfen Sie, ob Ihre aus dem Text der Lektion gewonnenen Übertragungsanweisungen sich als mit Erfolg verwendbar erweisen.
Das römische Heer wird, während es teils mit Arbeiten für das Lager beschäftigt, teils noch in der Marschbewegung ist, überraschend angegriffen.
Caesari omnia uno tempore erant agenda: vexillum proponendum[1], ... signum tuba dandum, ab opere revocandi milites, qui paulo longius aggeris petendi[2] causa processerant, arcessendi[3], acies instruenda[4], milites cohortandi, signum dandum. Da aber Soldaten und Offiziere ihre Aufgaben bestens kennen, entsteht kein allgemeines Durcheinander. Caesar necessariis rebus imperatis ad cohortandos milites ... decucurrit•... Quod non longius hostes aberant, ... proelii committendi[5] signum dedit. Atque in alteram partem[6] item cohortandi causa profectus pugnantibus occurrit. Das Gefecht hatte sich so rasch entwickelt, ut non modo

# XXVII

ad insignia accommodanda⁷, sed etiam ad galeas inducendas scutisque tegimenta detrahenda⁸ tempus defuerit. Quam quisque ab opere in partem casu devenit quaeque prima signa conspexit, ad haec constitit, ne in quaerendis suis pugnandi tempus dimitteret.

¹ vexillum propōnere die Signal-(Alarm-)fahne aufstecken
² aggerem petere Erde *(für den Lagerwall)* herbeischaffen
³ arcessere herbeiholen, zurückholen
⁴ aciem instruere das Heer in Gefechtsordnung antreten lassen
⁵ proelium committere das Gefecht beginnen
⁶ pars, partis *f. hier:* Seite, Flügel
⁷ insignia accommodare *hier:* den Helmschmuck einsetzen (*als Kennzeichen gebraucht, während des Marsches aber gewöhnlich abgenommen*)
⁸ tegimenta detrahere die Überzüge herunterreißen (*die Schilde, scuta, steckten während des Marsches in Hüllen – wozu?*)

**6** Fragen an den Text der Lektion
Welche Bereiche gesellschaftlichen Lebens werden im Lektionstext angesprochen?
Welche Sachinformationen bietet der Text?
Stellen Sie zu den gefundenen Sachbereichen zugehöriges Wortgut zusammen.
P. Metellus und Philippus begegnen uns ein letztes Mal. Prüfen Sie, ob die beiden in dieser Lektion in das Bild passen, das Sie von ihnen aus früheren Lektionen kennen.
Welche fora, basilicae, templa, arcus triumphales aliaque opera hat Philippus damals in Rom sehen können? Welche Bauwerke wurden erst später gebaut?

# XXVIII
## Lectio vicesima octava

WAS TUN BEI SCHNUPFEN?

1  Dēstīllat autem dē capite interdum in nārēs•, quod leve est; interdum in faucēs•, quod pēius est; interdum etiam in pulmōnem•, quod pessimum est. Tum caput dolet, gravitās ēius sentītur, frequentia sternūmenta• sunt. Sī in faucēs exasperat•, tussiculam•
5  movet. Est etiam lassitūdō•, sitis, aestus•. Interdum malum nārēs claudit, vōcem obtundit•, sonant aurēs, vēnae moventur in capite. Ubī aliquid ēiusmodī• sēnsimus, prōtinus• abstinēre ā sōle, balneō, vīnō, venere• dēbēmus. Ambulātiōne•, sed domō tēctā, ūtendum est. Rārō fit, ut bīduō vel trīduō• vitium nōn levētur. Malō levātō
10  autem balneō ūtendum est, deinde cum cibō plēniōre vīnum bibendum, posteā ad cōnsuētūdinem vītae revertendum est.
Sī in pulmōnem• quoque dēstīllat, nōn modo frīctiō• adhibenda est thōrācī•, ōrī, capitī, nōn modo dēmenda• cibō pars dīmidia•, sed magis somnō indulgendum• abstinendumque est ā negōtiīs
15  omnibus. Prīmō diē quiēscere, neque ēsse• neque bibere, caput vēlāre, faucēs lānā• circumdare. Posterō diē surgere, abstinēre ā pōtiōne. Tertiō diē pānis aliquantulum sūmere, aquam bibere. Ita vix fierī potest, ut malum diū maneat.

Die therapeutischen Ratschläge, die Celsus unterbreitet, zielen verständlicherweise nicht, wie heutzutage meist, auf medikamentöse Behandlung, sondern auf Diät, angemessenen Wechsel von Ruhe und Bewegung, nicht zuletzt auch auf die Anwendung von Wasser: das balneum (von griech. balaneion) spielt eine bedeutende Rolle.

Bäder, balneae, auch thermae genannt, gehörten zu den Grundausstattungen römischer Städte, römischer Militärstandorte in den Provinzen, der Wohnanlagen wohlhabenderer Schichten in Stadt und Land.

# XXVIII

## Über die Anlage von Bädern

schreibt der römische Baumeister und Fachschriftsteller Vitrūvius in seinem Werk Dē architectūrā (um 25 v. Chr.) folgendes:

*1* Prīmum ēligendus locus est quam calidissimus, id est āversus ab septentriōne et aquilōne. Ipsa autem caldāria tepidāriaque lūmen habeant ab occidente hībernō. Sī autem nātūra locī impedierit, ā merīdiē, quod māximē tempus lavandī ā merīdiānō ad
*5* vesperum est cōnstitūtum.
Et item est animadvertendum, ut caldāria muliebria et virīlia coniūncta et in īsdem regiōnibus sint collocāta. Sīc enim efficitur, ut vāsāria et hypocausis commūnis sit utrīsque.
Aēnea vāsāria suprā hypocausim tria sunt compōnenda, ūnum
*10* vāsārium caldārium, alterum tepidārium, tertium frīgidārium, et ita sunt collocanda, ut īnfluat dē frīgidāriō tantum aquae in tepidārium, quantum aquae caldae ex tepidāriō exierit in caldārium.
Suspēnsūrae caldāriōrum ita sunt faciendae, ut solum ad hypo-
*15* causim vel ad praefurnium inclīnātum sternātur tēgulīs. Ita flamma facilius pervagābitur sub suspēnsiōne. In solō struantur pīlae ita dispositae, ut bipedālēs tēgulae possint suprā esse collocātae. Altitūdinem autem pīlae habeant pedēs duo. Tēgulae suprā collocātae autem sustineant pavīmentum.

Welche Informationen vermittelt Vitruvs (nur unwesentlich gekürzter) Text? Haben seine Hinweise Sinn? Wird Ihnen seine Darstellung anschaulich? Vermissen Sie Auskünfte? Welche? Vergleichen Sie mit Ihren Ansprüchen an einen Fachtext zu einem solchen Gegenstand.

# XXVIII

ÜBUNGEN ZU SATZ- UND FORMENLEHRE

**1** Die handelnde Person beim Passiv und bei der nd-Form:
*a* Übersetzen Sie: 1. Cum aegrota eram, curabar *a matre*. 2. Si caput dolet, abstinendum *tibi* est vino.
*b* Setzen Sie in den folgenden Sätzen den jeweils richtigen Kasus des angegebenen Nomens ein: 1. Is liber (vos) legendus est. 2. Nescimus, quid (nos) agendum sit. 3. Ariadna (Theseus) in insula Naxo relicta (Bacchus deus) servata est. 3. Non terrore, sed iustitia (victores) in victos utendum est.
*c* Eine zweideutige Sache
Ein jung vermähltes Paar erhielt, so wird berichtet, unter allerlei Hochzeitsglückwünschen auch einen lateinischen Satz: uxori parendum. Beide, heißt es, haben schmunzeln müssen. Wieso?

**2** Formen Sie in den folgenden Sätzen jeweils die nd-Form mit Objekt in eine Fügung mit attributiver nd-Form um und umgekehrt.
1. Nonnulli Graeci docti ad terras ignotas• explorandum proficiscebantur. 2. In Aegypto multa praeclara opera machinis adhibendis exstructa viderunt. 3. „Unius viri puniendi causa totum vicum• solo aequavistis?" – „Fiat iustitia, pereat• mundus•!" 4. Caesar specie ad adiuvandum Gallos contra Germanos, re vera autem ad fines eorum imperio Romano adiciendos bellum gessit.

**3**
*a* A.c.I. im Relativsatz
Im Englischen läßt sich ein A.c.I. ebenso in einen Relativsatz eingliedern wie im Lateinischen:
Ille vir, quem poetam esse scio, Romae vivit.
That man, whom I know to be a poet, lives in Rome.
Wie drückt man diesen Sachverhalt auf deutsch aus?
*b* Verflechten Sie die folgenden Satzpaare jeweils zu einem Satzgefüge mit A.c.I. im Relativsatz und übersetzen Sie dann erneut. Falls erforderlich, vergleichen Sie Übung XIX 2.
1. Livius Andronicus Odysseam Latinam composuit. Scio eum captivum• Graecum fuisse. 2. Iuliam et Caesar pater et Pompeius maritus• magni[1] faciebant. Eam pulchram prudentemque mulierem• fuisse constat. 3. Crassus perdidit exercitum Romanum.

[1] Konsultieren Sie die Sprachlehre (Genitiv)!

# XXVIII

Avariorem eum fuisse apparet. 4. Galli a Romanis subiecti sunt. Etiam Caesar concedit eos libertatem fortissime defendisse.

**4** Gebrauch der Tempora
Richtig, nicht „wörtlich" übersetzen! Konsultieren Sie die Aussagen der Sprachlehre zum Stichwort „Tempora".
1. „Quando aderis?" – „Veniam, ubi patri persuasero, ut consentiat". 2. Filia: „Quamdiu mihi apud amicam manere concedis?" Mater: „Dum ceterae puellae manebunt, et (iam) tibi manere licebit. Tamen suadeo vobis, ne tam diu maneatis, dum amicae taedio factae eritis." 3. Postquam servi Spartaco duce seditionem• fecerunt, Romani numquam servos timere destiterunt. 4. „Neglegentiam• tuam, quam saepe vituperavi, non iam tolerare possum. Quam magna in pericula et alios induxisti• ! Nisi minus leviorem te praestabis, nobiscum diutius non manebis. Decerne, quid velis, priusquam consilium abeundi accipias!"

# XXIX
## Lectio undetricesima

### Der Konflikt mit den Helvetiern (nach Caesar, b.G. 1, 2–8)

*1* Apud Helvētiōs longē nōbilissimus fuit et dītissimus Orgetorīx. Is M. Messalā M. Pīsōne cōnsulibus rēgnī cupiditāte inductus coniūrātiōnem nōbilitātis fēcit et cīvitātī persuāsit, ut dē finibus suīs cum omnibus cōpiīs exīrent: perfacile esse totīus Galliae
*5* imperiō potīrī. Auctōritāte Orgetorīgis permōtī Helvētiī cōnstituērunt omnia, quae ad proficīscendum pertinērent, comparāre, māximē autem cum proximīs cīvitātibus pācem et amīcitiam cōnfirmāre. Lēgātiōnem ad cīvitātēs Orgetorīx sibī suscēpit.
In eō itinere persuādet et Casticō Sēquanō, rēgis filiō, et
*10* Dumnorīgī, Haeduō nōbilī, ut rēgnum in suā cīvitāte occupārent. Sē suīs cōpiīs suōque exercitū illīs rēgna cōnciliātūrum esse cōnfirmat. Ea rēs est Helvētiīs per indicium ēnūntiāta. Mōribus suīs Orgetorīgem causam dīcere coēgērunt. Sed Orgetorīx repente mortuus est.
*15* Post ēius mortem nihilōminus Helvētiī id, quod cōnstituerant, facere cōnantur, ut ē finibus suīs exeant. Ubi iam sē ad eam rem parātōs esse arbitrātī sunt, oppida sua omnia vīcōsque atque prīvāta aedificia omnia incendunt, frūmentum omne, praeter quod sēcum portātūrī erant, combūrunt. Persuādent finitimīs
*20* cīvitātibus, ut eōdem cōnsiliō ūsī ūnā cum iīs proficīscantur.
Erant omnīnō itinera duo, quibus itineribus domō exīre possent: ūnum per Sēquanōs, angustum et difficile, alterum per prōvinciam nostram, multō facilius. Allobrogibus, quī sunt in nostrā prōvinciā Helvētiōrum finitimī, sē vel persuāsūrōs esse exīstimā-
*25* bant vel vī coāctūrōs, ut per suōs finēs eōs īre paterentur.

Caesar trifft als Provinzstatthalter unverzüglich Maßnahmen, um die Grenze der römischen Provinz zu sichern. Die Helvetier wollen den Durchzug zunächst auf dem Verhandlungswege erreichen – Caesar versucht Zeit zu gewinnen:

Ut spatium intercēdere posset, dum mīlitēs, quōs imperāverat, convenīrent, lēgātīs respondit diem sē ad dēlīberandum sūmptūrum; sī quid vellent, ad Idūs Aprīlēs reverterentur.
Ubi ea diēs, quam cōnstituerat cum lēgātīs, vēnit et lēgātī ad eum

# XXIX

30   revertērunt, negat sē mōre et exemplō populī Rōmānī posse iter
     ūllī per prōvinciam dare et, sī vim facere cōnentur, prohibitūrum
     ostendit.
     Helvētiī eā spē dēiectī
        (aliī) nāvibus iūnctīs ratibusque• complūribus factīs
35      aliī vadīs• Rhodanī, quā minima altitūdō flūminis erat,
        nōnnunquam interdiū
        saepius noctū
     sī perrumpere possent, cōnātī
     operis mūnitiōne et mīlitum concursū et tēlīs• repulsī
40   hōc cōnātū dēstitērunt.
     Relinquēbātur (Helvētiīs) ūna per Sēquanōs via . . .
     – und damit hätte der helvetisch-römische Konflikt beendet sein
     können, denn die folgenden Ereignisse spielen nun außerhalb des
     römischen Provinzgebietes.
     Aber es kam ganz anders.

*Porträt des Caius
Iulius Caesar, grüner
Schiefer, Augen
Marmor, 41 cm,
Anfang 1.Jh. n. Chr.;
Berlin,
Antikensammlung*

# XXIX

Übungen zu Satz- und Formenlehre

**1** Bilden Sie – soweit jeweils möglich und sinnvoll – zu den folgenden Verben die Partizipien Präsens Aktiv, Perfekt Passiv/Deponens und Futur Aktiv sowie die adjektivische nd-Form (sogen. Gerundivum). (Erforderlichenfalls bzw. zur Kontrolle ↑ 86–90!)
(magni) aestimare, merere, redimere, afferre, praeterire, bibere, tollere, assentiri, conari, concipere.

**2**

*a* Vergleichen Sie:
Patri scribam – patri scriptura sum – I am going to write to my father – I'll write to my father – j'écrirai à mon père – je vais écrire à mon père – ich bin im Begriff, an meinen Vater zu schreiben – ich werde meinem Vater schreiben.
In welchen dieser Sätze hat die Sprecherin sozusagen den Stift schon in der Hand? Wie wird in den verschiedenen Sprache die nahe Zukunft bezeichnet? (Aus welchem Satz ergibt sich, daß es sich um eine Sprecher*in* handelt?)

*b* Übersetzen Sie:
1. Cum hostes oppidum occupaturi essent, auxilia adducta sunt.
2. Hostes oppidum occupaturi erant, cum auxilia adducta sunt.
3. Vitate hanc viam! Servi eam silice[1] straturi sunt. 4. Iste homo me visere solet, cum (quo tempore) cenaturi sumus – parasita est!
5. „Ave, Caesar, morituri te salutant!"

[1] silex, icis, *m.* Stein *(in der Verbindung* silice sternere *wird immer der Singular benutzt)*

**3** Welches Zeitverhältnis bezeichnet die urus-Form in Fügungen mit Infinitiv?
1. Spero vos felicem vitam victuros (esse). 2. Metellus se servum diligentem praemio affecturum esse promiserat. 3. „Cur iniusti regis mortem doles?" quaesivit vir quidam ex anu[1] lugente[2], „in futurum nos beatiores fore (= futuros esse) puto!" Anus autem: „Cum ille," inquit, „iniustior patre fuerit, filium eius multo peiorem illo fore (= futurum esse) arbitror. Itaque regem mortuum lugeo."
Hoc autem quaerendum esse arbitror, quem re vera anus illa luxerit.

[1] anus, ūs *f.* alte Frau
[2] lūgēre (lūxī, lūctum) beklagen, bejammern.

# XXX
## Lectio tricesima

DER KONFLIKT MIT DEN HELVETIERN – ZWEITER TEIL
(nach Caesar op. cit. 9-11)

*1* Relinquēbātur ūna per Sēquanōs via, quā Sēquanīs invītīs propter angustiās īre non poterant. Hīs cum suā sponte persuādēre non possent, lēgātōs ad Dumnorīgem Haeduum mittunt.
Dumnorīx grātiā et largītiōne apud Sēquanōs plūrimum poterat et
*5* Helvētiīs erat amīcus, quod ex eā cīvitāte Orgetorīgis fīliam in mātrimōnium dūxerat, et cupiditāte rēgnī adductus novīs rēbus studēbat et quam plūrimās cīvitātēs suō beneficiō habēre obstrictās• volēbat. Itaque rem suscipit et ā Sēquanīs impetrat•, ut per fīnēs suōs Helvētiōs īre patiantur.
*10* Caesarī renūntiātur• Helvētiīs esse in animō per agrum Sēquanōrum et Haeduōrum iter in Santonum fīnēs facere, quī nōn longē ā Tolosātium fīnibus absunt, quae cīvitās est in prōvinciā. Id sī fieret, intellegēbat māgnō cum perīculō prōvinciae futūrum esse.

*15* Deshalb holt er, so rasch er kann, aus Oberitalien fünf Legionen heran:
Quā proximum iter in ulteriōrem Galliam per Alpēs erat, cum hīs quīnque legiōnibus īre contendit. In fīnēs Vocontiōrum ulteriōris prōvinciae pervenit, inde in Allobrogum fīnēs, ab Allobrogibus in
*20* Segusiāviōs exercitum dūcit. Hī sunt extrā prōvinciam trāns Rhodanum prīmī.

Welche Situation ist damit eingetreten – oder: herbeigeführt? Welche Rolle spielt in Caesars Darstellung die doch recht weit ausholende Vorgeschichte?
Welche Rolle kommt dem an den obigen Satz
hi sunt extra provinciam trans Rhodanum primi
unmittelbar anschließenden Kapitel zu?

Helvētiī iam per angustiās et fīnēs Sēquanōrum suās cōpiās trādūxerant et in Haeduōrum fīnēs pervēnerant eōrumque agrōs populābantur.

# XXX

25 Haeduī, cum sē suaque ab iīs dēfendere nōn possent, lēgātōs ad Caesarem mittunt rogātum auxilium:

| | |
|---|---|
| ita sē omnī tempore | „Ita nōs omnī tempore |
| dē populō Rōmānō meritōs esse, | dē populō Rōmānō meritī sumus, |
| 30 ut paene in cōnspectū | ut paene in cōnspectū |
| exercitūs nostrī | exercitūs vestrī |
| agrī vāstārī, līberī eōrum | agrī vāstārī, līberī nostrī |
| in servitūtem abdūcī, oppida | in servitūtem abdūcī, oppida |
| expūgnārī nōn dēbuerint. | expugnārī nōn dēbuerint." |

35 Eōdem tempore Ambarrī, necessāriī• et cōnsanguineī• Haeduōrum, Caesarem certiōrem faciunt

| | |
|---|---|
| sēsē dēpopulātīs• agrīs | „Nōs dēpopulātīs agrīs |
| nōn facile ab oppidīs | nōn facile ab oppidīs |
| vim hostium prohibēre. | vim hostium prohibēmus." |

40 Item Allobrogēs, quī trāns Rhodanum vīcōs possessiōnēsque habēbant, fugā sē ad Caesarem recipiunt• et dēmōnstrant

| | |
|---|---|
| sibī praeter agrī solum | „Nōbīs praeter agrī solum |
| nihil esse reliquī. | nihil est reliquī." |

Quibus rēbus adductus Caesar nōn exspectandum sibī statuit, 45 dum omnibus fortūnīs sociōrum cōnsūmptīs in Santonōs Helvētiī pervenīrent.

# XXX

## Übungen zu Satz- und Formenlehre

**1** Innerliche Abhängigkeit
Übersetzen Sie und erläutern Sie alle die Partien im folgenden Text, in denen innerliche Abhängigkeit vorkommt. (↑ 192).
De Cicerone oratore
M. Tullius Cicero, maior Quinti frater[1], iure dicebat se non maiorum opibus, sed eloquentiae suae consulatum• debere. Maximam gloriam ceperat, cum a Siciliae incolis rogatus Verrem[2] accusaret, quod hic pauper divitem Siciliam inisset, dives autem pauperem Siciliam reliquisset. Multis civibus Cicero in causis adfuerat, ut postea suffragiis[3] se adiuvarent vel alio modo sibi usui essent. Cicero consul fortem se praebuit, cum Catilinam[4] rebus novis studentem[5] acribus orationibus Roma exire cogeret; Catilina expulso et in pugna occiso Cicero saepius se tum patriam servavisse dicebat.

[1] (Vgl. Übg. I/8)
[2] Verres, is (*Statthalter von Sizilien 73–71 v. Chr.*)
[3] suffragium, ī *n.* Stimme bei der Wahl
[4] Catilīna, ae (*ein deklassierter Patrizier. Er fand Anhang unter seinesgleichen und unter der armen Bevölkerung, hatte aber auch einige mächtige Hintermänner*)
[5] novīs rēbus studēre auf Umsturz sinnen, einen Staatsstreich planen

**2** Wählen Sie jeweils das richtige Pronomen:
De Cicerone scriptore
Dum poterat, Cicero etiam post consulatum• rebus publicis interfuit. Rogatus autem, ut eloquentia (sua/eius) triumviros• adiuvaret, id (sibi/ei) faciendum non putavit; et cum (suis/eorum) verbis non moveretur, a re publica remotus est[1]. Nihilominus Cicero, ut ipse dicit, civibus (suis/eius) prodesse voluit. Operam dedit, ut (a se / ab eo) philosophiam Graecam discerent; neque in verba unius magistri iuravit, sed quam optime potuit omnium doctrinas• exposuit. Ipse narrat nova verba nonnumquam (sibi/ei) creanda fuisse, quae Latinae linguae usque ad (suum/eius) tempus defuissent. Maximam gratiam (sibi/ei) habemus, quod Lucretii Cari opus „De rerum natura" post (suam/eius) mortem edidit, quamquam ipse Epicuri doctrinam in eo opere expositam non probavit.

[1] ā rē publicā removēre „kaltstellen".

# XXX

*3* Übersetzen Sie. Verwandeln sie dann im Lateinischen und im Deutschen die indirekte Rede in direkte.
In libris antiquis haec fere leguntur: Ciceronem ut philosophum quidem scripsisse, sed non vixisse. Et in rebus secundis et in rebus adversis eum praesentem condicionem in perpetuum° mansuram (esse) putavisse. Etsi natura timidus° potius° quam fortis fuerit, tamen eum pro re publica libera vitam periculo obiecisse° et tandem amisisse. Misere caput et manus mortui in rostris[1] expositas fuisse, unde tam saepe orationes habuerit.

[1] rōstra, ōrum, *n.* die Rednertribüne am Forum

*4* Seit Homer (Odyssee, 11. Buch) kennt die europäische Literatur „Totengespräche", Begegnungen mit Verstorbenen. Lassen Sie Cicero mit dem Text von Übung 3 in einem solchen fiktiven Gespräch auftreten, und zwar in einer deutschen und einer lateinischen Fassung.

# XXVI–XXX

Übungen zum Wortschatz der Lektionen XXVI bis XXX

**1** Versuchen Sie, zu den vorkommenden Deponentien das (etwa) bedeutungsentsprechende Normalverb zu finden.

**2** Verbale Komposita aus den Lektionen XXVI bis XXX – erläutern Sie ihre Bildungshinweise.
Bei welchen Komposita zeigt das Präfix nur eine sehr geringe Wirkung auf die Bedeutung?

**3** Stellen Sie Wortgut zum Sachfeld „Schreiben und Lesen" zusammen.

**4** Der menschliche Körper, seine Teile (Organe) und deren Funktionen.
Versuchen Sie, nicht nur eine Wortliste, sondern einen beschreibenden Text herzustellen.

**5** Prüfen Sie, ob die lateinischen Autoren, die vor allem in den letzten Lektionen zu Wort kommen, sich eines jeweils besonderen Wortschatzes bei der Wertung des Dargestellten bedienen.

**6** Sind Nachträge zur Wortschatzübung XI–XV 4 (Seite 69) erforderlich?

**7** Stellen Sie in gleicher Weise adverbiale Bestimmungen modaler und kausaler Art zusammen.

**8** Erläutern Sie die folgenden Fremdwörter und stellen Sie sie nach ihrer Herkunft (Substantiv, Verb, Adjektiv) zusammen:
Justiz, Kolloquium, Stimulus, Querelen, Indiz, Lizenz, Pretiosen, Veto, Sequenz, Patient, Komputer, akut, genial, konziliant, rezitieren, Benefizkonzert, Agenda 21.

**9** Mit welchen lateinischen Wörtern sind die folgenden englischen Wörter verwandt? – Geben Sie eine deutsche Übersetzung!
justice, opinion, interpreter, respiration, dormant, frequent, adversary, admire, eloquent, perambulator, necessary, provide, demonstrate, possess, difficult.

# Litterae Latinae
## Litterarum exempla varia

VOM ALLTAG EINES REICHEN BÜRGERS
· Aus den Briefen des jüngeren Plinius ·

Quaeris, quem ad modum in Tuscis diem aestate disponam. Evigilo, cum libuit, plerumque circa horam primam, saepe ante, tardius raro. Clausae fenestrae manent. Cogito, notarium • voco et, quae formaveram, dicto – abit rursusque revocatur rursusque dimittitur. Ubi hora quarta vel quinta, in xystum •me vel cryptoporticum • confero, reliqua meditor et dicto. Vehiculum ascendo. Ibi quoque idem. Paulum redormio, dein ambulo, mox orationem Graecam Latinamve clare et intente non tam vocis causa quam stomachi lego, pariter tamen et illa firmatur. Iterum ambulo, ungor •, exerceor, lavor. Cenanti mihi, si cum uxore vel paucis (sum), liber legitur. Post cenam comoedia aut lyristes •. Mox cum meis ambulo, quorum in numero sunt eruditi. Ita variis sermonibus vespera extenditur •et quamquam longissimus dies cito conditur •. Nonnumquam ex hoc ordine aliqua mutantur. Interveniunt amici ex proximis oppidis partemque diei ad se trahunt. Venor aliquando, sed non sine pugillaribus, ut, quamvis nihil ceperim •, non nihil referam. Datur et colonis, ut videtur ipsis, non satis temporis, quorum mihi agrestes querelae litteras nostras et haec urbana opera •commendant. (9, 36) Mirum est, quam singulis diebus •in urbe ratio aut constet aut constare • videatur,

notārius, ī *m.* Schreiber, Sekretär

xystus, ī *m.* Terrasse
cryptoporticus, ūs *f.* Wandelhalle, überdachter Gang

ungī sich salben (und massieren) lassen

lyristēs, ae *m.* Lautenspieler

vesperam extendere
den Abend verbringen
diem condere
den Tag beenden

capere fangen (*Plinius saß gewöhnlich am Stellnetz*)

urbāna opera Tätigkeit in der Stadt, in Rom

ratiō cōnstat die Rechnung stimmt

136

# Litterae Latinae

pluribus iunctisque non constet. Nam, si quem interroges: „Hodie quid egisti?", respondeat: „Officio togae virilis• interfui, sponsalia• aut nuptias• frequentavi, ille me ad signandum testamentum•, ille in advocationem, ille in consilium rogavit." Haec, quo diē feceris, necessaria, eadem, si cottidie fecisse te reputes, inania videntur, multo magis, cum secesseris•. (1,9)

officium togae virīlis Feier zur Volljährigkeit
spōnsālia Verlobung
sīgnāre als Zeuge ein Testament unterzeichnen
quō diē = eō diē, quō;
sēcēdere sich aufs Land zurückziehen

## Die Gründung Roms
· Livius 1, 6–7 ·

Romulum Remumque cupido cepit in iis locis, ubi expositi ubique educati erant, urbis condendae. Et supererat• multitudo Albanorum• Latinorumque•. Ad id pastores quoque accesserant, qui omnes facile spem facerent parvam Albam, parvum Lavinium prae• ea urbe, quae conderetur, fore.
Intervenit deinde his cogitationibus avitum malum, regni cupido, atque inde foedum certamen, coortum a satis miti principio•.
Quoniam gemini essent nec aetatis verecundia discrimen facere posset, ut dii, quorum tutelae• ea loca essent, auguriis• legerent, qui nomen novae urbi daret, qui conditam imperio regeret, Palatium Romulus, Remus Aventinum ad inaugurandum templa• capiunt.
Priori Remo augurium venisse fertur•, sex vultures, iamque nuntiato augurio cum duplex numerus Romulo se ostendisset. Utrumque regem sua multitudo consalu-

superesse reichlich vorhanden sein
Albānī Leute aus Alba (↗ Lektion III)
Latīnī, Latiner (aus Lavinium)
prae hier: im Vergleich mit

coortum ā satis mītī principio entstanden aus einem ziemlich geringfügigen Anlaß

tūtēlae esse unter dem Schutz stehen
augurium Vorzeichen (aus dem Flug von Vögeln)

templum ad inaugurandum Bezirk für die Beobachtung des Vogelflugs
fertur es wird gesagt

# Litterae Latinae

taverat: tempore illi praecepto•, at illi numero avium regnum trahebant.• Inde cum altercatione congressi certamine irarum• ad caedem vertuntur. Ibi in turba ictus Remus cecidit.
Vulgatior fama est ludibrio fratris• Remum novos transsiluisse muros. Inde ab irato Romulo, cum verbis quoque increpitans adiecisset: „Sic deinde, quicumque alius transsiliet moenia mea!" interfectum. Ita solus potitus imperio Romulus, condita urbs conditoris nomine appellata.

tempore praeceptō aufgrund des zeitlichen Vorsprungs
trahere *hier:* beanspruchen
certāmen īrārum der sich auf beiden Seiten steigernde Zorn
lūdibriō frātris um den Bruder zu verspotten

*Ein Kaiser beim Opfer, 40 n. Chr.; Paris, Louvre*

## Zwei römische Sieger
· Vell. Paterc. 1, 13 ·

Eodem anno, quo Carthago concidit, Mummius Corinthum post annos DCCCCLII quam erat condita funditus• eruit. Uterque imperator devictae a se gentis nomine honoratus, alter Africanus, alter appellatus est Achaicus. Nec quisquam• ex novis hominibus• prior Mummio cognomen virtute partum vindica-

funditus ēruere bis auf den Grund zerstören

nec quisquam niemand
homo novus (*Emporkömmling*)

# Litterae Latinae

vit •. Diversi imperatoribus mores, diversa fuere studia. Quippe Scipio tam elegans liberalium studiorum omnisque doctrinae et auctor •et admirator fuit, ut Polybium• Panaetiumque•, praecellentes ingenio viros, domi militiaeque secum habuerit. Semper aut belli aut pacis serviit artibus: semper inter arma ac• studia versatus aut corpus periculis aut animum disciplinis exercuit. Mummius tam rudis fuit, ut capta Corintho, cum maximorum artificum perfectas manibus tabulas ac statuas in Italiam portandas locaret•, iuberet praedici• conducentibus•, si eas perdidissent, novas eos reddituros.

auctor Förderer
Polybius (griech. Historiker)
Panaetius (griech. Philosoph)

ac ≙ et; (versātus sich aufhaltend: kann unübersetzt bleiben)

locāre in Auftrag geben
praedīcere einen Hinweis geben
condūcentēs die Auftragnehmer

### DIE PFLICHTEN DES GUTSVERWALTERS
· Cato, de agric. 5 ·

Haec erunt vilici officia:
Disciplina bona utatur. Feriae serventur. Alieno manum abstineat, sua servet diligenter... Familiae male ne sit•, ne algeat, ne esuriat. Opere bene exerceat... Vilicus si nolet male facere, non faciet. Si passus erit, dominus impune ne sinat esse. Pro beneficio• gratiam referat, ut aliis recte facere libeat. Vilicus ne sit ambulator. Sobrius sit semper. Ad cenam ne quo• eat. Familiam exerceat, consideret, quae dominus imperaverit, fiant. Ne plus censeat sapere se quam dominum. Amicos domini eos habeat sibi amicos. Rem divinam• nisi Compitalibus• in compito aut in foco ne faciat. Iniussu domini credat• nemini. Satui semen, cibaria, far, vinum, oleum mutuum dederit• nemini. Duas aut tres

Hinweis zum Text: bei jedem Satz klären, wer/was Subjekt ist; Subjektwechsel beachten.

mihi male est mir geht es schlecht

beneficium gutes Verhalten

nē quō nicht irgendwohin/ nirgendwohin

rem divīnam facere opfern
compitum Wegekreuzung
Compitālia das Kreuzwegfest
credere hier: (Geld) borgen

mūtuum dare vorstrecken

139

# Litterae Latinae

familias habeat, unde utenda roget et quibus det, praeterea nemini. Rationem cum domino crebro putet●. ... Ne quid emisse velit insciente domino ... Parasitum ne quem habeat. Haruspicem, augurem, hariolum, chaldaeum ne quem consuluisse velit... Opus rusticum omne curet, ut sciat facere ... Si fecerit, scibit●, in mente familiae quid sit, et illi animo aequiore● facient ... Primus cubitu surgat, postremus cubitum eat. Prius villam videat, ut clausa sit et ut suo quisque loco cubet et ut iumenta pabulum habeant.

*rationem putāre* abrechnen

scībit ≙ scīet
aequō animō in ausgeglichener Stimmung

## WIE SOLL SICH DER GESUNDE VERHALTEN?
· Celsus, de medicina 1, 1 ·

Sanus homo, qui et bene valet et suae spontis● est, nullis obligare se legibus debet ac neque medico neque alipta● egere●. Hunc oportet varium habere vitae genus: modo ruri esse, modo in urbe, saepius in agro, navigare, venari, quiescere interdum, sed frequentius se exercere: siquidem ignavia corpus hebetat, labor firmat. Illa maturam senectutem, hic longam adolescentiam reddit.
Prodest etiam interdum balneo, interdum aquis frigidis uti, modo ungi, modo id ipsum neglegere; nullum cibi genus fugere, quo populus utatur; interdum in convivio esse, interdum ab eo se retrahere; modo plus iusto●, modo non amplius assumere; bis die potius quam semel cibum capere et semper quam plurimum, dummodo hunc concoquat●.
Sed ut huius generis exercitationes cibique necessarii sunt, sic athletici ● supervacui. Nam et intermissus propter civiles

*suae spontis esse* im Vollbesitz seiner (geistigen) Kräfte sein
alīptēs, ae, *m.* Masseur
ēgēre (*mit Abl.*) bedürfen

plūs iūstō mehr als angebracht, übers Maß

cōncoquere verdauen

athlēticus für Leistungssportler bestimmt

# Litterae Latinae

aliquas necessitates ordo exercitationis° corpus affligit. Et ea corpora, quae more° eorum repleta sunt, celerrime et senescunt et aegrotant.

ordō exercitātiōnis Trainingsrhythmus
mōre eōrum nach der Art dieser (d. h. der Leistungssportler)


## Der Tod Hannibals
· Livius, 39, 51, 4–12 ·

Nach dem neuerlichen Scheitern seiner Pläne hatte Hannibal bei Prusias, dem König von Bithynien in Kleinasien, Zuflucht gesucht. Der römische Senat schickte eine Gesandtschaft unter Führung des Titus Quinctius Flamininus zu Prusias, um die Auslieferung Hannibals zu fordern. Um sich mit Rom gut zu stellen, ist Prusias bereit, den Flüchtling auszuliefern. Er läßt Hannibals Haus sogleich streng bewachen und unterstützt die römischen Gesandten aktiv.

Semper talem exitum vitae suae Hannibal prospexerat animo et Romanorum inexpiabile odium in se cernens° et fidei regum nihil sane confisus°. Prusiae vero levitatem etiam expertus erat. Flaminini quoque adventum velut fatalem sibi horruerat ...
Hannibal, postquam est nuntiatum milites regios in vestibulo esse, postico °, quod devium maxime atque occultissimi exitus° erat, fugere conatus, ut id quoque occursu militum obsaeptum° sensit et omnia circa clausa custodiis dispositis esse, venenum, quod multo ante praeparatum ad tales habebat casus, poposcit.
„Liberemus", inquit, „diuturna cura populum Romanum, quando mortem senis exspectare longum censent°. Nec magnam nec memorabilem ex inermi proditoque Flamininus victoriam feret. Mores quidem populi Romani quantum mutaverint, vel °hic dies argumento erit°.

cernere (deutlich) sehen
cōnfīdere (Part. Perf. Deponens: cōnfīsus) vertrauen




posticum Hinter-, Nebenausgang
erat occultissimī exitūs er hatte einen verborgenen Ausgang
occursū militum obsaeptum durch die heranrückenden Soldaten versperrt



longum cēnsēre für zu lange halten


vel hier: gerade
argumentō esse beweisen

# Litterae Latinae

Horum patres Pyrrho regi, hosti armato, exercitum in Italia habenti, ut a veneno caveret, praedixerunt. Hi legatum consularem•, qui auctor esse• Prusiae per scelus occidendi hospitis, miserunt."

cōnsulāris ein ehemaliger Konsul
auctor esse (Ratgeber sein): raten

Wie sich Rom gegen Pyrrhus verhalten hatte, liest man u. a. bei Cicero, de officiis 3, 86:

Cum enim rex Pyrrhus populo Romano bellum ultro• intulisset cumque de imperio certamen esset cum rege generoso ac potente, perfuga ab eo venit in castra Fabricii• eique est pollicitus, si praemium sibi proposuisset, se, ut clam venisset, sic clam in Pyrrhi casta rediturum et eum veneno necaturum. Hunc Fabricius reducendum curavit• ad Pyrrhum idque eius factum laudatum a senatu est.

ultrō von sich aus, unprovoziert

Fabricius (*C. Fabricius Luscīnus, Konsul 282 und 278 v. Chr., „beliebtes und fast sprichwörtliches Exempel röm. Tugend und Sittenstrenge"*)

curare *bei nd-Form* (etwas tun) lassen

## Marcus Porcius Cato
· Cornelius Nepos ·

M. Cato, ortus municipio Tusculo, adulescentulus, priusquam honoribus operam daret•, versatus est in Sabinis, quod ibi heredium a patre relictum habebat. Inde hortatu L. Valerii Flacci, quem in consulatu censuraque habuit collegam, ... Romam demigravit in foroque esse• coepit. Primum stipendium meruit• annorum decem septemque. Q. Fabio M. Claudio consulibus tribunus militum in Sicilia fuit. Inde ut rediit, castra secutus est• C. Claudii Neronis magnique opera• eius existimata est in proelio apud Senam,

honōribus operam dare (sich um Ämter bemühen:) eine politische Laufbahn einschlagen

in forō esse sich (politisch oder juristisch) öffentlich betätigen
stipendium merēre Kriegsdienst leisten
castra sequī ins Heerlager folgen
opera *hier:* Einsatz

# Litterae Latinae

quo cecidit Hasdrubal, frater Hannibalis. Quaestor obtigit P. Africano consuli, cum quo non pro sortis necessitudine vixit, namque ab eo perpetua dissensit vita. Aedilis plebi factus est cum C. Helvio. Praetor provinciam obtinuit Sardiniam, ex qua quaestor superiore tempore ex Africa decedens Q. Ennium poetam deduxerat, quod non minoris aestimamus quam quemlibet amplissimum Sardiniensem triumphum.
Consulatum gessit cum L. Valerio Flacco, sorte provinciam nactus Hispaniam citeriorem exque ea triumphum deportavit. Ibi cum diutius moraretur, P. Scipio Africanus consul iterum, cuius in priori consulatu quaestor fuerat, voluit eum de provincia depellere et ipse ei succedere neque hoc per senatum perficere potuit, cum quidem Scipio principatum in civitate obtineret, quod tum non potentia, sed iure res publica administrabatur. Qua ex re iratus senatui consulatu peracto privatus in urbe mansit. At Cato censor cum eodem Flacco factus severe praefuit ei potestati.
Nam et in complures nobiles animadvertit et multas res novas in edictum addidit, qua re luxuria reprimeretur, quae iam tum incipiebat pullulare. Circiter annos octoginta, usque ad extremam aetatem ab adulescentia, rei publicae causa suscipere inimicitias non destitit. A multis tentatus non modo nullum detrimentum existimationis fecit, sed, quoad vixit, virtutum laude crevit.
In omnibus rebus singulari fuit industria. Nam et agricola sollers et peritus iuris consultus et magnus imperator et probabilis orator et cupidissimus litterarum fuit.

obtingere zugeteilt werden (durch Los: sors)

superiore tempore in früherer Zeit
dēdūcere *hier:* nach Rom mitnehmen

principātum obtinēre eine führende Stelle haben

in urbe mānsit prīvātus (*nach Ablauf des Konsulatsjahrs – cōnsulātū perāctō – übernahmen die ehemaligen Konsuln die Verwaltung einer Provinz*)
animadvertere in vorgehen gegen

# Litterae Latinae

Quarum studium etsi senior arripuerat•, tamen tantum progressum fecit, ut non facile reperiri possit neque de Graecis neque de Italicis rebus, quod ei fuerit incognitum. Ab adulescentia confecit orationes. Senex historias scribere instituit. Earum sunt libri septem. Primus continet res gestas regum populi Romani, secundus et tertius unde quaeque civitas orta sit• Italica, ob quam rem omnes• Origines videtur appellasse. In quarto autem bellum Poenicum est primum, in quinto secundum. Atque haec omnia capitulatim sunt dicta. Reliqua bella pari modo persecutus est usque ad praeturam Servii Galbae•, qui diripuit Lusitanos. Atque horum bellorum duces non nominavit, sed sine nominibus res notavit... In quibus• multa industria et diligentia comparet, nulla doctrina.

arripere aufnehmen, beginnen

unde quaeque cīvitās orta sit der Ursprung jeder Stadt
omnēs (historiarum librōs, *obwohl der Titel „Origines" nur zu zwei der sieben Bücher paßt*)

(Servius Sulpicius Galba, *praetor 151 v. Chr.*)
in quibus (libris)


### Die Fabel von Wolf und Lamm –
DREIMAL ERZÄHLT

1. vom römischen Fabeldichter Phaedrus (zur Zeit der Kaiser Augustus und Tiberius)
2. in einer spätlateinischen Sammlung „Aesopus Latinus" (um 400), die einem Autor Romulus zugeschrieben wird
3. von Heinrich Steinhöwel, 1412 bis 1482/3, Arzt, Schriftsteller, Übersetzer.


1.
Ad rivum eundem lupus et agnus venerant siti compulsi. Superior• stabat lupus longeque inferior agnus. Tunc fauce improba•
latro incitatus iurgii causam intulit:
„Cur" inquit „turbulentam fecisti mihi aquam bibenti?" Laniger• contra timens

superior/īnferior weiter oben/unten (↗ 169)
faucēs improba (gefräßiger Schlund: Freßgier

lāniger (Wollträger:) Schaf

# Litterae Latinae

„Qui possum, quaeso, facere quod
   quereris •, lupe?"                              quod quereris ↗ 137
A te decurrit ad meos haustus liquor!"
Repulsus ille veritatis viribus:
„Ante hoc sex menses male" ait „dixisti
mihi!"
Respondit agnus: „Equidem natus non
   eram!"
„Pater, hercle, tuus ibi" inquit „maledixit
   mihi!"
Atque ita correptum lacerat iniusta nece •.   nece lacerāre töten,
Haec propter illos scripta est homines      zerreißen
   fabula,
qui fictis causis innocentes opprimunt.


2.
De innocente et reprobo •. Agnus et lupus   reprobus (verworfen:)
sitientes ad quendam e diverso venerunt   Übeltäter
rivum. Superius bibebat lupus, agnus
autem inferius de rivo bibebat. Lupus ut
agnum vidit, sic ait: „Cur turbasti mihi
aquam bibenti?" Agnus patiens ait: „Quomodo aquam turbavi tibi, quae a te ad me
decurrit?" Lupus non erubuit mendacium
praeferre veritati. „Maledicis" inquit
„mihi". Agnus ait: „Non maledico verum
dicens". Lupus dixit: „Ergo et pater tuus
fuit hic, ante sex menses, qui mihi pari
modo fecerat". Agnus ait: „Numquid ego
natus fui tunc?" Sicque lupus improba    improbā faciē mit wütendem
facie• dixit: „Et adhuc loqueris, latro?" Et   Gesicht
statim insiluit in eum ac innocenti vitam
abstulit.
Haec de illis dicta fabula est, qui non iuste
calumniantur• homines.                          calumniārī anklagen,
                                                                            schmähen

# Litterae Latinae

3.
Esopus de innocente et improbo talem rettulit fabulam. Agnus et lupus sitientes ad rivum e diverso venerunt. Sursum bibebat lupus, longeque inferior agnus. Lupus ut agnum vidit, sic ait: „Turbasti mihi aquam bibenti". Agnus patiens dixit: „Quomodo aquam turbavi tibi, quae ad me de te recurrit?" Lupus non erubuit veritatem ac: „Maledicis mihi?" inquit. Agnus ait: „Non maledixi tibi". At lupus: „Et ante sex menses ita pater tuus mihi fecit". Agnus ait: „Nec ego tunc natus eram". At lupus denuo ait: „Agrum mihi pascendo devastavisti". Agnus inquit: „Cum dentibus caream, quomodo id facere potui?" Lupus demum ira concitus ait: „Licet tua nequeam• solvere argumenta, cenare tamen opipare• intendo." Agnum cepit innocentique vitam eripuit ac manducavit. Fabula significat, quod apud improbos calumniatores ratio et veritas non habent•.

licet nequeam mag ich auch nicht in der Lage sein
opipare (*Adv.*) gar sehr

nōn habent (*erg.*: locum)

# Litterae Latinae

DIE PARABEL DES MENENIUS AGRIPPA
· Livius 2, 32, 9–11 ·

Tempore, quo in homine non ut nunc omnia in unum consentientia, sed singulis membris suum cuique consilium, suus sermo fuerit, indignatas°reliquas partes° sua cura, suo labore ac ministerio ventri omnia quaeri, ventrem in medio quietum nihil aliud quam datis voluptatibus frui. Conspirasse inde, ne manus ad os cibum ferrent, nec os acciperet datum, nec dentes conficerent. Hac ira dum ventrem fame domare vellent, ipsa una° membra totumque corpus ad extremam tabem venisse°. Inde apparuisse ventris quoque haud segne ministerium° esse, nec magis ali quam alere eum, reddentem in omnis corporis partes hunc°, quo vivimus vigemusque, divisum pariter in venas maturum° confecto cibo sanguinem.

*Hinweis zum Text:* Livius läßt Menenius die Parabel nicht erzählen, in direkter Rede, sondern er berichtet über den Parabelvorgang, also inrekte Rede verwendend ↑ 224

*zu* indignatas *ein* esse *ergänzen:* indignatum esse verärgert sein
*die* partes *sind die partes* corporis *oder* membra

ūnā *Adverb:* zugleich
ad tābem venīre geschwächt werden
ministerium *hier:* Aufgabe

*zu* hunc *heranziehen* sanguinem
mātūrus *hier:* verwendbar

# Litterae Latinae

POMPEJANISCHE INSCHRIFTEN

1. SALVE, LUCRUM

2. HOSPITIUM HIC LOCATUR: TRI-CLINIUM CUM TRIBUS LECTIS ET COMMODIS OMNIBUS

3. PACATUS• HIC CUM SUIS MAN-SIT POMPEIS

   Pacātus (*Eigenname*)

4. VIATOR, POMPEIS PANEM GUSTAS SED NUCERIAE• BIBES

   Nuceria (*Stadt östl. von Pompeji*)

5. N. POPIDUS N. F. CELSINUS• AEDEM ISIDIS TERRAE MOTU CONLAPSAM A FUNDAMENTO P S• RESTITUIT. HUNC DECU-RIONES• OB LIBERALITATEM CUM ESSET ANNORUM SEXS ORDINI SUO GRATIS• ADLEGE-RUNT

   N. Popidius N. f(ilius) Celsīnus (*Eigenname*)

   P S ≙ pecūniā suā
   decūriōnēs Ratsherren (*Angehörige der städtischen Oberschicht*)
   grātīs dankbar

6. THERMAE M. CRASSI FRUGI• AQUA MARINA ET BALNEA, AQUA DULCIS IANUARIUS L•.

   M. Crassus Frūgī (*Eigenname*)
   Januārius (*Eigenname*) eines L. ≙ libertus

7. COMMUNEM NUMMUM• DIVI-DENDUM CENSIO EST• NAM NOSTER NUMMUS MAGNAM HABET PECUNIAM

   nummus *hier:* Kasse
   cēnsiō est es wird beantragt

8. QUI MIHI DOCENDI DEDERIT MERCEDEM ADEAT•, QUOD PETIT A SUPERIS

   adīre *hier:* erlangen, bekommen

9. LABYRINTHUS. HIC HABITAT MINOTAURUS

# Litterae Latinae

10. EX AUCTORITATE IMP. CAESA-RIS VESPASIANI AUG. LOCA PUBLICA• A PRIVATIS POSSESSA T. SUEDIUS CLEMENS• TRIBUNUS• CAUSIS COGNITIS ET MENSURIS FACTIS REI PUBLICAE POMPEIANORUM RESTITUIT

loca pūblica städtischer Grund und Boden (*die Stadt Pompeji* – rēs pūblica Pompēiānōrum – *hatte Einnahmen aus Verpachtung*)
T. Suēdius Clemēns (*Eigenname*)
tribunus (*ein Beamter*)

11. TREBIUM• ET GAVIUM• AED.• OVF• SICCIA ROG.•

Trebius, Gavius, Siccia (*Eigennamen*)
aed. ≙ aediles
OVF = ōrō vōs faciātis;
rog. = rogat

12. OTIOSIS LOCUS HIC NON EST, DISCEDE, MORATOR

# Litterae Latinae

INSCHRIFTEN AUS NICHTANTIKER ZEIT
· Inschriften auf Uhren ·

TRANSIT UMBRA / MANENT OPERA

HORA SIT OPTIMA VOBIS

NIHIL SUM SINE SOLE

MEAM VIDE UMBRAM / TUAM VIDEBIS VITAM

CARPE DIEM / CARPE HORAM

HORAS NON NUMERO NISI SERENAS

SICUT UMBRA DIES NOSTRI

CAELUM MEA REGULA

EX HIS UNA TIBI

MOX NOX

UMBRA DOCET

DUM DIFFERTUR VITA TRANSCURRIT

MORS LABOREM FINIS*

* (diese Inschrift enthält einen Fehler – es gibt jedoch mehrere Korrekturmöglichkeiten)

# Litterae Latinae

· Hausinschriften ·

Wie alt ist das Haus mit der Steinernen Säule?
LapIDea CoLVMna (*Prag, Kleinseite*)

PAX INTRANTIBUS, SALUS EXEUNTIBUS

CORRIGE PRAETERITUM,
PRAESENS REGE,
CERNE FUTURUM

AEDIFICARE ALII NOBIS, NOS POSTERITATI,
   SIC PRIUS ACCEPTUM REDDIMUS OFFICIUM

HAEC DOMUS ODIT, AMAT, PUNIT, CONSERVAT, HONORAT,
   NEQUITIAM, PACEM, CRIMINA, IURA, PROBOS
(*Rathausinschrift*)

QUOD TIBI, HOC ALTERI

AMOR MEDICABILIS NULLIS HERBIS (*Apothekeninschrift*)

GAUDEAT INGREDIENS, LAETETUR ET AEDE RECEDENS,
   HIS, QUI PRAETEREUNT, DET BONA CUNCTA DEUS
(*Dornburg, Schloß*)

ASPERA BELLA SILENT, REDIT BONA GRATIA PACIS,
   O, SI PARTA FORET SEMPER IN ORBE QUIES!

# Litterae Latinae

RÖMISCHE SPRUCHWEISHEIT
· Publilius Syrus, sententiae ·

  2 Ab alio exspectes, alteri quod feceris.
 42 Amicum an nomen habeas, aperit calamitas.
 64 Bis vincit, qui se vincit in victoria.
104 Comes facundus in via pro vehiculo est.
123 Discipulus est prioris posterior dies.
132 Deliberandum est saepe, statuendum est semel.
139 Deliberando discitur sapientia.
140 Deliberando saepe perit occasio.
159 Etiam capillus unus habet umbram suam.
173 Fortuna, nimium quem fovet, stultum facit.
176 Feras, non culpes, quod mutari non potest.
189 Fortuna vitrea est: tum, cum splendet, frangitur.
201 Gravissimum est imperium consuetudinis.
210 Hominem experiri multa paupertas docet.
217 Honestus rumor alterum est patrimonium.
235 Inopi beneficium bis dat, qui dat celeriter.
280 Iniuriam facilius facias quam feras.
289 Ibi semper est victoria, ubi concordia est.
291 Ibi pote valere populus, ubi leges valent.
322 Minus est quam servus dominus, qui servos timet.
336 Male facere qui vult, nunquam non causam invenit.
338 Multos timere debet, quem multi timent.
362 Malum est consilium, quod mutari non potest.
383 Nunquam periclum sine periclo vincitur.
426 Nemo timendo ad summum pervenit locum.
427 Nisi per te sapias, frustra sapientem audias.
452 Pericla timidus etiam, quae non sunt, videt.
589 Stulti timent fortunam, sapientes ferunt.
612 Stultum facit Fortuna, quem vult perdere.
627 Taciturnitas stulto homini pro sapientia est.
643 Virum bonum natura, non ordo facit.

# Litterae Latinae

DAS LOB DER PHILOSOPHIE
· Cicero, Tusc. disp. 5, 5 ·

O vitae philosophia dux,
o virtutis indagatrix expultrixque vitiorum!
Quid non modo nos,
    sed omnino vita hominum sine te esse potuisset?
Tu urbes peperisti,
tu dissipatos homines in societatem vitae convocasti,
tu eos inter se primo domiciliis,
    deinde coniugiis,
        tum litterarum et vocum communione iunxisti,
tu inventrix legum,
tu magistra morum et disciplinae fuisti.
Ad te confugimus,
a te opem petimus,
tibi nos, ut antea magna ex parte,
    sic nunc penitus totosque tradimus.
Est autem unus dies bene et ex praeceptis tuis actus
        peccanti immortalitati anteponendus.
Cuius igitur potius opibus utamur quam tuis,
    quae et vitae tranquillitatem largita nobis es
        et terrorem mortis sustulisti?

# Litterae Latinae

## Das Schwert des Damocles
· Cicero, Tusc. disp. 5, 61 ·

Cum quidam ex Dionysii assentatoribus, Damocles, commemoraret in sermone copias eius, opes, maiestatem dominatus, rerum abundantiam, magnificentiam aedium regiarum negaretque umquam beatiorem quemquam fuisse, „Visne igitur" inquit „o Damocle, quoniam te haec vita delectat, ipse eam degustare et fortunam experiri meam?" Cum ille se cupere dixisset, conlocari iussit hominem in aureo lecto strato pulcherrimo textili stragulo, magnificis operibus picto abacosque complures ornavit argento auroque caelato. Tum ad mensam eximia forma pueros delectos iussit consistere eosque nutum illius intuentes diligenter ministrare. Aderant unguenta, coronae, incendebantur odores, mensae conquisitissimis epulis exstruebantur. Fortunatus sibi Damocles videbatur. In hoc medio apparatu fulgentem gladium e lacunari saeta equina aptum demitti iussit, ut impenderet illius beati cervicibus. Itaque nec pulchros illos ministratores aspiciebat nec plenum artis argentum nec manum porrigebat in mensam, iam ipsae defluebant coronae. Denique exoravit tyrannum, ut abire liceret, quod iam beatus nollet esse.

# Litterae Latinae

ZWISCHEN REPUBLIK UND KAISERREICH
· Eutropius, breviarium 5–7, 10 i. A. ·

Dum bellum in Numidia contra Jugurtham geritur, Romani consules M. Manlius et Q. Caepio a Cimbris et Teutonis et Tugurinis et Ambronibus, quae erant Germanorum et Gallorum gentes, victi sunt iuxta flumen Rhodanum et ingenti internecione etiam castra sua et magnam partem exercitus perdiderunt. Timor Romae grandis fuit, quantus vix Hannibalis tempore Punici belli, ne iterum Galli Romam venirent. Ergo Marius post victoriam Jugurthinam secundo consul est factus bellumque ei contra Cimbros et Teutonos decretum est. Tertio quoque ei et quarto delatus est consulatus, quia bellum Cimbricum protrahebatur ... Absens quinto consul est factus. Interea Cimbri et Teutones, quorum copia adhuc infinita erat, ad Italiam transierunt. Iterum a C. Mario et Q. Catulo contra eos dimicatum est, sed a Catuli parte felicius ... Is belli finis fuit. Triumphus utrique decretus est.
Sex. Julio Caesare et L. Marcio Philippo consulibus, sexcentesimo quinquagesimo nono anno ab urbe condita, cum prope alia omnia bella cessarent, in Italia gravissimum bellum Picentes, Marsi Pelignique moverunt, qui, cum annis numerosis iam populo Romano oboedirent, tum libertatem sibi aequam adserere coeperunt. Perniciosum admodum hoc bellum fuit. ... A Romanis bene contra eos pugnatum est a C. Mario, qui sexies consul fuerat, et a Cn. Pompeio, maxime tamen a L. Cornelio Sulla. ... Hoc bellum quinto demum anno finem accepit ...
Anno urbis conditae sexcentesimo sexagesimo secundo primum Romae bellum civile motum est, eodem anno etiam Mithridaticum. ... Nam cum Sulla consul contra Mithridatem gesturus bellum, qui Asiam et Achaiam occupaverat, mitteretur isque exercitum in Campania paulisper teneret, ut belli socialis reliquiae tollerentur, Marius adfectavit, ut ipse ad bellum Mithridaticum mitteretur. Qua re Sulla commotus cum exercitu ad urbem venit ... Primus urbem Romam armatus ingressus est. Marium fugavit atque ordinatis consulibus in futurum annum ad Asiam profectus est. ... Dum Sulla in Achaia atque Asia Mithridatem vincit, Marius, qui fugatus erat, et Cornelius Cinna, unus ex consulibus, bellum in Italia reparaverunt et ingressi urbem Romam nobilissimos e senatu et consulares viros interfecerunt, multos proscripserunt, ipsius Sullae domo eversa filios et uxorem ad fugam compulerunt. Universus reliquus senatus ex urbe fugiens ad Sullam in Graeciam venit orans, ut patriae subveniret. Ille in Italiam traiecit bellum civile gesturus ... Pugnam gravissimam habuit ad portam Collinam. LXX milia hostium

# Litterae Latinae

in eo proelio contra Sullam fuisse dicuntur. XII milia se Sullae dediderunt, ceteri in acie, in castris, in fuga insatiabili ira victorum consumpti sunt ... Post haec Sulla de Mithridate ingenti gloria triumphavit. Cn. etiam Pompeius, quod nulli Romanorum tributum erat, quartum et vicesimum annum agens de Africa triumphavit. Hunc finem habuerunt duo bella funestissima, Italicum, quod et sociale dictum est, et civile, quae ambo tracta sunt per annos decem...

Cum Sulla rem publicam composuisset, bella nova exarserunt, unum in Hispania, aliud in Pamphylia et Cilicia, tertium in Macedonia, quartum in Dalmatia.

... In Italia novum bellum subito commotum est. Septuaginta enim et quattuor gladiatores duce Spartaco, Crixo et Oenomao effracto Capuae ludo fugerunt et per Italiam vagantes paene non levius bellum in ea, quam Hannibal moverat, paraverunt. Nam multis ducibus et duobus simul Romanorum consulibus victis sexaginta fere milium armatorum exercitum congregaverunt victique sunt in Apulia a M. Licinio Crasso proconsule et post multas calamitates Italiae tertio anno bello huic est finis impositus. ...

Dum haec – bellum Mithridaticum, Macedonicum, Creticum – geruntur, piratae omnia maria infestabant ita, ut Romanis toto orbe victoribus sola navigatio tuta non esset. Qua re id bellum Cn. Pompeio decretum est. Quod intra paucos menses ingenti et felicitate et celeritate confecit. Mox ei delatum est etiam bellum contra regem Mithridatem et Tigranem. Quo suscepto Mithridatem in Armenia minore nocturno proelio vicit ... Mithridatus seditione militum ad mortem coactus venenum hausit ... Tigrani deinde Pompeius bellum intulit. Ille se ei dedidit ... Pompeius eum regni parte multavit et grandi pecunia: sex milia talentorum argenti populo Romano daret, quia bellum sine causa Romanis commovisset ...

M. Tullio Cicerone oratore et C. Antonio consulibus, anno ab urbe condita sexcentesimo octogesimo nono L. Sergius Catilina, nobilissimi generis vir, sed ingenii pravissimi, ad delendam patriam coniuravit cum quibusdam claris quidem, sed audacibus viris. A Cicerone urbe expulsus est. Socii eius deprehensi in carcere strangulati sunt. Ab Antonio altero consule Catilina ipse victus proelio est et interfectus.

Anno urbis conditae sexcentesimo nonagesimo tertio C. Julius Caesar, qui postea imperavit, cum L. Bibulo consul est factus. Decreta est ei Gallia et Illyricum cum legionibus decem. Is primos vicit Helvetios, ... deinde vincendo per bella gravissima usque ad Oceanum Britannicum processit. Domuit autem annis novem fere omnem Galliam, quae inter

# Litterae Latinae

Alpes, flumen Rhodanum, Rhenum et Oceanum est ... Britannis mox bellum intulit, quibus ante eum ne nomen quidem Romanorum cognitum erat. Eos quoque victos obsidibus acceptis stipendiarios fecit. Galliae autem tributi nomine annuum imperavit sestertium quadringenties Germanosque trans Rhenum adgressus immanissimis proeliis vicit ...
Hinc iam bellum civile successit exsecrandum et lacrimabile, quo praeter calamitates, quae in proeliis acciderunt, etiam populi Romani fortuna mutata est. Caesar enim rediens ex Gallia victor coepit poscere alterum consulatum ... contradictum est iussusque dimissis exercitibus ad urbem redire. Propter quam iniuriam adversum patriam cum exercitu venit. Consules cum Pompeio senatusque omnis atque universa nobilitas ex urbe fugit et in Graeciam transiit ... Caesar vacuam urbem ingressus dictatorem se fecit ... Transgressus in Graeciam in Thessalia apud Pharsalum adversum Pompeium productis utrimque ingentibus copiis dimicavit. Nunquam adhuc Romanae copiae in unum neque maiores neque melioribus ducibus convenerant, totum terrarum orbem facile subacturae, si contra barbaros ducerentur. Pugnatum est tamen ingenti contentione victusque ad postremum Pompeius et castra eius direpta sunt. Ipse fugatus Alexandriam petiit, ut a rege Aegypti acciperet auxilia. Qui fortunam magis quam amicitiam secutus occidit Pompeium, caput eius et anulum Caesari misit. Quo conspectu Caesar etiam lacrimas fudisse dicitur, tanti viri intuens caput et generi quondam sui. Mox Caesar Alexandriam venit. Ipsi quoque Ptolomaeus parare voluit insidias. Caesar Alexandria potitus regnum Cleopatrae dedit, Ptolomaei sorori ... Romam regressus tertio se consulem fecit ... Inde in Africam profectus est, ubi infinita nobilitas bellum reparaverat. Duces autem erant P. Cornelius Scipio ex genere antiquissimo Scipionis Africani, M. Porcius Cato, L. Cornelius Faustulus, Sullae dictatoris filius, aliique. Contra hos victor fuit Caesar ... Post annum Caesar Romam regressus quarto se consulem fecit et statim ad Hispanias est profectus, ubi Pompeii filii ingens bellum praeparaverant. Multa proelia fuerunt, ultimum apud Mundam civitatem ...
Inde Caesar bellis civilibus toto orbe compositis Romam rediit. Agere insolentius coepit et contra consuetudinem Romanae libertatis... Coniuratum est in eum a sexaginta vel amplius senatoribus equitibusque Romanis. Praecipui fuerunt inter coniuratos duo Bruti, ex eo genere Bruti, qui primus Romae consul fuerat et reges expulerat, et C. Cassius et Servilius Casca. Ergo Caesar, cum senatus die inter ceteros venisset ad curiam, tribus et viginti vulneribus confossus est.

157

# Litterae Latinae

Interfecto Caesare civilia bella reparata sunt. Percussoribus enim Caesaris senatus favebat. Antonius consul partium Caesaris civilibus bellis opprimere eos conabatur. Ergo a senatu hostis iudicatus est. Missi ad eum persequendum duo consules, Pansa et Hirtius, et Octavianus, adulescens annos X et VIII natus, Caesaris nepos, quem ille testamento heredem reliquerat et nomen suum ferre iusserat. Hic est, qui postea Augustus est dictus et rerum potitus.

*Porträt des C. Iulius Caesar (Octavianus), Bronze, 38 cm, etwa 30 v. Chr.; Rom, Bibliotheca Vaticana*

Qua re profecti contra Antonium tres duces vicerunt eum. Evenit tamen, ut victores consules ambo morerentur. Quare tres exercitus uni Caesari Augusto paruerunt. Fugatus Antonius amisso exercitu confugit ad Lepidum, qui Caesaris magister equitum fuerat et tum militum copias grandes habebat, a quo susceptus est. Mox Lepido operam dante Caesar pacem cum Antonio fecit et quasi vindicaturus patris sui mortem, a quo per testamentum erat adoptatus, Romam cum exercitu profectus extorsit, ut sibi vicesimo anno consulatus daretur. Senatum proscripsit, cum Antonio ac Lepido rem publicam armis tenere coepit. Per hos etiam Cicero orator occisus est multique alii nobiles. Interea Brutus et Cassius, interfectores Caesaris, ingens bellum moverunt. Erant enim per Macedoniam et Orientem multi exercitus, quos occupa-

# Litterae Latinae

verant. Profecti sunt igitur contra eos Caesar Octavianus Augustus et M. Antonius. Apud Philippos Macedoniae urbem contra eos pugnaverunt viceruntque. A victoribus divisa est res publica sic, ut Augustus Hispanias, Gallias et Italiam teneret, Antonius Asiam, Pontum, Orientem.... Interim a Sex. Pompeio, Cn. Pompeii Magni filio, ingens bellum in Sicilia commotum est his, qui superfuerant ex partibus Bruti Cassiique, ad eum confluentibus. Bellatum per Caesarem Augustum Octavianum et M. Antonium adversus Sex. Pompeium est. Pax postremo convenit.... Antonius, qui Asiam et Orientem tenebat, repudiata sorore Caesaris Augusti Octaviani Cleopatram reginam Aegypti duxit uxorem. Hinc ingens bellum civile commovit cogente uxore Cleopatra regina Aegypti, dum cupiditate muliebri optat etiam in urbe regnare. Victus est ab Augusto navali pugna clara et inlustri apud Actium, qui locus in Epiro est, ex qua fugit in Aegyptum et desperatis rebus, cum omnes ad Augustum transirent, ipse se interemit. Cleopatra sibi aspidem admisit et veneno eius exstincta est. Aegyptus per Octavianum Augustum imperio Romano adiecta est.
Ita bellis toto orbe confectis Octavianus Augustus Romam rediit duodecimo anno quam consul fuerat. Ex eo rem publicam per quadraginta et quattuor annos solus obtinuit. Obiit autem septuagesimo sexto anno morte communi in oppido Campaniae Atella. Romae in campo Martio sepultus, vir qui non immerito ex maxima parte deo similis est putatus. Neque enim facile ullus eo aut in bellis felicior fuit aut in pace moderatior. Quadraginta et quattuor annis, quibus solus gessit imperium, civilissime vixit, in cunctos liberalissimus, in amicos fidissimus, quos tantis evexit honoribus, ut paene aequaret fastigio suo.

*Reliefdarstellung der Göttin Tellus, von der Ara Pacis Augustae, Marmor, 237× 155 cm, 11/10 v. Chr.; Rom, Lungotevere in Augusta*

# Litterae Latinae

Nullo tempore ante eum magis Romana res floruit. Nam exceptis civilibus bellis, in quibus invictus fuit, Romano adiecit imperio Aegyptum, Dalmatiam saepe ante victam, sed penitus tunc subactam, Pannoniam, Aquitaniam, Illyricum, Raetiam, Vindelicos et Salassos in Alpibus, omnes Ponti maritimas civitates, in his nobilissimas Bosphorum et Panticapaeum. Vicit autem proeliis Dacos. Germanorum ingentes copias cecidit, ipsos quoque trans Albim fluvium summovit, qui in Barbarico longe ultra Rhenum est. Armeniam a Parthis recepit. Obsides, quod nulli antea, Persae ei dederunt. Reddiderunt etiam signa Romana, quae Crasso victo ademerant. Scythae et Indi, quibus antea Romanorum nomen incognitum fuerat, munera et legatos ad eum miserunt. Galatia quoque sub hoc provincia facta est, cum antea regnum fuisset. Tanto autem amore etiam apud barbaros fuit, ut reges populi Romani amici in honorem eius conderent civitates, quas Caesareas nominarent. Multi autem reges ex regnis suis venerunt, ut ei obsequerentur, et habitu Romano, togati scilicet, ad vehiculum vel equum ipsius cucurrerunt.
Moriens Divus appellatus. Rem publicam beatissimam Tiberio successori reliquit, qui privignus ei, mox gener, postremo adoptione filius fuerat.

*Statue des Augustus von Primaporta, Marmor, mit Resten von Bemalung, 204 cm, zwischen 20 und 17 v. Chr. (?); Rom, Musei Vaticani*

# Litterae Latinae

## Römische Kaiser
· Aus dem libellus de vita et moribus imperatorum breviatus ex libris Sexti Aurelii Victoris a Caesare Augusto usque ad Theodosium ·

Anno urbis conditae septingentesimo vicesimo secundo, ab exactis vero regibus quadringentesimo octogesimoque mos Romae repetitus est uni parendi.
Octavianus, patre Octavio senatore genitus, maternum genus ab Aenea per Iuliam familiam sortitus, adoptione vero Gai Caesaris maioris avunculi Gaius Caesar dictus deinde ob victoriam Augustus cognominatus est. In imperio positus tribuniciam potestatem per se exercuit. Regionem Aegypti in provinciae formam redegit. Quam ut annonae urbis copiosam efficeret, fossas incuria vetustatis limo clausas labore militum patefecit. Cantabros et Aquitanos, Rhaetos, Vindelicos, Dalmatas provinciarum numero populo Romano coniunxit. Suevos Cattosque delevit, Sigambros in Galliam transtulit. Pannonios stipendiarios adiecit. Getarum populos Basternasque bellis ad concordiam compulit. Huic Persae obsides obtulerunt creandique regis arbitrium permiserunt. Ad hunc Indi, Scythae, Garamantes, Aethiopes legatos cum donis miserunt ... Non nisi iustis de causis numquam genti cuiquam bellum indixit. Huius tempore trans Rhenum vastatus est Romanus exercitus ... Erga cives clementissime versatus est. In amicos fidus exstitit. Quorum praecipui erant ob taciturnitatem Maecenas, ob patientiam laboris modestiamque Agrippa. Diligebat praeterea Vergilium. Rarus quidem ad recipiendas amicitias, ad retinendas constantissimus. Liberalibus studiis, praesertim eloquentiae, in tantum incubuit, ut nullus laberetur dies, quin legeret, scriberet, declamaret. Leges alias novas, alias correctas protulit suo nomine. Auxit ornavitque Romam aedificiis multis isto glorians dicto: Urbem latericiam repperi, relinquo marmoream ... Nec tamen vir tantus vitiis caruit. Fuit enim paululum impatiens, leniter iracundus, occulte invidus, palam factiosus, dominandi cupidissimus ... Annos septem et septuaginta ingressus Nolae morbo interiit ... Mortuum multis novisque honoribus senatus censuit decorandum ... Imperavit annos quinquaginta et sex ... Qui certe numquam aut rei publicae ad se potestatem traxisset aut tam diu ea potiretur, nisi magnis naturae et studiorum bonis abundasset.
Claudius Tiberius, Liviae filius, Caesaris Octaviani privignus, imperavit annos viginti tres ... Satis prudens in armis satisque fortunatus ante sumptum imperium sub Augusto fuit, ut non immerito rei publicae dominatus ei committeretur. Inerat ei scientia litterarum multa. Eloquio

# Litterae Latinae

*Porträt der Vipsania
Agrippina, Marmor,
30,5 cm, frühes 1. Jh.
n. Chr.; Dresden,
Skulpturensammlung*

clarior, sed ingenio pessimo, truci, avaro, insidioso ... Ipse post octogesimum octavum annum insidiis Caligulae exstinctus est.
Caligula imperavit annos quattuor ... Ante principatum omnibus carus acceptusque fuit, in principatu vero talis, ut non immerito vulgaretur atrociorem illo dominum non fuisse ... Primus diademate imposito dominum se iussit appellari ... A militibus confossus interiit.
Claudius Titus, Drusi Tiberii fratris filius, imperavit annos quattuordecim ... Liberti eius potestatem summam adepti stupris, exilio, caede, proscriptionibus omnia foedabant. Ex quibus Felicem legionibus Iudaeae praefecit, Posidonio eunucho post triumphum Britannicum inter militarium fortissimos arma, insignia tamquam participi victoriae dono dedit, Polybium inter consules medium incedere fecit. Hos omnes anteibat Narcissus ab epistulis dominum se gerens ipsius domini Pallasque praetoriis ornamentis sublimatus ... Agrippinam, Germanici fratris sui filiam, uxorem duxit. Quae filio imperium procurans ipsum coniugem veneno interemit. Vixit annos sexaginta quattuor.

# Litterae Latinae

Domitius Nero, patre Domitio Ahenobarbo matre Agrippina, imperavit annos tredecim. Iste quinquennio tolerabilis visus ... In urbe amphitheatrum et lavacra construxit. Pontum in ius provinciae Polemonis reguli permissu redegit itemque Cottias Alpes Cottio rege mortuo. Eo dedecore reliquum vitae egit, ut pudeat memorare ... Periit anno aetatis tricesimo secundo ... Adeo cunctae provinciae omnisque Roma interitu eius exsultavit, ut plebs induta pilleis manumissionum tamquam saevo exempta domino triumpharet.

Galba, nobili Sulpiciorum gente progenitus, imperavit menses septem diesque totidem ... Hic ante sumptam dominationem multas provincias egregie administravit, militem severissime tractans ... Cum factione Othonis incensas legiones lenire contenderet, ad lacum Curtium caesus est.

*Porträt des Kaisers Titus Flavius Vespasianus, Marmor, 29 cm, 1. Jh. n. Chr.;*
*Kopenhagen, Ny Carlsberg Glyptothek*

Salvius Otho, splendidis ortus maioribus, imperavit menses tres, vita omni turpis ... A Vitellio victus semet gladio transfixit.

Vitellius, ortus familia nobili, imperavit menses octo ... Huius tempore Vespasianus in Oriente principatum arripuit.

Vespasianus imperavit annos decem. Huius inter cetera bona illud singulare fuit inimicitias oblivisci ... Nam satellites tyrannidis, nisi qui forte atrocius longe processerant, flectere potius maluit quam delere ... Satis constat aerarii inopia et clade urbium novas eum vectigalium pensiones exquisivisse. Hic Romam deformem incendiis veteribus ac ruinis

# Litterae Latinae

permissa, si domini deessent, volentibus aedificandi copia, Capitolium, aedem Pacis, Claudii monumenta reparavit multaque nova instituit. Per omnes terras, qua ius Romanum est, renovatae urbes ... Syria, cui Palaestina nomen est, Ciliciaque provinciis accessere. Iudaei quoque additi sunt ... Ita imperatorem bonum ab Augusti morte post annos sex et quinquaginta Romana res publica assecuta est.

Titus ... matre liberta Domitilla nomine genitus imperavit annos duos ... Iste a puero praeclaris studiis probitatis, militiae, litterarum deditus fuit ... Incredibile est, quantum omnes anteierit clementia, liberalitate, honorificentia ac pecuniae contemptu ... Huius tempore mons Vesubius in Campania ardere coepit incendiumque Romae sine nocturna requie per triduum fuit. Lues quoque, quanta vix umquam antea, fuit. Quibus tamen malis nullo vexato pecunia propria subvenit ... Vixit annos quadraginta unum ... Huius mors credi vix potest, quantum luctus orbi provinciisque intulerit, adeo ut eum delicias publicas appellantes quasi orbatum terrarum orbem deflerent.

Domitianus, Vespasiani et Domitillae libertae filius, imperavit annos quindecim ... Ius aequissime dixit. Romae multa aedificia vel coepta vel a fundamentis construxit. Bibliothecas incendio consumptas petitis undique, praesertim Alexandria, exemplis reparavit ... Dehinc atrox caedibus bonorum supplicia agere coepit ac more Caligulae dominum sese deumque dici coegit ... Igitur metu crudelitatis et conscientiae suae coniuravere plerique atque Domitianum confodiunt ... At senatus gladiatoris more funus efferri radendumque nomen decrevit. Huius tempore saeculares ludi celebrati sunt.

Hactenus Romae seu per Italiam orti imperium rexere, hinc advenae. Unde compertum est urbem Romam externorum virtute crevisse. Quid enim Nerva prudentius aut moderatius? Quid Traiano divinius? Quid praestantius Hadriano?

Cocceius Nerva, oppido Narniensi genitus, imperavit menses sedecim ... Afflictas civitates relevavit. Puellas puerosque natos parentibus egestosis sumptu publico per Italiae oppida ali iussit ... Hic Traianum in liberi locum inque partem imperii cooptavit ... Vitam finivit anno aetatis sexagesimo tertio. Cuius corpus a senatu ut quondam Augusti honore delatum in sepulcro Augusti sepultum est.

Ulpius Traianus ex urbe Tudertina imperavit annis viginti. Iste talem se rei publicae praebuit, qualem vix aegreque exprimere valuerint summorum scriptorum miranda ingenia. Hic imperium apud Agrippinam, nobilem Galliae coloniam, suscepit habens diligentiam in re militari, in civilibus lenitatem, in sublevandis civitatibus largitionem ... Fuit

# Litterae Latinae

patiens laboris, studiosus optimi cuiusque ... Iustitiae vero ac iuris humani divinique tam repertor novi quam inveterati custos ... Eo tempore multo perniciosius quam sub Nerva Tiberis inundavit magna clade aedium proximarum. Et terrae motus gravis per provincias multas atroxque pestilentia famesque et incendia facta sunt. Quibus omnibus Traianus per exquisita remedia plurimum opitulatus est statuens, ne domorum altitudo sexaginta superaret pedes ob ruinas faciles. Unde merito pater patriae dictus est. Vixit annos sexaginta quattuor.

Aelius Adrianus, stirpis Italae, imperavit annis viginti duobus. Hic Graecis litteris impensius eruditus a plerisque Graeculus appellatus est. Atheniensium studia moresque hausit potitus non sermone tantum, sed et ceteris disciplinis, canendi, psallendi medendique scientia, musicus, geometra, pictor fictorque ex aere vel marmore proxime Polycletus et Euphranoras ... Immensi laboris, quippe qui provincias omnes circumierit ... Ad specimen legionum militarium fabros, perpendiculatores, architectos genusque cunctum exstruendorum moenium seu decorandorum in cohortes centuriaverat ... A regibus multis pace occultius muneribus impetrata iactabat palam plus se otio adeptum quam armis ceteros ... Vixit annos sexaginta duos.

*Panzerstatue
des Kaisers Antoninus Pius,
Marmor, 216,5 cm,
Mitte 2. Jh. n. Chr.;
Dresden,
Skulpturensammlung*

# Litterae Latinae

Antoninus Fulvius, postea etiam Pius cognominatus, imperavit annos viginti tres. Iste ab Hadriano in filium adoptatus, cuius gener fuerat, tantae bonitatis in principatu fuit, ut haud dubie sine exemplo vixerit, quamvis eum Numae contulerit aetas sua, cum orbem terrae nullo bello per annos viginti tres auctoritate sola rexerit adeo amantibus cunctis regibus nationibusque et populis, ut parentem seu patronum magis quam dominum imperatoremve reputarent ... Indi, Bactri, Hyrcani legatos misere iustitia tanti imperatoris comperta ... Appetentia gloriae carens et adeo mansuetus, ut ad eos, qui contra eum coniuraverant, persequendos compresserit quaestionem ... Usque eo autem mitis fuit, ut, cum ob inopiae frumentariae suspicionem lapidibus a plebe Romana perstringeretur, maluerit ratione exposita placare quam ulcisci seditionem.

Der Kaiser Marcus Aurelius und unterworfene „Barbaren" (Germanen), Marmor, 312 × 221 cm, vor 180 n. Chr.; Rom, Palazzo dei Conservatori

# Litterae Latinae

Marcus Aurelius Antoninus imperavit annos decem et octo. Iste virtutum omnium caelestisque ingenii exstitit aerumnisque publicis quasi defensor obiectus est. Nisi ad illa tempora natus esset, profecto quasi uno lapsu ruissent omnia status Romani. Ab armis quies nusquam erat perque omnem Orientem, Illyricum, Italiam, Galliam bella fervebant. Terrae motus non sine interitu civitatum, inundationes fluminum, lues crebrae, locustarum species agris infestae, prorsus ut prope nihil, quod non illo imperante saevierit ... Is propinquum suum Lucium Annium Verum ad imperii partem novo benevolentiae genere ascivit ... Post cuius obitum Marcus Antoninus rem publicam solus tenuit ... Philosophiae studens litterarumque Graecarum peritissimus ... Hic, cum aerario exhausto largitiones, quas militibus impenderet, non haberet neque indicere provincialibus aut senatui aliquid vellet, instrumentum regii cultus facta in foro Traiani sectione distraxit, vasa aurea, pocula crystallina et murrina, uxoriam ac suam sericam et auream vestem, multa ornamenta gemmarum. Per duos menses continuos venditio habita est multumque auri redactum. Post victoriam tamen emptoribus pretia restituit, qui reddere comparata voluerunt. Molestus nulli fuit, qui maluit semel empta retinere ... Ipse vitae anno quinquagesimo nono apud Bendobonam morbo consumptus est. De eius morte nuntio Romam pervecto confusa luctu publico urbe senatus in curiam veste taetra amictus lacrimans convenit. Et quod de Romulo aegre creditum est, omnes pari consensu praesumpserunt Marcum caelo receptum esse. Ob cuius honorem templa, columnae multaque alia decreta sunt.

*Statue der Göttin Venus mit Porträt der Kaiserin Annia Lucilla, Marmor, 178 cm, vor 180 n. Chr. (die Statue römische Kopie nach einem griechischen Original des 2. Jh. v. Chr.); Dresden, Skulpturensammlung*

# Verborum indices

## Verborum indices secundum lectiones

ÜBUNGEN ZUM WORTSCHATZ – ALTERNATIVE ZUM
VOKABELPAUKEN

Keiner, der Latein lernt, muß stur Vokabeln pauken.
Sie sollten von Anfang an versuchen, sich auf vernünftige (rationelle) Weise in den Wortschatz der Lingua Latina einzuleben, und sich Gestalt, Aussprache, Betonung der Wörter, ihre Begleitinformationen sowie Bedeutung(en) einprägen.
Ordnen Sie den Lernstoff Vokabeln nach *formalen Aspekten* wie Wortarten und Wortbildung, in *syntaktische* Funktionsgruppen, *semantisch* nach Wortfamilien, nach Sinnfeldern.
Nutzen Sie die *Wortbildungslehre* zur Vernetzung der Einzelwörter untereinander – dazu können auch Zusammenstellungen von Synonymen (Wörter etwa gleicher Bedeutung) und Antonymen (Wörter entgegengesetzter Bedeutung) und dergleichen beitragen. Stellen Sie sich das, was mit den lateinischen Wörter bezeichnet wird, möglichst klar und gleichsam bildhaft-anschaulich vor.
Bringen Sie Ihre *Kenntnisse an Fremdwörtern*, an *Wortgut aus anderen Sprachen* stets aktiv ins Spiel.
Sie können aber auch *mit den Wörtern spielen*: Wörter in Bilder umsetzen, allerlei Rätsel basteln, sich Sätze und Geschichten ausdenken, Vorlagen variieren, sogar Nonsenstexte produzieren ...
Übrigens: Was bedeuten die Fremdwörter auf dieser Seite, welche lateinischen Wörter stehen dahinter? Achten Sie sorgsam auf die Unterschiede!

1 Fremdwörter und ihr Hintergrund
  Novität, Filiale, Nominierung, Auditorium, Negation, Aquarium, Imperativ, Florist, Oktave, Agrikultur, Kur, Separatismus

2 „Mutter Latein" und eine ihrer Töchter
  people / populus ..., monument / monumentum ...,
  hour / hora ..., annual / annus ..., auxiliary / auxilium ...,
  study / studium ...; create / creare ..., prohibit/prohibere ...,
  study/studere ..., labour/laborare ..., prepare/praeparare ...,
  clear/clarus ...

# Verborum indices

## I

*Deklination von Substantiven und Adjektiven –
o-Deklination*

| | |
|---|---|
| **populus,** ī, *m.* | das Volk, ein Volk |
| **Rōmānus,** (a), um | ‚römisch' |
|   Rōmānī, ōrum, *m.* | die ‚Römer' |
| **Italicus,** (a), um | italisch |
| **Etrūscus,** (a), um | etruskisch |
|   Etrūscī, ōrum, *m.* | die Etrusker |
| **antīquus,** (a), um | alt |
| **fīnitimus,** (a), um | benachbart |
| **fluvius,** ī, *m.* | Fluß |
| **servus,** ī, *m.* | Sklave |
|   (serva, ae, *f.* | Sklavin) |
| **ager,** agrī, *m.* | ‚Acker', Feld |
|   agrī, ōrum | die Felder, das Land |
| **oppidum.** ī, *n.* | (kleinere) Stadt |
| **bellum,** ī, *n.* | Krieg |
| **multus,** (a), um | viel |
| **vir,** virī, *m.* | Mann |
| **arma,** ōrum, *n.* (*nur Pl.*) | Waffen |
| **annus,** ī, *m.* | Jahr |
| **vīcus,** ī, *m.* | Dorf |
| **adversārius,** ī, *m.* | Gegner |

| | |
|---|---|
| **est** | (er, sie, es) ‚ist' |
| **et** | und, auch |
|   et … et | sowohl … als auch |
| **alius,** (a), aliud | ein anderer |
|   aliī, (aliae), alia | andere |
| **sunt** | (sie) sind |
| **ā, ab** *mit Abl.* | von (… her) |
| **sēparāre** *1* | trennen |
| **habēre** *2* (habeō, habuī, habitus) | haben, halten |

# Verborum indices

## I

| | |
|---|---|
| in *mit Abl.* | ‚in', an, auf (*wo?*) |
| in *mit Akk.* | ‚in', auf, nach (*wohin?*) |
| labōrāre *1* (*mit Abl.*) | sich mühen, arbeiten leiden (an) |
| flōrēre *2* (flōreō, flōruī, –) | blühen |
| sed | aber, sondern |
| saepe | oft |
| inter *mit Akk.* | zwischen, ‚unter', während |
| occupāre *1* | besetzen |
| studēre *2* (studeō, studuī, –) (*mit Dativ*) | sich bemühen (um/für) sich beschäftigen mit |
| prohibēre *2* (prohibeō, prohibuī, prohibitus) | fernhalten, (ver)hindern |
| dēbēre *2* (dēbeō, debuī, dēbitus) | müssen, schulden |
| -que (*angehängt, statt* et) | und |
| imperāre *1* | gebieten, befehlen, herrschen (über) |
| post (*mit Akk.*) als *Adv.* (*ohne Akk.*): | hinter, nach später |

| | |
|---|---|
| Etrūscī **imperant** (↑ 103) | die Etrusker herrschen |
| Etrūscī **fīnitimī sunt** (↑ 103) | die Etrusker sind benachbart sind Nachbarn |
| populus Rōmānus (↑ 163) | das römische Volk |
| multa oppida | viele Städte |

(*Adjektive, die Maß-, Grad- und Zahlbestimmungen angeben, treten meist* **vor** *ihr Bezugswort*)

| | |
|---|---|
| **in** armīs esse | **unter** Waffen stehen |
| **ā** vīcīs prohibēre (↑ 148) | **von** den Dörfern fernhalten |
| in oppid**um** (in *mit Akk.*: *wohin?*) | in **die** Stadt |
| in oppid**ō** (in *mit Abl.*: *wo?*) | in **der** Stadt |

# Verborum indices

**I**  Etrūscī aliīque populī           (die) Etrusker **und** andere
≙ Etrūscī **et** aliī populī            Völker
multōs annōs (↗143)                 viele Jahre (**lang**)

**II**  *Deklination von Substantiven und Adjektiven –*
*a-Deklination*

| | |
|---|---|
| **Italia,** ae, *f.* | Italien |
| **patria,** ae, *f.* | ‚Vater'stadt, ‚Vater'land Heimat |
| **medius,** a, um | ‚mittlere', in der Mitte befindlich |
| **octāvus,** a, um | ‚achte' |
| **īnsula,** ae, *f.* | ‚Insel', Mietskaserne |
| **novus,** a, um | neu |
| **agricola,** ae, *m.* | Bauer |
| **bonus,** a, um (*Adv.:* bene) | gut |
| **māgnus,** a, um | groß |
| **nātūra,** ae, *f.* | ‚Natur' |
| **vīta,** ae, *f.* | Leben |
| **dūrus,** a, um | hart, grausam |
| **cūra,** ae, *f.* | Sorge, Pflege |
| **via,** ae, *f.* | ‚Weg', Straße |
| **aqua,** ae, *f.* | Wasser |

| | |
|---|---|
| **praeter** *mit Akk.* | an … vorbei, außer |
| praethereā | außerdem |
| **etiam** | auch, sogar |
| **(ūnā) cum** *mit Abl.* | (zusammen) mit |
| **cēterī,** ae, a | die übrigen |
| **colere** *3* (colō, coluī, cultus) | bebauen, pflegen, ehren |
| incolere *3* | (be)wohnen |
| **octō** | ‚acht' |
| octāvus, a, um | ‚achte' |
| **saeculum,** ī, *n.* | Zeitalter, Jahrhundert |
| **ē, ex** *mit Abl.* | aus, seit |

171

# Verborum indices

**II**

| | |
|---|---|
| **venīre** *4* (veniō, vēnī, ventum) | kommen |
| **ibī** | dort |
| **condere** *3* (condō, condidī, conditus) | gründen |
| **amāre** *1* | lieben |
| **nam** | denn |
| **alere** *3* (alō, aluī, altus) | (er)nähren |
| **studium,** ī, *n.* | Eifer |
| **frūmentum,** ī, *n.* | Getreide |
| **crēscere** *3* (crēscō, crēvī, crētum) | wachsen |
| **nihil** | nichts |
| **ferē** | fast, ungefähr |
| **negāre** *1* | verneinen, leugnen, verweigern |
| **nōn** | nicht |
| **vacāre** *1* (*mit Abl.*) | leer sein, frei sein (von) |
| **mūnīre** *4* (mūniō, mūnīvī/mūniī, mūnītus) | befestigen, schützen |
| **vel** | oder |
| vel...vel | entweder...oder |
| **dūcere** *3* (dūcō, dūxī, ductus) | führen |
| **addūcere** *3* | heranführen, veranlassen |
| **dērīvāre** *1* | ableiten |
| **interdum** | bisweilen |
| **auxilium,** ī, *n.* | Hilfe, *Pl.*: Hilfstruppen |
| **tegere** *3* (tegō, tēxī, tēctus) | (be)‚decken', schützen |
| **ūnā cum** Rōmānīs | **gemeinsam mit** den Römern |
| **cum** fīnitimīs | **mit** den Nachbarn |
| māgnō (cum) studiō (↑150) | **mit** großem Eifer / eifrig |
| auxiliō fīnitimōrum (↑152) | **mit** Hilfe der Nachbarn |
| octāvō saeculō (↑160) | **im** achten Jahrhundert |
| vacāre cūrīs (↑148) | frei sein **von** Sorgen |

# Verborum indices

## III

**Das Imperfekt und das Futur –
Sonderformen von esse**

| | |
|---|---|
| **erat** | (er, sie es) war |
| **erant** | (sie) waren |
| **erit** | (er, sie, es) wird sein |
| **erunt** | (sie) werden sein |

*Die Possessivpronomen*

| | |
|---|---|
| **meus**, mea, meum | mein |
| **tuus**, tua, tuum | dein |
| **suus**, sua, suum | sein, ihr |
| *(auf das Subjekt bezogen)* | |
| **noster**, nostra, nostrum | unser |
| **vester**, vestra, vestrum | euer |

| | |
|---|---|
| **dē** *mit Abl.* | von ... herab; von, über |
| **iam** | schon |
| nōn iam | nicht mehr |
| **fābula,** ae, *f.* | Erzählung, „Fabel" |
| **narrāre** *1* | erzählen |
| **nunc** | ‚nun', jetzt |
| **magister**, magistrī, *m.* | Lehrer, „Meister" |
| **ille**, illa, illud *(Nom.)* | jener, jene, jenes |
| < illīus > *(Gen.)* | |
| < illī > *(Dat.)* | |
| **familia**, ae, *f.* | Familie, Hausgemeinschaft |
| **ut** | wie |
| **putāre** *1* | glauben, meinen; *(mit doppeltem Akk.)* jemanden für ... halten |
| **pater**, (patris), *m.* | ‚Vater' |
| **puer**, puerī, *m.* | Junge |
| **deus**, deī, *m.* | Gott |
| dea, deae, *f.* | Göttin |
| **fīlius**, ī, *m.* | Sohn |
| fīlia, ae, *f.* | Tochter |

# Verborum indices

## III

| | |
|---|---|
| cum (mit Indik.) | (jedesmal) wenn, sooft |
| perīculum, ī, n. | Gefahr |
| animus, ī, m. | Sinn, Geist, Mut |
| tollere 3 (tollō, sustulī, sublātus) | erheben, aufheben, beseitigen |
| ita | so |
| itaque | daher, deshalb |
| aliquandō | einmal, einst |
| ūnus, ūna, ūnum (Nom.) < ūnīus > (Gen.) < ūnī > (Dat.) | ‚ein', einzig |
| minister, ministrī, m. | Diener |
| vocāre 1 | rufen, nennen |
| dīcere 3 (dīcō, dīxī, dictus) | sagen, sprechen |
| audīre 4 | hören |
| verbum, ī, n. | Wort |
| dominus, ī, m. | Herr, Besitzer |
| rēgnum, ī, n. | Königsherrschaft, Königreich |
| egō | ich (betont) |
| timēre 2 (timeō, timuī, –) | (sich) fürchten, sich scheuen |
| tū | ‚du' (betont) |
| autem (nachgestellt) | aber |
| tum | da, damals, dann |
| adiuvāre 1 (-iuvō, -iūvī, -iūtus) (mit Akk.) | unterstützen, helfen |
| semper | immer |
| nunc (Adv.) | nun, jetzt |
| dum | solange, bis, (mit Präs.:) während |
| manēre 2 (maneō, mānsī, mānsus) | bleiben |
| portāre 1 | tragen, bringen |
| nēmō (Dat. nēminī, Akk. nēminem) | niemand |
| servāre 1 | retten, bewahren |
| statim | sofort |
| rēx, (rēgis), m. | König |

# Verborum indices

**III**

| | |
|---|---|
| **pōnere** *3* (pōnō, posuī, positus) | setzen, stellen, legen |
| expōnere *3* | aussetzen, ausstellen, erklären |
| **nōs** | wir (*betont*) |
| **in-venīre** *4* (-veniō, -vēnī, -ventus) | finden, erfinden |
| **ēducāre** *1* | aufziehen, erziehen |
| **nōmināre** *1* | nennen |
| | |
| narrāre **dē** | erzählen *von/über* |
| in animō habēre | beabsichtigen |
| vir **dūrī animī** (↗116) | ein **hartherziger** Mann |
| domin**um** adiuvāre (↗136) | **dem** Herrn helfen |
| auxiliō venīre (↗134) | **zu** Hilfe kommen |
| in perīculō esse | in Gefahr sein / sich in Gefahr befinden |
| **ad** fluvium portāre | **zum** Fluß tragen (*wohin?*) |
| **ad** fluvium manēre | **am** Fluß bleiben (*wo?*) |
| **in** vītā manēre | **am** Leben bleiben |

**IV**

*esse*

| | |
|---|---|
| **esse,** sum, (fuī) | sein |
| **inter-esse,** inter-sum, (inter-fuī) *mit Dat.* | teilnehmen an |
| **ad-esse,** ad-sum, (ad-fuī) | dasein, dabeisein, beistehen, helfen |
| **dē-esse,** dē-sum, (dē-fuī) | fehlen |

*Personalpronomen*

| | |
|---|---|
| **egō** | ich |
| **tū** | du |
| **nōs** | wir |
| **vōs** | ihr |

# Verborum indices

## IV

| | |
|---|---|
| hōra, ae, f. | Stunde |
| prīmus, a, um | erste |
| amīcus, ī, m. (vgl. amō) | Freund |
| excitāre 1 | antreiben, reizen, wecken |
| surgere 3 (surgō, surrēxī, surrēctus) | sich erheben, aufstehen |
| satis | genug |
| apud mit Akk. | bei |
| parātus, a, um | bereit |
| quam | wie |
| inquit, (in die direkte Rede eingeschoben) | (er, sie, es) sagt(e) |
| quoque (dem betonten Wort nachgestellt) | auch |
| nōscere 3 (nōscō, nōvī) | kennenlernen, erkennen, erfahren |
| cōgnōscere 3 (-nōscō, -nōvī, cognitus) | kennenlernen, erkennen, erfahren |
| pulcher, pulchra, pulchrum | schön |
| forum, ī, n. | Forum, Marktplatz |
| templum, ī, n. | ‚Tempel' |
| spectāre 1 | anschauen, betrachten |
| vidēre 2, (videō, vīdī, vīsus) | sehen |
| iūdicium, ī, n. | Gericht, Gerichtsverhandlung, Urteil |
| cliēns, (clientis), m. | Klient |
| egēre 2 (egeō, eguī, –) mit Abl. oder Gen. | bedürfen, brauchen |
| per mit Akk. | durch, während |
| mōnstrāre 1 | zeigen |
| dēmōnstrāre 1 | beweisen |
| rogāre 1 | bitten, fragen |
| respondēre 2 (respondeō, respondī, respōnsus) | antworten |
| scīre 4 (sciō, scīvī, scītus) | wissen |
| placēre 2 (placeō, placuī) | gefallen |
| valdē | sehr |

# Verborum indices

## IV

| | |
|---|---|
| **novem** | ‚neun' |
| nōnus, a, um | ‚neunte' |
| **cēna,** ae, *f.* | Essen, Mahlzeit |
| **dare** *1* (dō, dedī, datus) | geben |
| **valēre** *2* (valeō, valuī, –) | stark sein, gesund sein, gelten |
| **salūtāre** *1* | grüßen, begrüßen |
| | |
| hōrā prīmā (↗ 160) | **in** der ersten Tagesstunde |
| satis est somnī (↗ 115) | genug (des Schlafes:) geschlafen |
| egō quoque | auch ich |
| mihī in animō est | ich beabsichtige |
| cum Lūciō | mit Lucius |
| mē**cum** (≙ cum mē) | **mit** mir |
| iūdiciīs interesse (*Dativ*) | teilnehmen **an** Gerichtsverhandlungen |
| mult**a** (↗164) | viel**es** |
| auxiliō vocāre (↗134) | **zu** Hilfe rufen |

## V

*Das Partizip Perfekt Passiv*

Bei unregelmäßigen Verben wird das Partizip Perf. Pass. als Teil der Stammformenreihe aufgeführt. Diese bleibt vorerst noch eingeklammert, bis alle Glieder bekannt sind:

| | |
|---|---|
| **regere** *3* (regō, rēxī, **rēctus**) | lenken, leiten, „regieren" |
| **petere** *3* (petō, petīvī, **petītus**) | zu erreichen suchen, erbitten, aufsuchen, angreifen |
| **circumdare** *1* (circumdō, -dedī, **circumdatus**) | umgeben |

Bei regelmäßigen Verben läßt sich das Partizip Perf. Pass. als Stammform leicht ergänzen:

| | |
|---|---|
| **creāre** *1* (creō, …, **?**) | schaffen, wählen |

# Verborum indices

V

| | |
|---|---|
| vērus, a, um | ‚wahr' |
| ante *mit Akk.* | vor |
|   *als Adv. ohne Akk.* | vorher |
|   anteā (*Adv.*) | vorher, früher |
| neque | und ... nicht, auch ... nicht, aber ... nicht |
|   neque ... neque | weder ... noch |
| monumentum, ī, *n.* | ‚Mahn'mal, Denkmal |
| clārus, a, um | hell, berühmt, ‚klar' |
| ōrnāre *1* | schmücken, ausstatten |
| sub *mit Akk.* | unter (*wohin?*) |
|   *mit Abl.* | unter (*wo?*) |
| imperium, ī, *n.* | Befehl, Herrschaft, Reich (*vgl.* imperare) |
| faber, fabrī, *m.* | Handwerker |
| Rōmam | nach Rom |
| Rōmae | in Rom |
| Rōmā | aus Rom |
| aedificāre *1* | bauen |
| locus, ī, *m.* | Ort, Stelle |
|   loca, ōrum, *n.* | Orte, Gegend |
| terra, ae, *f.* | Erde, Land |
| cōnservāre *1* | unversehrt bewahren |
| septem | ‚sieben' |
|   septimus, a, um | ‚siebente' |
| mūrus, ī, *m.* | ‚Mauer' |
| nōnnūllī, ae, a | einige |
| quamquam | obwohl |
| gerere *3* (gerō, gessī, gestus) | tragen, vollbringen |
|   bellum gerere | Krieg führen |
| superāre *1* | übertreffen, besiegen |
| paulātim | allmählich |
| fābula narrāta (↑208) | die / eine erzählte Geschichte |
| fābula narrāta est (↑89) | die / eine Geschichte ist erzählt worden |
| armīs petere | (durch Waffen zu erreichen suchen:) angreifen |

# Verborum indices

**V**  Italiam petere — (Italien zu erreichen suchen:) nach Italien streben / reisen / fahren
 sub imperiō — unter der Herrschaft
 sub terrā (sub *mit Abl.: wo?*) — unter der Erde
 sub terr**am** (sub *mit Akk.: wohin?*) — unter die Erde
 Rōm**am** (↑ 141) — **nach** Rom
 Rōmā (↑ 148) — **von** Rom, **aus** Rom
 Rōm**ae** (↑ 17,4 *Lokativ*) — **in** Rom
 **ex** patriā — **aus** der Vaterstadt
 **ex** forō — **vom** Forum
 **ad** nostrum saeculum — **(bis) in** unser Jahrhundert

**VI**  *e-Deklination*

 **rēs**, reī, *f.* — Sache, Ding, Angelegenheit
  rēs pūblica, reī -ae — Staat, Republik
   *Pl.:* öffentliche Angelegenheiten
 **fidēs**, fideī, *f.* — Zuverlässigkeit, Treue
  fidem habēre 2 *mit Dat.* — jemandem vertrauen
 **spēs**, speī, *f.* — Hoffnung
 **effigiēs**, effigieī, *f.* — Bildnis, Abbild, Figur
 **perniciēs**, pernicieī, *f.* — Verderben, Vernichtung

 **liber**, librī, *m.* — Buch
 **pūblicus**, a, um — (was das Volk angeht:) öffentlich, staatlich
  (*vgl.* populus)
 **scrībere** *3* (scrībō, scrīpsī, scrīptus) — schreiben
 **enim** (*nachgestellt*) — denn, nämlich
 **prae-esse** (-sum, -fuī) — vorstehen, leiten
  *mit Dat.*
 **cōnsulere** *3* (cōnsulō, cōnsuluī, cōnsultus) — (*mit Dat.*) sorgen für / (*mit Akk.*) um Rat fragen
 **sōlus**, a, um — allein
  < sōlīus > (*Gen.*)
  < sōlī > (*Dat.*)

# Verborum indices

## VI

| | |
|---|---|
| **administrāre** *1* | verwalten |
| **situs,** a, um | gelegen |
| **summus,** a, um | höchster |
| | |
| liber dē rē pūblicā scrīptus | das Buch „Über den Staat" |
| praeesse reī pūblicae (*Dativ*) | den Staat leiten |
| fidem habēre | vertrauen (hier: die Sicherheit anvertrauen) |
| spēs sita est **in** (*Ablativ*) | die Hoffnung liegt **bei** … |
| servāre **ā** perniciē | **vor** Schaden bewahren |
| cōnsulere patriciōs (↑131) | die Patrizier um Rat fragen |
| cōnsulere rē**bus** dīvīn**īs** (↑131) | für die Verehrung der Götter sorgen |
| **per** multa saecula | durch viele Jahrhunderte hindurch / viele Jahrhunderte (**lang**) |
| per viās dūcere | durch die Straßen führen |

## VII

*Das Perfekt Aktiv*

In dieser Lektion wird nun auch das letzte noch fehlende Glied der Stammformenreihen vorgestellt:

Auf die *1. Pers. Sing. Ind. Perf. Akt.* lassen sich alle Formen des Perfekts, Plusquamperfekts und des Futur II Aktiv zurückführen. Die Klammern der Stammformenreihen für die bisherigen Lektionen können jetzt aufgelöst werden.

Von dieser Lektion an können die Verben mit ihren Stammformenreihen ohne die einschränkenden Klammern angeeignet werden:

| | |
|---|---|
| **dēcernere** *3*, dēcernō, dēcrēv-ī, dēcrētus | entscheiden, beschließen |
| **terrēre** *2*, terreō, terr**u**-ī, territus | jemanden erschrecken, einschüchtern |

Die Perfektstammform von **esse** wird mit dem Stamm **fu-** gebildet: esse, sum, **fu-ī**

Vergleiche die Stammformen der Komposita von esse in Lektion IV!

# Verborum indices

## VII

**diū**     lange Zeit, lange
**oculus,** ī, *m.*     ‚Auge'
**diēs,** diēī, *m./f.*     Tag
**prope** *mit Akk.*     nahe, in der Nähe von
    *ohne Akk., als Adv.*     in der Nähe
**medicus,** ī, *m.*     Arzt
**cūrāre** *1*     (dafür) sorgen;
    *mit Akk.:*     sorgen für, (*med.*) behandeln, heilen
**albus,** a, um     weiß
**im-pōnere** *3* -pōnō,     (auf etwas) legen, stellen
    -posuī, -positus     (jemandem) auferlegen
    (*mit Dat.*)
**pretium,** ī, *n.*     ‚Preis'
**postulāre** *1*     fordern
**paucī,** ae, a     wenige
**dēnuō**     von neuem, wieder
**mūtāre** *1*     tauschen, (ver-)ändern
**sex**     ‚sechs'
    sextus, a, um     ‚sechste'
**ipse,** ipsa, ipsum (*Nom.*)     selbst, unmittelbar
    < ipsīus > (*Gen.*)
    < ipsī > (*Dat.*)
**plēbēius,** ī, *m.*     Plebejer
**iniūria,** ae, *f.*     Unrecht
**tolerāre** *1*     dulden, erdulden
**necāre** *1*     töten
**sī**     wenn
    nisī     wenn nicht

**ex** oculīs labōrāre     **an** den Augen leiden
oppidum prope situm     eine nahegelegene Stadt
    (↑203)
lānā ōvī albō     Wolle, mit Eiweiß
    tīncta     getränkt,
spēs rēgnī (↑117)     Hoffnung **auf** Herrschaft
spē rēgnī excitātus (↑202)     in der Hoffnung auf Herrschaft
**sibī** rēgnum postulāre     die Herrschaft **für sich**
    (↑130)     fordern

# Verborum indices

## VII

| dum Servius rēgnat, Tarquīnius rēgnum postulāvit. | **Während** Servius **herrschte,** forderte Tarquinius die Königswürde. |

(**dum** „während, solange", *mit Präsens, zeigt die der Handlung des Hauptsatzes parallel – gleichzeitig! – verlaufende Handlung des Nebensatzes*)

| Tarquīnius sollicitāvit, **dum** Servium **necāvērunt.** | Tarquinius hetzte (solange), **bis** sie Servius **ermordeten.** |

(**dum** „bis", *mit Perfekt, zeigt neben Perfekt im Hauptsatz ein Ziel an, das tatsächlich erreicht wurde.*)

## VIII

*3. Deklination*

1.
| **urbs,** urbis, *f.* | (große) Stadt |
| **plēbs,** plēbis, *f.* | die Plebs, das einfache (nichtpatrizische) Volk |
| **cōnsul,** cōnsulis, *m.* | Konsul |
| **pāx,** pācis, *f.* | Frieden |
| **imperātor,** imperātōris, *m.* | Feldherr, (*seit Augustus*) Kaiser |
| **tempus,** temporis, *n.* | Zeit |
| **mīles,** mīlitis, *m.* | Soldat |
| **pars,** partis, *f.* | Teil |

2.
| **corpus,** corporis, *n.* | ‚Körper', Leiche; Gesamtheit, Sammlung |

1.
| **ultimus,** a, um | letzte |
| **pellere** *3*, pellō, pepulī, pulsus | schlagen, (ver)treiben |

# Verborum indices

| | |
|---|---|
| repellere *3*, repellō, reppulī, repulsus | zurücktreiben |
| premere *3*, premō, pressī, pressus | drücken, bedrängen |
| opprimere *3*, -primō, -pressī, -pressus | unterdrücken, überfallen, überwältigen |
| duo, duae, duo | ‚zwei' |
| mandāre *1* | übergeben, übertragen, auftragen |
| quotannīs (*Adv.*) | jährlich |
| cadere *3*, cadō, cecidī | fallen |
| miseria, ae, *f.* | Elend |
| sūmere *3*, sūmō, sūmpsī, sūmptus | nehmen |
| miser, misera, miserum | elend, unglücklich |

2.

| | |
|---|---|
| currere *3*, currō, cucurrī, cursus | laufen |
| clāmāre *1* | schreien, rufen |
| pecūnia, ae, *f.* | Geld |
| reddere *3*, reddō, reddidī, redditus | zurückgeben |
| sine *mit Abl.* | ohne |
| causa, ae, *f.* | Ursache, Grund |
| causā *nach Gen.* | wegen, zum Zwecke |
| spērāre *1* | hoffen |
| dēspērāre *1* | verzweifeln |
| contendere *3*, contendō, contendī | sich anstrengen, eilen, kämpfen |
| bellum gerere | Krieg führen |
| rem pūblicam gerere | den Staat leiten |
| cūra reī pūblicae (↗117) | die Sorge **für** den Staat |
| in miseriam incidere | ins Elend geraten |
| sibī sūmere (↗130) | sich aneignen, **für sich** nehmen |
| agrō expellere ≙ **ex** agrō **ex**pellere (↗148) | vom Land vertreiben |

# Verborum indices

**VIII**

| | |
|---|---|
| **ad** dīem | **zum** Termin, pünktlich |
| vidēmus | Wir sehen, **daß** |
| **tē** in miseriā **esse**. | **du** im Unglück **bist**. |
| *Lat.: AcI als Objekt* | *Dt.: Objektsatz* |

**IX**

*3. Deklination*

1.

| | |
|---|---|
| **scrīptor,** ōris, *m.* | Schriftsteller |
| scrīptor rērum | Geschichtsschreiber |
| **mōns,** montis, *m.* | Berg |
| **homō,** hominis, *m.* | Mensch |
| **sapiēns,** sapientis | klug, weise |

2.

| | |
|---|---|
| **iūs, iūris,** *n.* | Recht |
| **lēx,** lēgis, *f.* | Gesetz |
| **hostis,** is, *m.* | Fremder, (Staats-)Feind |
| **māter,** mātris, *f.* | ‚Mutter' |
| **uxor,** uxōris, *f.* | Ehefrau |
| **precēs,** precum, *f.* | die Bitten, das Flehen |
| **fīnis,** fīnis, *m.* | Ende, Grenze |
| fīnēs, fīnium, *m.* | die Grenzen, das Gebiet |

| | |
|---|---|
| **trādere** 3, trādō, trādidī, trāditus | übergeben, überliefern |
| **ex-cēdere** 3, -cēdō, -cessī, -cessus (*mit* ex *oder bloßem Abl.*) | herausgehen, verlassen; (ein Maß) überschreiten |
| **lēgātus,** ī, *m.* | 1. Legat (ein höherer Offiziersrang) 2. Abgesandter, Gesandter |
| **mittere** 3, mittō, mīsī, missus | schicken, loslassen |
| **cārus,** a, um (*mit Dat.*) | lieb, teuer, beliebt (bei) |

# Verborum indices

## IX

**commovēre** 2, -moveō, -mōvī, -mōtus     (sehr) bewegen, erschüttern
**legere** 3, legō, lēgī, lēctus     lesen, sammeln
**pāgina,** ae, *f.*     (Buch-)Seite

## 2.

**praesidium,** ī, *n.*     Schutz, Schutzwache
**tribūnus,** ī, *m.*     Tribun
    tribūnus plebis     Volkstribun
**concēdere** 3, concēdō, concessī, concessus     zugestehen, erlauben
**ubī**     wo, sobald
**propter** *mit Akk.*     wegen
    proptereā     deswegen
**coepisse,** coepī (*nur Perf.*)     angefangen haben, begonnen haben
**statuere** 3, statuō, statuī, statūtus     errichten, festsetzen, beschließen
**cōnstituere** 3, cōnstituō, cōnstituī, cōnstitūtus     errichten, festsetzen, beschließen
**dēfendere** 3, dēfendō, dēfendī, dēfēnsus     verteidigen
**agere** 3, agō, ēgī, āctus     treiben, handeln, verhandeln, tun
**tōtus,** a, um (*Nom.*)     ganz
    < tōtīus > (*Gen.*)
    < tōtī > (*Dat.*)
**īrātus,** a, um     erzürnt
**cōpia,** ae, *f.*     Menge, Vorrat
    cōpiae, ārum, *f.*     Truppen, Vorräte
**postquam** (*mit Ind. Perf.*)     nachdem
**pervenīre** 4, -veniō, -vēnī, -ventum     durchkommen, gelangen
**frūstra** (*Adv.*)     vergeblich
**līber,** a, um     frei
    līberī, ōrum, *m./f.*     Kinder
**fēmina,** ae, *f.*     Frau
**castra,** ōrum, *n.* (*nur Plural*)     das Lager, die Lager
**tandem**     endlich

# Verborum indices

IX

| | |
|---|---|
| **vincere** *3*, vincō, vīcī, victus | siegen, besiegen |
| **occīdere** *3*, occīdō, occīdī, occīsus | niederhauen, erschlagen |
| **fāma,** ae, *f.* | Gerücht, Sage, Ruf |
| rērum scrīptor | Geschichtsschreiber |
| urbe excēdere | die Stadt verlassen |
| ≙ **ex** urbe **ex**cēdere (↑148) | |
| dēfendere **ā** | verteidigen **gegen** |
| agere **dē** | verhandeln **über/wegen** |
| suī praesidiī causā | zu seinem/ihrem Schutz, seines/ihres Schutzes wegen |
| nōnnūllīs annīs post (↑155) | einige Jahre später |
| propter mult**a** bell**a** | wegen vieler Kriege |
| **dē** summ**īs** rē**bus** agere | **über** die höchsten/wichtigsten Angelegenheiten verhandeln |
| **inter**cēdere lē**gibus** (*Dat.*) | sich Gesetzen widersetzen (hindernd dazwischentreten:) sein Veto einlegen gegen... |
| nihil frūmentī (↑115) | kein Getreide |
| **postquam** ad urbem pervēnit (↑182) | **nachdem** er zur Stadt gelangt war |
| **Coriolānum ā Volscīs occīsum esse fāma est** | **es geht die Sage,** daß C. von den Volskern **getötet worden ist.** |

*AcI Subjekt bei unpersönlichen Ausdrücken:*
fama est, apparet, constat, notum est *u. a.* (↑196).

# Verborum indices

*Das Relativpronomen* (↑59)

| | |
|---|---|
| **quī**, quae, quod | welcher, welche, welches; der, die, das; wer, was *auch als Fragepronomen verwendet:* welcher? welche? welches? |

*Das Demonstrativpronomen* (↑50)

| | |
|---|---|
| **is**, ea, id | dieser, diese, dieses; er, sie, es (derjenige, diejenige, dasjenige) |
| **īdem**, eadem, idem | (eben)derselbe, dieselbe, dasselbe |

| | |
|---|---|
| **regiō**, ōnis, *f.* | Richtung, Gegend |
| **optāre** *1* | wünschen |
| **hodiē** | ‚heute' |
| **dux**, ducis, *m.* | Führer |
| **altus**, a, um | hoch, tief |
| **taberna**, ae, *f.* | Laden, Gasthaus |
| **claudere** *3*, claudō, clausī, clausus | schließen |
| **rārus**, a, um (*Adv.* rarō) | selten |
| **malus**, a, um | schlecht |
| **struere** *3*, struō, strūxī, strūctus | schichten, bauen |
| **cōnstruere** *3*, -struō, -strūxī, -strūctus | zusammenbauen, errichten |
| **emere** *3*, emō, ēmī, emptus | kaufen |
| **intrāre** *1* | betreten |
| **pānis**, pānis, *m.* | Brot |
| **vīnum**, ī, *n.* | ‚Wein' |
| **quod** (*mit Ind.*) | weil, daß |

# Verborum indices

X

| | |
|---|---|
| **mixtus,** a, um | gemischt |
| **bibere** 3 bibō, bibī | trinken |
| **vōx,** vōcis, *f.* | Stimme, Laut |
| **lingua,** ae, *f.* | Zunge, Sprache |
| **intellegere** 3, intellegō, intellēxī, intellēctus | einsehen, verstehen |
| **appārēre** 2, appāreō, appāruī | erscheinen, sich zeigen |
| **appāret** | es ist offenbar, es zeigt sich |
| **genus,** generis, *n.* | Art, Sorte; Herkunft; Geschlecht |
| | |
| **id, quod** emere optant (↑50, 59) | **das, was** sie zu kaufen wünschen |
| **ea, quae** inter sē narrant (↑164) | **das, was** sie einander erzählen |
| ..., **quod** amīcus eum rogat | ..., **weil** der Freund ihn bittet |
| multō post (↑155) | viel später |
| aleā (*Abl.*) lūdere | Würfel spielen |
| quibuscum (*vgl.* mēcum, nōbiscum) | mit denen |
| pōculum vīnī (↑115) | ein Becher Wein |
| frustulum pān**is** (↑115) | ein Stück Brot |
| hominēs **eiusdem generis** (↑116) | **solche** Leute |
| taberna**m** intrāre ≙ **in** tabernam **in**trāre | die Schenke betreten |
| taberna**̄** ex**cē**dere ≙ **ex** tabernā **ex**cēdere | die Schenke verlassen |

# Verborum indices

## XI

*Die Konjugation von posse richtet sich nach der von esse:*

| | |
|---|---|
| **esse,** sum, fuī | sein |
| **posse,** possum, potuī | können |

*Die u-Deklination*

| | |
|---|---|
| **senātus,** ūs, m. | ‚Senat' |
| **magistrātus,** ūs, m. | Amt, hoher Beamter |

| | |
|---|---|
| **auctōritās,** tātis, f. | Ansehen, Einfluß |
| **resistere** 3, resistō, restitī | sich widersetzen, Widerstand leisten |
| **potentia,** ae, f. | Macht |
| **minuere** 3, minuō, minuī, minūtus | ‚ver‚mindern' |
| **cōgere** 3, cōgō, coēgī, coāctus | zusammentreiben, zwingen |
| **arbitrium,** ī, n. | Entscheidung, Willkür |
| **magis** (*Adverb*) | mehr |
| **cēdere** 3, cēdo, cessī, cessum | gehen, weichen, nachgeben |
| **mīlitia,** ae, f. | Kriegsdienst |
| **collēgium,** ī, n. | Kollegium |
| **decem** | ‚zehn' |
| decimus, a, um | ‚zehnte' |
| **cōnscrībere** 3, -scrībō, -scrīpsī, -scrīptus | aufschreiben, abfassen, (Soldaten) einziehen |
| **duodecim** | zwölf |
| **tabula,** ae, f. | Brett, ‚Tafel', Landkarte |
| **fōns,** fontis, m. | Quelle |
| **prīvātus,** a, um | privat |
| **cōnstat,** cōnstitit | es ‚steht' fest, es ist bekannt |
| **numerus,** ī, m. | Zahl, Anzahl |

# Verborum indices

## XI

| | |
|---|---|
| **augēre** 2, augeō, auxī, auctus | vermehren, vergrößern |
| **mōlēs**, is, *f.* | Masse, Riesenbau |
| **colligere** 3, -ligō, -lēgī, -lēctus | sammeln (< legere) |
| **ēdere** 3, ēdō, ēdidī, ēditus | herausgeben |
| **fundāmentum**, ī, *n.* | Unterbau (eines Gebäudes), Grundlage |
| | |
| ūnus ē tribūnīs | einer **von** den Tribunen |
| scrībere **in** tabulā (↗189) | **auf eine** Tafel schreiben (*dt.: wohin?*) |
| agere **ad** suum arbitrium | **nach** seinem/ihrem Gutdünken verfahren |

## XII

*Nebensätze im Konjunktiv:*

| | |
|---|---|
| **ut** (*mit Konjunktiv*) | daß, damit, um … zu; so daß |
| **ne** (*mit Konjunktiv*) | (*in unabhängigen Begehrssätzen:*) nicht; (*in Gliedsätzen:*) daß nicht, damit nicht, um nicht zu … |
| **num** (*mit Konj. iv*) | (*in indirekter Frage:*) ob |
| (*mit Ind.*) | (*in direkter Frage:*) etwa |

| | |
|---|---|
| **cor**, cordis, *n.* | ‚Herz' |
| concordia, ae, *f.* | Eintracht |
| discordia, ae, *f.* | Zwietracht |
| **nunquam** | niemals |
| **fīnīre** 4, fīniō, fīnīvī, fīnītus (*vgl.* fīnis) | begrenzen, beendigen |
| **condiciō**, ōnis, *f.* | Bedingung, Lage |
| **dīves**, *Gen.* dīvitis | reich |
| **alter**, altera, alterum (↗38) | der eine (von zweien), der andere |

# Verborum indices

## XII

| | |
|---|---|
| partim | teils, teilweise |
| cīvis, cīvis, *m.* | Bürger |
| exercitus, ūs, *m.* | Heer |
| initium, ī, *n.* | Anfang |
| quaerere *3*, quaerō, quaesīvī, quaesītus | suchen, fragen, erfragen |
| nātiō, ōnis, *f.* | Volk, Volkstamm |
| dēlīberāre *1* | beraten, überlegen |
| ūsus, ūs, *m.* | Gebrauch, Nutzen |
| tempus nōbīs nōn est (↑132) | wir haben keine Zeit |
| alter cōnsulum | der eine (der beiden) Konsul(n) |
| venīsne? | Kommst du? |
| num venīs? | Kommst du **etwa**? |
| nōnne venīs? | Du kommst **doch**? |
| mihī ūsuī est (↑133) | mir ist zum Nutzen: mir/für mich ist nützlich, mir nützt |
| Mārcus dēlīberāvit, quid **sibī** ūsuī esset. (↑192, 2) | Marcus überlegte, was ihm (*dem Marcus*) nützte. |
| tōta Italia | ganz Italien |
| tōtā Italiā (↑158) | **in** ganz Italien |

## XIII

*Nebensätze im Konjunktiv:*

| | |
|---|---|
| **cum** (*mit Konjunktiv!*) | als; da, weil; obwohl |

| | |
|---|---|
| quisque (*Dekl.* ↑ quis 60, 1) | jeder |
| puella, ae, *f.* | Mädchen |
| nāvis, is, *f.* | Schiff |
| cōnscendere *3*, -scendō, -scendī, -scēnsus | besteigen |
| inclūdere *3*, -clūdō, -clūsī, -clūsus | einschließen |

# Verborum indices

## XIII

| | |
|---|---|
| sēcum (*reflexiv*) | mit sich; mit ihm, ihr, ihnen |
| pūnīre 4 | bestrafen |
| posteā (*Adverb*) | später |
| amor, amōris, *m.* | Liebe |
| relinquere 3, relinquō, relīquī, relictus | zurücklassen, verlassen |//

| | |
|---|---|
| rēx, cum … vīcisset, imperāvit (↗112) | **Als der König** gesiegt hatte, befahl **er** … |
| Lūcius quoque vēnit | auch Lucius kam |
| decimō quōque annō | in jedem 10. Jahr (*d. h.:* alle 9 Jahre!) |
| in deōrum numerum indūcere | in den Kreis der Götter einführen |
| hostī adesse | dem Feind helfen / den Feind unterstützen |

## XIV

*Ein weiteres Demonstrativpronomen* (↗55):

| | |
|---|---|
| **hic,** haec, hoc | dieser, diese, dieses |

| | |
|---|---|
| ōtium, ī, *n.* | Muße, Freizeit |
| negōtium, ī, *n.* | Geschäft, Aufgabe |
| portus, ūs, *m.* | Hafen |
| iter, itineris, *n.* | Weg, Marsch, Reise |
| vetus, *Gen.* veteris | alt |
| aetās, aetātis, *f.* | Lebensalter, Zeitalter |
| tantus, a, um | so groß, so viel |
| complēre 2, -pleō, -plēvī, -plētus | füllen, anfüllen |
| restituere 3, -stituō, -stituī, -stitūtus | wiederherstellen |
| spatium, ī, *n.* | Raum, Zeitraum |
| tot (*unveränderlich*) | so viele |
| quot (*unveränderlich*) | wie viele |

# Verborum indices

## XIV

| | |
|---|---|
| **iussus,** ūs, *m.* | Befehl |
| iussū (*Abl.*) | auf Befehl |
| **turris,** turris, *f.* | Turm |
| (*Akk. S.:* -im, *Abl. S.:* -ī) | |
| **nocturnus,** a, um | nächtlich |
| **īgnis,** īgnis, *m.* | Feuer |
| **cursus,** ūs, *m.* | Lauf, Fahrtrichtung |
| **mare,** maris, *n., Abl.:* marī | Meer |
| *Pl.:* maria, marium | |
| **paulum** (*Adv.*) | ein wenig, ein bißchen |
| **eō** (*Adv.*) | dorthin |
| **māteria,** ae, *f.* | Bauholz, Stoff, Materie |
| **dēscendere** *3*, -scendō, -scendī, -scēnsus | herabsteigen |
| | |
| propter negōtia | wegen Geschäften/aus geschäftlichen Gründen |
| in itinere | unterwegs |
| **in** mare īnstrūere | **im** Meer errichten / anlegen |
| īnsul**ae** (*Dat.*) turrim impōnere | **auf die** Insel einen Turm setzen |
| satis spatiī (↑115) | genügend Platz |
| portuī praesidiō esse (↑133) | den Hafen schützen |

## XV

| | |
|---|---|
| **nātus,** a, um | *bei Altersangaben:* ... Jahre alt |
| **ānulus,** ī, *m.* | (Finger-)Ring |
| **ferrum,** ī, *n.* | Eisen, eiserne Waffe |
| ferreus, a, um | eisern, aus Eisen |
| **parentēs,** parentum, *m.* | Eltern |
| **lūx,** lūcis, *f.* | ‚Licht', Tag |
| **observāre** *1* | beobachten |

# Verborum indices

## XV

| | |
|---|---|
| **propinquus,** a, um | benachbart, verwandt |
| **probāre** *1* | prüfen, billigen |
| **fēstum,** ī, *n.* | Fest, Festtag |
| **cūnctī,** ae, a | alle |
| **intereā** | inzwischen |
| **vestis,** vestis, *f.* | Gewand, Kleid, Decke |
| **caput,** capitis, *n.* | ‚Haupt', Kopf, Hauptstadt |
| **corōna,** ae, *f.* | Kranz |
| corōnāre *1* | bekränzen |
| **dexter,** dextra, um | der rechte |
| **manus,** ūs, **f.** | Hand, Schar |
| **(con-)iungere** *3*, -iungō, -iūnxī, -iūnctus | verbinden, vereinigen |
| **-ne?** (*in Fragesätzen dem betonten Wort an-) gehängt*) | (*im Deutschen lediglich durch Wortumstellung ausgedrückt*) |
| *Beispiel:* venīsne? | kommst du? |
| **fēlīx,** *Gen.* fēlīcis | fruchtbar, glücklich |
| **bene** (*Adverb* zu bonus) | gut |
| **vīvere** *3*, vīvō, vīxī | leben |
| **occurrere** *3*, -currō, -currī, -cursus | entgegengehen, begegnen |
| **dōnum,** ī, *n.* | Gabe, Geschenk |
| dōnāre *1* | (be-)schenken |
| **edere** *3*, edō, ēdī, ēsum | ‚essen' |
| **pōtāre** *1* | trinken |
| **cantāre** *1* | singen |
| **saltāre** *1* | tanzen, springen |
| **nox,** noctis, *f.* | Nacht |
| **ūsque ad** *mit Akk.* | bis zu |
| **pēs,** pedis, *m.* | ‚Fuß' |
| **domus,** ūs, **f.** | Haus |
| **fax,** facis, *f.* | Kienspan, Fackel |
| **illūstrāre** *1* | beleuchten, klarmachen |
| duodecim annōs nātus (↑143) | zwölf Jahre alt |
| diēs nūptiārum (*Genitivattribut*) | der Hochzeitstag |

# Verborum indices

## XV

| | |
|---|---|
| vestis nūptiālis (*adjektivisches Attribut*) | das Hochzeits-/Brautkleid |
| pedibus (*Abl.*) stāre | auf den Füßen stehen |
| corōnam capitī (*Dat.*) impōnere | einen Kranz aufs Haupt setzen |
| fīliam dēstināre (*mit Dat.*) | seine Tochter verloben (mit jemandem) |
| in mātrimōnium dūcere | heiraten (*der Mann heiratet*) |
| nūbere (*mit Dat.*) | heiraten (*die Frau heiratet*) |
| ūsque ad multam noctem | bis tief in die Nacht hinein |
| ex eō tempore | **seit** dieser Zeit |

## XVI

| | |
|---|---|
| **quiēscere** 3, quiēscō, quiēvī | ruhen |
| **quidem** (*Adverb*) | zwar, freilich |
| **sexāgintā** | ‚sechzig' |
| sexāgēsimus, a, um | sechzigste |
| **trēs** (*m./f.*), tria (*n.*) < trium > *Gen.* < tribus > *Dat./Abl.* | ‚drei' |
| tertius, a, um | ‚dritte' |
| **mōtus,** ūs, *m.* | Erschütterung, Bewegung, Beben |
| **subitus,** a, um (*Adverb:* subitō) | plötzlich |
| **corruere** 3, corruō, corruī | zusammenstürzen, einstürzen |
| **quiēs,** quiētis, *f.* | Ruhe |
| **sēdecim** | ‚sechzehn' |
| **speciēs,** speciēī, *f.* | Erscheinung, (An-)Schein, Art |
| **caelum,** ī, *n.* | Himmel |
| **sōl,** sōlis, *m.* | ‚Sonne' |
| **lapis,** lapidis, *m.* | Stein |
| **movēre** 2, moveō, mōvī, mōtus | bewegen |

# Verborum indices

## XVI

| | |
|---|---|
| **perterrēre** 2, -terreō, -terruī, -territus | sehr erschrecken |
| **fuga,** ae, *f.* | Flucht |
| **salūs,** salūtis, *f.* | Gesundheit, Wohl, Rettung |
| **ruīna,** ae, *f.* | Sturz, Einsturz, *Plural:* Trümmer |
| **prae** (*mit Abl.*) | vor (*auch kausal*) |
| **tenēre** 2, teneō, tenuī, tentus | halten, festhalten |
|   retinēre 2, -tineō, -tinuī, -tentus | < tenere |
| **ā-mittere** 3, -mittō, -mīsī, -missus | verlieren |
| **campus,** ī, *m.* | Ebene, Feld |
| **domum** | nach Hause |
| **domī** | zu Hause |
| **domō** | von zu Hause |
| **bīduum,** ī, *n.* | ein Zeitraum von zwei Tagen |
| **docēre** 2, doceō, docuī, doctus | lehren |
| **fodere** 3, fodiō, fōdī, fossus | graben, stechen |
|   ef-fodere 3, -fodiō, fōdī, -fossus | ausgraben |
| **pictūra,** ae, *f.* | Gemälde, Malerei |
| **cottīdiānus,** a, um | täglich |
| **varius,** a, um | mancherlei, wechselnd, bunt |
| **īnscrīptiō,** ōnis, *f.* | Inschrift |
| **exemplum,** ī, *n.* | Beispiel, Vorbild |
| **praebēre** 2, praebeō, praebuī, praebitus | bieten, anbieten, gewähren |
| ūsque ad summum montem | bis auf den Gipfel des Berges |
| fugā (*Abl.*) salūtem petere | Rettung durch Flucht suchen |

# Verborum indices

## XVI

rēs, quae nōbīs ūsuī  
   cottīdiānō sunt

prae tenebrīs

domī (↗31)  
ex agrīs crēscit ...

Gegenstände, die wir  
   tagtäglich / im Alltag  
   benutzen  
vor Dunkelheit, wegen  
   der Dunkelheit  
zu Hause  
**auf** den Feldern wächst ...

## XVII

*3. Deklination – Adjektive*

**celer,** (*m.*), **celeris** (*f.*)    schnell  
  **celere** (*n.*)  
**gravis** (*m./f.*), **grave** (*n.*)    schwer  
**brevis,** breve    kurz  
**omnis,** omne    jeder, ganz  
  omnēs, omnia    alle  
**ingēns** (*m./f./n.*)    ungeheuer, gewaltig  
  (*Gen.*), ingentis

---

**nauta,** ae, *m.*    Seemann  
**mercātor,** ōris, *m.*    Kaufmann  
**nāvigāre** *1*    zur See fahren, segeln  
**ōra,** ae, *f.*    Küste  
**classis,** classis, *f.*    Flotte, Abteilung,  
    · Klasse ·

**fortūna,** ae, *f.*    Schicksal, Glück  
**mīlle** (*unveränderlich*)    tausend  
  mīlia, mīlium *n.*    Tausende  
**dēlēre** *2*, dēleō, dēlēvī,    zerstören, vernichten  
  dēlētus  
**servitūs,** servitūtis, *f.*    Knechtschaft, Sklaverei  
**vīs;** *Pl.:* vīrēs    *Sing.:* Kraft, Gewalt  
  –    vīrium    *Pl.:*    Kräfte,  
  –    vīribus          Streitkräfte  
  vim    vīrēs  
  vī    vīribus  
**prōvincia,** ae, *f.*    Amtsbereich, Provinz

# Verborum indices

## XVII

| | |
|---|---|
| **nōtus,** a, um | bekannt |
| **secundus,** a, um | zweite, günstig |
| **virtūs,** virtūtis, *f.* | Tüchtigkeit, Tapferkeit, Tugend |
| **nūllus,** a, um | kein |
| &lt; īus &gt; (*Gen.*) | |
| &lt; ī &gt; (*Dat.*) | |
| **frangere** *3*, frango, frēgī, frāctus | brechen, zerbrechen |
| **postrēmō** | zuletzt |
| **aequāre** *1* | gleichmachen |

*Verben der 3. Konjugation mit i-Erweiterung*

| | |
|---|---|
| **capere** *3*, capiō, cēpī, captus | fassen, ergreifen, nehmen |
| ac-cipere *3*, -cipiō, -cēpī, -ceptus | annehmen, empfangen |
| **iacere** *3*, iaciō, iēcī, iactus | werfen |
| sub-icere *3*, -iciō, -iēcī, -iectus | unterwerfen |
| **facere** *3*, facio, fēcī, factus | machen, tun |

| | |
|---|---|
| **tangere** *3*, tangō, tetigī, tāctus | berühren |
| **comparāre** *1* | 1. verschaffen<br>2. vergleichen |
| **quīdam,** quaedam, quoddam (*↑*62, 63) | ein (gewisser); *Pl. auch:* einige |
| **adiungere** *3*, -iungō, -iūnxi, -iūnctus | hinzufügen, angliedern, anschließen |
| **cīvitās,** cīvitātis,*f.* | Bürgerrecht, Bürgerschaft, Staat, Stamm, Stadt |
| **mors,** mortis,*f.* | Tod |
| **odium,** ī, *n.* | Haß |

# Verborum indices

## XVII

| | |
|---|---|
| **dēsistere** *3*, -sistō, -stitī (*mit Abl.*) | ablassen (von) |
| **exitus**, ūs, *m.* | Ausgang, Ende |
| **lēctor**, ōris, *m.* | (Vor-)Leser |
| | |
| ante Rōmam conditam | vor der Gründung Roms |
| post pācem cōnstitūtam | nach Friedensschluß |
| per vim | durch Gewalt/gewaltsam |
| Rōmānōrum est (↑124) | es ist Eigentum der Römer / gehört den Römern |
| solō aequāre | dem Erdboden gleichmachen |
| arbitriō sē subicere | sich der Entscheidung (sgewalt) unterwerfen |
| imperiō Rōmānō adiungere | dem römischen Herrschaftsgebiet angliedern |
| terrā marīque | zu Lande und zu Wasser |
| vī armīsque | mit Waffengewalt |
| Macedoniam facere prōvinciam (↑105) | Makedonien **zur** Provinz machen |
| odium Rōmānōrum (↑117) | 1. der Haß **der** Römer<br>2. der Haß **auf/gegen die** Römer |
| **quī** vītae exitus fuerit, .. | (**welches:**) **wie** das Ende des Lebens war, … |
| praeter aliōs **et** Līvius | neben anderen **auch** Livius |

## XVIII

| | |
|---|---|
| **lībertās**, tātis, *f.* | Freiheit |
| **prīmum** (*Adverb*) | zuerst |
| **prō** *mit Abl.* | vor, für, anstelle von |
| **nummus**, ī, *m.* | Münze |
| **argentum**, ī, *n.* | Silber |
| **adversus** *mit Akk.* | gegen |
| **triumphus**, ī, *m.* | Triumph |
| **victōria**, ae, *f.* | Sieg |

199

# Verborum indices

XVIII

|  |  |
|---|---|
| **paucitās,** tātis, *f.* | geringe Anzahl |
| **armāre** *1* | bewaffnen |
| **captīvus,** ī, *m.* | Gefangener |
| **redimere** *3*, -imō, -ēmī, -emptus | zurückkaufen, loskaufen |
| **suādēre** *2*, suādeō, suāsī, suāsus | empfehlen, raten |
| persuādēre *2* (*mit Dat.*) | überreden, überzeugen |
| dissuādēre *2* | abraten |
| **nec** ≙ neque | und nicht, auch nicht, aber nicht |
| **factiō,** ōnis, *f.* | Partei, (parteiartige) Gruppierung |
| **māximus,** a, um | größte, sehr groß |
| māximē (*Adverb*) | am meisten, besonders |
| **opera,** ae, *f.* | Mühe, Arbeit |
| **iubēre** *2*, iubeō, iussī, iussus | auffordern, befehlen |
| **līberāre** *1* | befreien |
| **nūntiāre** *1* | melden |
| **dubius,** a, um | zweifelhaft, bedenklich |
| **dubium,** ī, *n.* | Zweifel |
| **parāre** *1* | bereiten, vorbereiten, (sich) verschaffen |
| **indīcere** *3*, -dīcō, -dīxī, -dictus | ankündigen, hier: erklären |
| **theatrum,** ī, *n.* | Theater |
| **exstruere** *3* | errichten, bauen |
| **ūtilis,** e, | nützlich |
| in-ūtilis, e | unnütz, unbrauchbar |
| **nocēre** *2* | schaden |
| **mōs,** mōris, *m.* | Sitte; *Plural:* Charakter |
| **cōnsultum,** ī, *n.* | Beschluß |
| **dē-struere** *3* | zerstören |
| **certāre** *1* | streiten |
| **diversus,** a, um | verschieden, entgegengesetzt |
| **sententia,** ae, *f.* | Meinung, Satz |
| **septuāgintā** | ‚siebzig' |
| septuāgēsimus, a, um | ‚siebzigste' |

# Verborum indices

## XVIII

**trahere** *3*, trahō, trāxī, tractus — ziehen, schleppen
**con-trahere** *3*, -trahō, -trāxī, -trāctus — zusammenziehen
**solvere** *3*, solvō, solvī, solūtus — lösen, bezahlen

in ūsū habēre — gebrauchen, verwenden, benutzen
prō nummīs — 1. für Geld(stücke)/Münzen
2. anstelle von Geld(stücken)/Münzen
triumphum dūcere/agere — einen Triumph feiern
pācem petere ā Rōmānīs — die Römer um Frieden bitten
ex senātūs cōnsultō — aufgrund eines Senatsbeschlusses
hostēs in dēditiōnem accipere — die Unterwerfung der Feinde annehmen
servus natiōne Syrus (↑156) — ein Sklave, der Abstammung nach ein Syrer
senātuī placuit — (es gefiel dem Senat): der Senat beschloß
rem bene gerere — Erfolg haben
rēs bene gestae — Erfolg

## XIX

**dēficere** *3*, -ficiō, -fēcī, -fectus — abnehmen, schwinden; abtrünnig werden
**recipere**, *3*, recipiō, recēpī, receptus — zurücknehmen, aufnehmen
sē recipere — sich zurückziehen
**auctor,** -ōris, *m.* — Urheber, Verfasser
**sccūris,** is *f.* — Axt, Beil
**suprā** (*m. Akk.*) — oberhalb von
  ohne Kasus ≙ Adverb: — oben
**quīnque** — ‚fünf'
  quīntus, a, um — ‚fünfte'

# Verborum indices

XIX

| | |
|---|---|
| **tantum** (*Adverb*) | nur |
| **vēnīre,** vēneō, vēniī (797) | verkauft werden |
| **opus,** operis, *n.* | Werk, Arbeit |
| **lātifundium,** ī, *n.* | Latifundium |
| **lapicīdīnae,** ārum, *f.* | Steinbrüche |
| **pōns,** pontis, *m.* | Brücke |
| **ubīcumque** (*Adverb*) | wo auch immer |
| **oportēre** 2, oportet, oportuit | es ist nötig, man muß |
| **labor,** labōris, *m.* | Mühe, Arbeit |
| **cōn-sumere** 3, -sūmō, -sūmpsī, -sūmptus | verbrauchen, verzehren, vernichten |
| **levis,** e | leicht, leichtfertig |
| **domesticus,** a, um | häuslich, im Haus |
| **ministerium,** ī, *n.* | Dienst(-leistung) |
| **fabrica,** ae, *f.* | Werkstatt |
| **īnstrumentum,** ī, *n.* | Werkzeug, Gerät |
| **vās,** vāsis, *n.* *Pl.*: vāsa, -ōrum, *n.* | Gefäß, Gerät |
| **cōn-ficere** 3, -ficiō, -fēcī, -fectus | verfertigen, beenden |
| **perficere** 3, -ficiō, -fēcī, -fectus | durchführen, vollenden |
| **com-mittere** 3, -mittō, -mīsī, -missus | veranstalten, anvertrauen |
| **poēta,** ae, *m.* | Dichter |
| **nōmen,** nōminis, *n.* | ‚Name' |
| **rēs familiāris,** | Vermögen, Besitz |
| **vōcālis,** e < vōx: | ausgestattet mit … |
| **potestās,** tātis, *f.* | Macht, Amtsgewalt |
| **nex,** necis, *f.* | Mord, Tod, Tötung |
| **ac-quīrere** 3, -quīrō, -quīsīvī, -quīsītus | erwerben |
| **per-ficere** 3, -ficiō, -fēcī, -fectus | durchführen, vollenden |
| **prōlēs,** is *f.* | Sprößling, Nachwuchs |
| **prūdēns,** *Gen.* prūdentis | klug, vorausschauend |
| **laus,** laudis, *f.* | Lob |
| **parvus,** a, um | klein |
| **praemium,** ī, *n.* | Belohnung |

# Verborum indices

## XIX

| | |
|---|---|
| **af-ficere** 3, -ficiō, -fēcī, -fectus (*mit Abl.*) | versehen (mit), erfüllen (mit) |
| **contumāx,** *Gen.* contumācis | trotzig, widerspenstig |
| sub hastā vēnīre | als Beutegut verkauft werden (*bei öffentlicher Versteigerung von Beutegut wurde ein Speer* – hasta – *aufgepflanzt, um die Art des Erwerbs:* „speererworben", *zu kennzeichnen*) |
| servus nōmine Līvius Andronīcus (↗156) | ein Sklave namens Livius Andronicus |
| fuērunt servī, quī ... | es gab Sklaven, die ... manche Sklaven ... |
| bellum Tarentinōrum (↗117) | der Krieg **gegen** die Tarentiner |
| potestās vītae necisque (↗117) | Gewalt **über** Leben und Tod |
| dominī est (↗124) | es ist Eigentum des Herrn / gehört dem Herrn |
| **ex** hostibus recipere | **von** den Feinden zurückerobern |
| prōlēs **ex** servā nāta | ein **von** einer Sklavin geborenes Kind |
| laude afficere (↗152,1) | loben |

## XX

| | |
|---|---|
| **potēns,** *Gen.* potentis | mächtig |
| **quam** *beim Komparativ* | als |
| **amplus,** a, um | weit, geräumig, beträchtlich |

# Verborum indices

## XX

| | |
|---|---|
| **possidēre** 2, -sideō, -sēdī, -sessus | besitzen |
| **iterum** (*Adverb*) | wieder(um), erneut |
| **pauper,** *Gen.* pauperis | arm |
| **migrāre** 1 | (aus)wandern |
| **sūmptus,** ūs, *m.* | Aufwand, Kosten |
| **minuere** 3, | ver‚mindern' |
| **māior,** māius | größer |
| **māiōrēs,** um, *m.* | Vorfahren |
| **prōlētārius,** ī, *m.* | zur untersten Vermögensklasse gehörig, besitzlos |
| **legiōnāriī,** ōrum, *m.* | Legionssoldaten |
| **agrārius,** a, um | das (Staats-)Land betreffend |
| lēx agrāria | Ackergesetz |
| **ācer,** ācris, ācre | scharf, spitz, heftig |
| **socius,** ī, *m.* | Gefährte, Bundesgenosse |
| **īnsepultus,** a, um | unbestattet |
| **prō-icere** 3, -iciō, -iēcī, -iectus | hinwerfen |
| **frāter,** frātris, *m.* | Bruder |
| **incipere** 3, incipiō, coepī, inceptus | anfangen, beginnen |
| **contrā** *mit Akk.* | gegen |
| **stīpendium,** ī, *n.* | Lohn, Sold; Dienstjahr |
| **pēior,** pēius | schlechter |
| **māximus,** a, um | größter, sehr groß |
| **pār,** *Gen.* paris | gleich |
| **melior,** melius | besser |
| **exspectāre** 1 | erwarten |
| **complūrēs,** *Gen.* ium | mehrere |
| **cīvīlis,** e | bürgerlich, Bürger- |
| **saevīre** 4 | wüten |
| **expūgnāre** 1 | erobern |
| **bis** | zweimal |
| **crūdēlis,** e | grausam |
| **scelus,** sceleris, *n.* | Verbrechen |
| **dīctātor,** ōris, *m.* | Diktator |
| **dēcrētum,** ī, *n.* | Beschluß |

# Verborum indices

| | |
|---|---|
| **internus,** a, um | innere |
| **minimus,** a, um | kleinste, sehr klein |
| **externus,** a, um | äußere |
| **rumpere** *3*, rumpō, rūpī, ruptus | (zer)-brechen, zerreißen |
| **ē-rumpere** *3* | < rumpere |
| **multitūdō,** dinis, *f.* | Menge |
| **fluere** *3*, fluō, flūxī, flūxus | fließen |
| **cōn-fluere** *3* | < fluere |
| **rapere** *3*, rapiō, rapuī, raptus | fortreißen, rauben, fortschleppen |
| **inter-ficere** *3*, -ficiō, -fēcī, -fectus | töten |
| **optimus,** a, um | beste, sehr gut |
| **recūsāre** *1* | zurückweisen, ablehnen |
| **dī-mittere** *3*, | auseinanderschicken, fortschicken, entlassen |
| **cōnsilium,** ī, *n.* | Rat, Plan, Beschluß |
| **fortis,** e | tapfer, stark |
| **secundum** *mit Akk.* | entlang, gemäß |
| **crux,** crucis, *f.* | ‚Kreuz' |
| **fīgere** *3*, fīgō, fīxī, fīxus | (durch)stechen, anheften |
| af-fīgere *3*, | anheften |
| crucī affīgere | ans Kreuz schlagen, kreuzigen |
| **fierī,** fīō, factus sum (↑96) | werden, geschehen, gemacht werden |

| | |
|---|---|
| dīvitior cēterīs cīvibus (↑149) | reicher **als** die übrigen Bürger |
| multō ampliōra spatia agrōrum (↑155) | (um vieles größere): viel größere Landflächen |
| ad mīlitiam cōnscrībere | zum Heeresdienst einberufen |
| timēre, **nē** <br> prohibēre, **nē** (↑193,2) | fürchten, **daß** <br> verhindern, **daß** |

# Verborum indices

## XX

Sullā dūce (↑211) — unter Führung Sullas
iniūriās reddere — Unrecht heimzahlen / vergelten

quam celerrimē — möglichst schnell
secundum viam Appiam — entlang/längs der Via Appia

paria **atque** Rōmānīs iūra concēdere — die gleichen Rechte **wie** den Römern zugestehen

salūtem **committere** — die Rettung/Sicherheit/ Gesundheit **anvertrauen**

scelus **committere** — ein Verbrechen **begehen**
Sulla dictātor factus est (↑105) — Sulla ist **zum** Diktator gemacht worden

## XXI

**libenter** (*Adverb*) — gern
**familiāris,** e — zum Haus (zur „familia") gehörig; bekannt, vertraut

**prūdentia,** ae, *f.* — Klugheit
**ērudītiō,** ōnis, *f.* — Erziehung, Bildung
**decet** (*mit Akk.*) — es steht jemandem gut,
(*Inf.:* decēre 2) — es paßt zu jemandem, es schickt sich für jemanden

**rīdēre** 2, rīdeō, rīsī, rīsus — lachen, auslachen, belachen
**iste,** ista, istud (*Nom.*) — der da, dieser
< īus > (*Gen.*)
< ī > (*Dat.*)
**turpis,** e — schändlich
**exīstimāre** *1* — abschätzen; meinen, glauben; halten für

**cōgitāre** *1* — denken, bedenken
**aequus,** a, um — gleich, gerecht
**spīrāre** *1* — atmen
**dē-cēdere** *3*, -cēdō, -cessī, -cessus — weggehen, weichen

# Verborum indices

## XXI

|  |  |
|---|---|
| **superbus,** a, um | stolz, hochmütig |
| **praeceptum,** ī, n. | Vorschrift, Anordnung, Lehre |
| **summa,** ae, f. | Gesamtheit, Ergebnis |
| **clēmēns,** Gen. clēmentis | milde, freundlich |
| **sermō,** ōnis, m. | Gespräch, Rede(weise) |
| **humilis,** e | sozial niedrig stehend, einfach, schlicht |
| **aliēnus,** a, um | fremdartig, fremd |
| **appellāre** 1 | aufrufen, nennen |
| **īn-stituere** 3, -stituō, -stituī, -stitūtus | errichten, anweisen |
| **honor,** ōris, m. | Ehre, Ehrenamt |
| **per-mittere** 3, -mittō, -mīsī, -missus | erlauben |
| **iūdicāre** 1 | richten, urteilen |
| **rē-icere** 3, -iciō, -iēcī, -iectus, | zurückwerfen, -weisen, ablehnen |
| **aestimāre** 1 | beurteilen |
| **quia** (mit Ind.) | weil |
| **dīgnus,** a, um (mit Abl.) | (einer Sache) würdig |
| **fortāsse** | vielleicht |
| **ostendere** 3, ostendō, ostendī | zeigen |
| **libīdō,** inis, f. | Begierde |
| **servīre** 4 | Sklave sein, dienen |
| **avāritia,** ae, f. | Habgier |
| **ambitiō,** ōnis, f. | Ehrgeiz |
| **timor,** ōris, m. | Furcht |
| **voluntārius,** a, um | freiwillig |
| **opus est** mit Dat., mit zus. Abl.: | es ist nötig jemand braucht etwas, jemanden |
| **permanēre** 2, -maneō, -mānsī, -mānsus | bleiben, beharren |
| ex amīcō cōgnōscere | **vom** Freund erfahren |
| hoc **tē** decet | das paßt **zu dir** |
| habēmus illōs hostēs (↑105) | wir haben sie **zu** Feinden |

# Verborum indices

## XXI

| | |
|---|---|
| honōrēs gerere | (Ehren-)Ämter bekleiden |
| līber animō esse (↑151) | in seinem Inneren frei sein |
| mihi opus est auxiliō (*Abl.*) | ich benötige Hilfe |

## XXII

| | |
|---|---|
| **ferre,** ferō, tulī, lātus | tragen, ertragen, bringen |
| **per-ferre,** -ferō, -tulī, -lātus | ertragen, überbringen |
| **referre,** referō, rettulī, relātus | zurückbringen, berichten |
| **cōnferre,** cōnferō, contulī, collātus | zusammentragen, -bringen, vergleichen |
| **īnferre,** īnferō, intulī, illātus | hineintragen |
| **afferre,** afferō, attulī, allātus | herbeibringen, bringen |

| | |
|---|---|
| **exercēre** *2*, exerceō, exercuī | üben |
| **certāmen,** minis, *n.* | Kampf, Wettstreit |
| **orīgo,** inis, *f.* | Ursprung |
| **nūntius,** iī, *m.* | Bote, Nachricht |
| **arbiter,** arbitrī, *m.* | Schiedsrichter |
| **honestus,** a, um | ehrenhaft |
| **ad-monēre** *2* | ermahnen; erinnern |
| **iūrāre** *1* | schwören |
| **adulēscēns,** entis, *m.* | Jüngling |
| **deinde** (*Adv.*) | dann, danach |
| **clāmor,** ōris, *m.* | Geschrei, Lärm |
| **im-pellere** *3* | antreiben |
| **dīligentia,** ae, *f.* | Sorgfalt |
| **victor,** ōris, *m.* | Sieger |
| **praedīcāre** *1* | ‚preisen' |
| **lēgātiō,** ōnis, *f.* | Gesandtschaft |
| **amplus,** a, um | groß, bedeutend |
| **vesper,** ī, *m.* | Abend |
| **māgnificus,** a, um | großartig |

# Verborum indices

## XXII

| | |
|---|---|
| prō-cēdere *3*, -cēdō, -cessī, -cessus | vorgehen, voranschreiten |
| rāmulus, ī, *m.* | Zweig(lein) |

| | |
|---|---|
| Olympia (*Akk.Pl.n.*) agere | Olympische Spiele veranstalten |
| Olympiae (↑ 17.4) | in Olympia |
| Olympiam sē cōnferre | sich **nach** Olympia begeben |
| Marcum cum Philippō cōnferre | Marcus mit Philippus vergleichen |
| bellum īnferre (*Dativ*) | (jemanden) angreifen |
| dē lūdōrum orīgine referre | vom Ursprung der Spiele berichten |
| victōriam domum referre | den Sieg nach Hause tragen |
| sē referre | sich zurückziehen |
| nūntium perferre | eine Nachricht überbringen |
| labōrēs perferre | Anstrengungen ertragen |
| dē honestō certāmine admonēre | **zu** fairem Wettkampf auffordern |
| lūdōs **in** Iovis honōrem agere | Spiele **zu** Zeus' Ehren veranstalten |
| **per** Iovem iūrāre | **bei** Zeus schwören |

## XXIII

| | |
|---|---|
| **īre**, eō, iī, ītum | gehen |
| **ante-īre**, -eō, -iī | vorgehen, vorangehen, übertreffen |
| **ab-īre**, -eō, -iī | weggehen |
| **praeter-īre**, -eō, -iī, -ītus | vorbeigehen, übergehen |
| **prōd-īre**, -eō, -iī, -ītum | hervorgehen, vorrücken, sich zeigen |

| | |
|---|---|
| **forte** (*Adv.*) | zufällig (*vgl.* fortuna) |
| **sīc** | so |
| **sīcut** | so wie, wie wenn |
| **aliquis**, aliquid | irgendeiner, irgendetwas |

# Verborum indices

**XXIII**

| | |
|---|---|
| meditāri *1* | nachdenken |
| cōgitātiō, nis, *f.* | Nachdenken, Überlegung |
| ac-currere *3,* | < currere |
| salvē! salvēte! | sei gegrüßt! seid gegrüßt! |
| quō | wohin |
| loquāx, *Gen.* loquācis | geschwätzig |
| dis-cēdere *3* | auseinander-, weggehen |
| cōn-sistere *3,* -sistō, -stitī | stehenbleiben |
|    *mit Abl.* | bestehen *aus* |
| prō-ficere *3,* -ficiō, -fēcī, -fectus | Fortschritte machen, vorwärtskommen, nützen |
| laudāre *1* | loben (*vgl.* laus) |
| vituperāre *1* | tadeln |
| con-tingere *3,* -tingit, -tigit | glücken, gelingen, zuteil werden |
| longus, a, um | ‚lang' |
| cupere *3,* cupiō, cupīvī/ cupiī, cupītus | wünschen, begehren |
| vīsere *3,* vīsō, vīsī | besichtigen, besuchen |
| trāns *mit Akk.* | jenseits, über... hin |
| hortus, ī, *m.* | Garten, Park |
| at | aber, hingegen |
| super *mit Akk.* | über |
|    *als Adverb* | im Übermaß |
| com-pōnere *3* | zusammensetzen, bestatten |
| restāre *1,* restō, restitī | zurück-, übrig bleiben; standhalten |
| utinam (*mit Konj.*) | wenn doch (*Wunsch*) |
| vitāre *1* | meiden, vermeiden |
| aedēs, is, *f.* | Zimmer, Tempel |
|    *Pl.:* aedēs, aedium *f.* | Haus |
| iūdex, iūdicis, *m.* | Richter |
| ē-dīcere *3* | aussprechen, anordnen |
| proximus, a, um | nächste |
| subsidium, ī, *n.* | Hilfe, Unterstützung |
| ōrāre *1* | bitten |
| mūnus, mūneris *n.* | Geschenk, Gabe, Aufgabe, Pflicht |
| cor-rumpere *3* | bestechen, verderben |

# Verborum indices

## XXIII

| | |
|---|---|
| **opportūnus,** a, um | günstig |
| **dē-dūcere** 3 | wegführen, ableiten; begleiten |
| **ecce** | sieh da! |
| **unde** | woher |
| **tendere** 3, tendō, tetendī, tentus | dehnen, spannen; streben, eilen; sich anstrengen |
| **sīgnum,** ī, *n.* | Zeichen |
| **tacitus,** a, um | schweigend |
| **ē-ripere** 3 (*vgl.* rapere) | entreißen |
| **obvius,** a, um | entgegen; naheliegend |
| **utrimque** (*Adverb*) | von beiden Seiten |
| **undique** (*Adverb*) | von allen Seiten |
| **cōncursus,** ūs, *m.* | das Zusammenlaufen, der Auflauf |
| | |
| causam agere | einen Prozeß führen |
| adversārius in causā | der Prozeßgegner |
| ventum est (↗111) | man ist gekommen / man kam |
| in iūs rapere | vor Gericht schleppen |

## XXIV

*verba anomala*

| | |
|---|---|
| **velle,** volō, voluī | ‚wollen' |
| **nōlle,** nōlō, nōluī | nicht wollen |
| **mālle,** mālō, māluī | lieber wollen |
| **fīerī,** fīō, factus sum | werden, geschehen, gemacht werden |
| **prōdesse,** prōsum, prōfuī | nützen |

| | |
|---|---|
| **atque** | und |
| **fīrmus,** a, um | fest, stark |
| **amīcitia,** ae, *f.* | Freundschaft |
| **ratiō,** ōnis, *f.* | Berechnung, Verfahren, Vernunft |
| **voluntās,** tātis, *f.* | Wunsch, Wille (< volō) |
| **stultus,** a, um | dumm, töricht |
| **perdere** 3, perdō, perdidī, perditus | zugrunde richten, vernichten |

# Verborum indices

| | |
|---|---|
| spīritus, ūs, *m.* | Atem, Hauch (*vgl.* spirare); Geist |
| flāre *1* | blasen |
| aut | oder |
|    aut ... aut | entweder ... oder |
| dēlectāre *1* | erfreuen |
| fātum, ī, *n.* | Götterspruch, Schicksal |
| turbāre *1* | verwirren, beunruhigen |
| circulus, ī, *m.* | Kreis |
| flēre *2* | weinen |
| suprēmus, a, um | oberste, höchste |
| similis, e | ähnlich, gleich |
|    dissimilis, e | unähnlich, verschieden |
| ut (*mit Konjunktiv*) | wenn auch |
| tamen | trotzdem, dennoch |
| philosophus, ī, *m.* | Philosoph |
| quis, quid | *unbetont* (*nach* si, nisi, ne, num) ≙ aliquis, aliquid |
| vultus, ūs, *m.* | Gesicht, Gesichtsausdruck, Miene |
| culpa, ae, *f.* | Schuld |
| discere *3*, discō, didicī | lernen |
| ex-clāmāre *1* | ≙ clamare |
| aurum, ī, *n.* | Gold |
| iūstus, a, um | gerecht |
|    iniūstus, a, um | < iustus |
| ergō | also |
| | |
| rogātiōnem suadēre | einen Antrag unterstützen |

# Verborum indices

## XXV

*Deponentien*

| | |
|---|---|
| **proeliārī** *1* | ein Gefecht führen, kämpfen |
| **ag-gredī** *3*, ag-gredior, ag-gressus sum | angreifen |
| **ēgredī** *3*, ēgredior, ēgressus sum | hinausgehen, verlassen |
| **regredī** *3*, regredior, regressus sum | zurückgehen |
| **potīrī** *4*, potior, potītus sum (*mit Abl.*) | sich einer Sache bemächtigen |
| victōriā potīrī | den Sieg erringen |
| **ūti** *3*, ūtor, ūsus sum (*mit Abl.*) | etwas benutzen, gebrauchen |
| **grātulārī** *1* | Glück wünschen, danken |
| **comitārī** *1* | begleiten |
| **sequī**, *3*, sequor, secūtus sum | folgen |
| **prōsequī** *3*, prōsequor, prōsecūtus sum | begleiten, geleiten, verfolgen |
| **vidērī** *2*, videor, vīsus sum | scheinen, erscheinen |
| vidētur (*mit Dat.*) | auch: es scheint (jemandem) gut, es wird entschieden (von) |
| **prōficīscī** *3*, prōficīscor, prōfectus sum | aufbrechen, marschieren, reisen |
| **oblīvīscī** *3*, oblīvīscor, oblītus sum (*mit Gen.*) | (etwas) vergessen |

| | |
|---|---|
| **equus,** ī, *m.* | Pferd |
| **equitātus,** ūs, *m.* | Reiterei |
| **ne-scīre** *4* | < scire |
| **quantus,** a, um | wie groß |
| **glōria,** ae, *f.* | Ruhm |
| **praestāre** *1*, praestō, praestitī, praestitus | sich auszeichnen, übertreffen, gewährleisten |
| sē praestāre | sich erweisen |

# Verborum indices

## XXV

|  |  |
|---|---|
| cōnscientia, ae, *f.* | Bewußtsein, Gewissen |
| dēclārāre *1* | erklären |
| accūsāre *1* | anklagen |
| grātiōsus, a, um | beliebt, günstig, gefällig |
| mollis, e | weich, sanft, mild |
| memoria, ae, *f.* | Gedächtnis |
| repetere *3*, -petō, -petīvī, -petītus | wiederhaben wollen, zurückholen, wiederholen |
| hodiernus, a, um | heutig |
| in-imīcus, a, um | feindlich, Feind |
| parere *3*, pariō, peperī, partus | gebären, hervorbringen, schaffen |
| igitur | also |
| ingrātus, a, um | undankbar |
| adversum (-us) *mit Akk.* (*als Adv.*) | gegen, gegenüber gegenüber |
| ā-vertere *3*, -vertō, -vertī, -versus | abwenden |
| ūniversus, a, um | gesamt |
| inde | von dort |
| laetitia, ae, *f.* | Freude |
| ēligere *3*, ēligō, ēlēgī, ēlēctus | wählen, auswählen |
| per-mūtāre *1* | völlig verändern |
| permūtātiō, ōnis, *f.* | < permutare |
| priusquam *m. Indik.* | bevor |
| red-īre, -eō, -iī, -ītum | < ire |
| placēre *2*, placeō, placuī, placitus | gefallen |
| mandātum, ī, *n.* | < mandāre, *wie* decrētum < decernere |
| reliquus, a, um | übrig |
| religiō, ōnis, *f.* | Verpflichtung, Götterverehrung, Frömmigkeit, Glaube |
| custōs, custōdis, *m.* | Wächter |
| dē-dūcere *3*, -dūcō, -dūxī, -ductus | < ducere |
| adeō | so sehr |

# Verborum indices

## XXV

**invīsus,** a, um — verhaßt
**taedium,** ī, n. (*mit Gen.*) — Ekel vor, Überdruß, Widerwille gegen

memoriā repetere — sich erinnern
senātuī placuit — der Senat beschloß
in senātū multīs placuit, ut — im Senat waren viele dafür, daß

## XXVI

*Deponentien*

**loquī** 3, loquor, locūtus sum — reden, sprechen
**col-loquī** 3, -loquor, -locūtus sum — sich unterhalten, verhandeln
**recordārī** 1 — sich erinnern
**contemplārī** 1 — betrachten
**hortārī** 1 — ermahnen
**arbitrārī** 1 — glauben, meinen; halten für

**obsequī** 3, -sequor, -secūtus sum — folgen
**as-sequī** 3, -sequor, -secūtus sum — erreichen, einsehen
**morārī** 1 — (sich) aufhalten, verweilen, zögern

**as-sentīrī** 4, -sentior, -sēnsus sum — zustimmen
**opīnārī** 1 — meinen, vermuten
**interpretārī** 1 — vermitteln, erklären, übersetzen

**fruī** 3, fruor, frūctus sum (*mit Abl.*) — etwas genießen, nutzen
**querī** 3, queror, quēstus sum — klagen, sich beklagen
**aspernārī** 1 — zurückweisen, verachten

# Verborum indices

## XXVI

| | |
|---|---|
| **disputātiō,** -ōnis, *f.* | Erörterung, Untersuchung |
| **īn-scrībere** *3,* -scrībo, -scrīpsī, -scrīptus | daraufschreiben, betiteln (< scribere) |
| **vīlla,** ae, *f.* | herrschaftliches Landhaus, Landgut |
| **fingere** *3,* fingō, fīnxī, fictus | ersinnen, erdichten; vorgeben, vortäuschen |
| **sapientia,** ae, *f.* | < sapiens |
| **malum,** ī, *n.* | Übel, Mißstand |
| **perturbātiō,** -ōnis, *f.* | < turbare |
| **beātus,** a, um | glücklich |
| **rēctus,** a, um | ‚richtig' |
| **ingenium,** ī, *n.* | Begabung, Sinnesart |
| **odiōsus,** a, um | verhaßt |
| **adversus** | entgegengewandt, -gesetzt, feindlich |

*als Präp. und Adv.* ↑L. 25

| | |
|---|---|
| **accidere** *3,* accidit, accidit | sich ereignen, geschehen |
| **sempiternus,** a, um | immer dauernd, ewig |
| **sus-cipere** *3,* **-cipiō,** -cēpī, -ceptus | (< capere) auf sich nehmen, unternehmen |
| **cēnsēre** *2,* cēnseō, cēnsuī, cēnsus | einschätzen, beurteilen glauben, halten für |
| **pārēre** *2,* pāreō, pāruī | gehorchen |
| **vetāre** *1,* vetō, vetuī, vetitus | verbieten, Einspruch einlegen |
| **īnsequī** *3,*īnsequor, īnsecūtūs sum | (ver)folgen, erreichen |
| **molestia,** ae, *f.* | Beschwerlichkeit, Unannehmlichkeit, Ärger |
| **voluptās,** tātis, *f.* | Vergnügen |
| **dissimulāre** *1* | vortäuschen, heucheln |
| **vexāre** *1* | beunruhigen, quälen |
| **stimulus,** ī, *m.* | Stachel, Sporn, Ansporn |
| **ad-hibēre** *2,* -hibeō, -hibuī, -hibitus | einbeziehen, zulassen, anwenden |

# Verborum indices

## XXVI

| | |
|---|---|
| re-spīrāre 1 | aufatmen (< spirare) |
| sinere 3, sinō, sīvī *oder* siī, situs | lassen, zulassen |
| iacēre 2, iaceō, iacuī | liegen |
| maerēre 2 | trauern |
| cūr | warum |
| dormīre 4 | schlafen |
| fortitūdō, tūdinis, *f.* | < fortis |
| temperantia, ae, *f.* | Mäßigung, Selbstbeherrschung |
| iūstitia, ae, *f.* | Gerechtigkeit |
| trā-dūcere 3, -dūcō, -dūxī, -ductus | < ducere |
| crēdere 3, crēdō, crēdidī crēditus | glauben, vertrauen, anvertrauen |
| acūtus, a, um | spitz, scharfsinnig |
| solēre 2, soleō, solitus sum | pflegen, gewohnt sein |
| praesēns, *Gen.* praesentis | gegenwärtig, anwesend |
| dolor, ōris *m.* | Schmerz |
| dolēre 2, doleō, doluī | Schmerz empfinden |
| inter-venīre 4, -veniō, -vēnī, -ventum | dazwischenkommen, hindern |
| luctus, ūs, *m.* | Trauer |
| levāre 1 | erleichtern |
| carēre 2, careō, caruī (*mit Abl.*) | etwas nicht haben: frei sein von, entbehren, sich enthalten |
| malitiōsus, a, um | < malitia |
| studiōsus, a, um | eifrig |

| | |
|---|---|
| aliquid adversī accidere potest | etwas Unangenehmes kann sich ereignen |
| in nostrā potestāte est | es liegt in unserer Macht |
| rēs adversae (*Pl.*) | Unannehmlichkeiten |
| bonōrum cōpia | die Fülle des Glückes |
| dolōre carēre | von Schmerz frei sein |
| voluptātibus fruī | Freuden genießen |

# Verborum indices

| | | |
|---|---|---|
| | dolor intervenit | es mischt sich Schmerz hinein |
| | quid **ad nōs**(est)? | Was bedeutet das **für uns**? |

## XXVII

| | |
|---|---|
| **adventus,** ūs, m. | Ankunft |
| **explōrāre** *1* | erkunden, prüfen |
| **circum-spicere** *3*, -spiciō, -spēxī, -spectus | (ringsum) betrachten, bedenken |
| **absūmere** *3*, -sūmō, -sūmpsī, -sūmptus | verbrauchen, vergeuden |
| **architectus,** ī, m. | Architekt, Baumeister |
| **ars,** artis, f. | Handwerk, Technik; Kunst, Wissenschaft |
| **pretiōsus,** a, um | wertvoll (< pretium) |
| **exōrnāre** *1* | ausschmücken |
| **admīrārī** *1* | bewundern |
| **arcus,** ūs, m. | Bogen |
| **praeclārus,** a, um | berühmt |
| **certus,** a, um | sicher, gewiß |
| certē (*Adverb*) | sicherlich |
| **diligēns,** *Gen.* entis | sorgfältig (*vgl.* diligentia) |
| **computāre** *1* | berechnen |
| **māchina,** ae, f. | Winde, Maschine |
| **splendor,** ōris, m. | Glanz |
| **revertī** *3*, revertor, revertī, reversus | zurückkehren |
| **vespertīnus,** a, um | abendlich |
| **interdiū** | bei Tage, den Tag über |
| **libellus,** ī, m. | Büchlein (*vgl.* liber, libri) |
| **aspicere** *3*, aspiciō, aspēxī, aspectus | anblicken |
| **frequentia,** ae, f. | Masse, Menge |
| **vix** | kaum |
| **immēnsus,** a, um | unangemessen, unermeßlich |

# Verborum indices

## XXVII

| | |
|---|---|
| tēctum, ī, n. | Dach, Haus |
| sufficere 3, -ficiō, -fēcī, -fectus | ausreichend, vorhanden sein, ausreichen, gewachsen sein (auch: nachwählen) |
| mūnicipium, ī, n. | kleine Stadt, Stadt mit begrenzter Selbstverwaltung |
| orbis, is, m. | Kreis |
| orbis (terrārum) | Kreis der Länder, Erdkreis, Welt |
| officium ī, n. | Pflicht, Aufgabe |
| necessitās, tātis, f. | Notwendigkeit |
| luxuria, ae, f. | üppiges Wachstum, Verschwendung(ssucht) |
| cupiditās, tātis, f. | Wunsch, Begierde |
| vēnālis, e | käuflich |
| fōrma, ae, f. | Form, Gestalt, Schönheit |
| ēloquentia, ae, f. | Redegewandtheit, Beredtsamkeit |
| con-currere 3, -currō, -currī, -cursus | < currere |
| vitium, ī, n. | Fehler, Laster |
| modo | nur |
| non modo... sed etiam | nicht nur... sondern auch |
| epistula, ae, f. | Brief |
| licēre 2, licet, licuit | erlaubt sein |
| facultās, tātis, f. | Fähigkeit, Möglichkeit |
| lātus, a, um | breit, weitläufig |
| prōvidēre 2 | vorhersehen, sorgen für |
| trānsportāre 1 | transportieren |
| mēnsis, mēnsis, m. | Monat |
| idōneus, a, um | geeignet |
| patēre 2, pateō, patuī | offenstehen |
| commercium, ī, n. | Handelsverkehr, Austausch |
| nāviculārius, ī, m. | Reeder |
| imprīmīs (Adv.) | vor allem, besonders |
| explēre 2 | ausfüllen, erfüllen |

# Verborum indices

## XXVII

| | |
|---|---|
| verēri 2, vereor, veritus sum | verehren; sich scheuen; fürchten |
| ōrātiō, ōnis, f. | Rede |
| nōtus, a, um | bekannt |
| ad-icere 3, -iciō, -iēcī, -iectus | hinzufügen |
| recitāre 1 | vortragen, vorlesen |
| tranquillitās, tātis, f. | Ruhe |
| adipīscī 3, adipīscor, adeptus sum | erreichen, erlangen |
| sentīre 4, sentiō, sēnsī, sēnsus | fühlen, wahrnehmen, denken |
| dissentīre 4, -sentiō, -sēnsī, -sēnsus | verschiedener Meinung sein, streiten |
| multum temporis (↑115) | viel Zeit |

## XXVIII

| | |
|---|---|
| dēstīllāre 1 | heruntertropfen |
| pessimus, a, um | schlechtester, sehr schlecht |
| gravitās, ātis, f. | Schwere, Würde |
| frequēns, Gen. frequentis | häufig, zahlreich |
| sitis, sitis, f. | Durst |
| sonāre 1 | tönen, erschallen, klingen |
| auris, is, f. | ‚Ohr' |
| vēna, ae, f. | Ader, ‚Vene' |
| abs-tinēre 2, -tineō -tinuī, -tentus | sich enthalten |
| balneum, ī, n. | Bad |
| cibus, ī, m. | Nahrung |
| plēnus, a, um | voll |
| cōnsuētūdō, tūdinis, f. | Gewohnheit |
| ōs, ōris, n. | Mund, Gesicht, Mündung |
| vēlāre 1 | verhüllen |
| posterus, a, um | spätere |
| cal(i)dus, a, um | warm |
| lūmen, minis, n. | Licht |

# Verborum indices

## XXVIII

| | |
|---|---|
| **impedīre** *4* | hindern |
| **merīdiēs,** merīdiēī, *m.* | Mittag, Süden |
| **lavāre** *1* | waschen |
| **item** | ebenso |
| **animadvertere** *3*, -vertō, -vertī, -versus | bemerken; bestrafen |
| **collocāre** *1* | (an einen Ort bringen:) anordnen, anbringen, anlegen, vorsehen |
| **ef-ficere** *3*, -ficiō, -fēcī, -fectus | erreichen, bewirken |
| **commūnis,** e | gemeinsam, allgemein, gewöhnlich |
| **uterque,** utraque, utrumque | jeder von beiden, beide |
| **īn-fluere** *3*, -fluō, -flūxī, -flūctus | < fluere |
| **exīre** | < ire |
| **sternere** *3*, sternō, strāvī, strātus | ausbreiten, bedecken |
| **tēgula,** ae, *f.* | ‚Ziegel' |
| **facilis,** e | leicht |
| **pervagārī** *1* | umherschweifen |
| tussis movētur | ein Husten wird hervorgerufen / tritt auf |
| vēnae moventur | Adern verkrampfen sich |
| cōnsuētūdō vītae | die gewohnte Lebensweise |
| somnō indulgēre | sich dem Schlafe hingeben |

## XXIX

| | |
|---|---|
| **longē** (*Adv.*) | bei weitem |
| **coniūrātiō,** ōnis, *f.* | Verschwörung |
| **nōbilitās,** tātis, *f.* | Adel |
| **perfacilis,** e | < facilis |
| **permovēre** *2*, -moveō, -mōvī, -mōtus | erregen, beunruhigen, veranlassen |

# Verborum indices

## XXIX

| | |
|---|---|
| pertinēre 2, pertineō, pertinuī ad | sich erstrecken bis zu, sich beziehen auf, abzielen auf |
| proximus, a, um | nächste |
| cōnfirmāre 1 | verstärken, bestätigen, ermutigen, versichern |
| conciliāre 1 (mit Dat.) | gewinnen (für), einigen, versöhnen |
| indicium, ī, n. | Anzeige, Anzeichen |
| ēnūntiāre 1 | aussagen, verraten |
| repente (Adv.) | plötzlich |
| morī 3, morior, mortuus sum | sterben |
| nihilōminus | nichtsdestoweniger, trotzdem |
| cōnāri 1 | versuchen |
| incendere 3, -cendō, -cendī, -cēnsūs | anzünden, in Brand stecken |
| omnīnō | im ganzen, überhaupt |
| dif-ficilis, e | schwierig (vgl. facilis) |
| multō (Abl. des Maßes) | um vieles, viel |
| patī 3, patior, passus sum | leiden, dulden, erdulden |
| convenīre 4, -veniō, -vēnī, -ventus | zusammenkommen |
| ūllus, a, um  <ūllīus> (Gen.)  <ullī> (Dat.) | (irgend) ein |
| dēicere 3, -iciō, -iēcī, -iectus | zu Boden werfen, wegstoßen |
| quā | wohin, wo |
| flūmen, inis, n. | Fluß |
| nōnnumquam | manchmal, bisweilen |
| noctū | nachts |
| perrumpere 3, -rumpō, -rūpī, -ruptus | hindurchbrechen, überwinden |
| mūnītiō, ōnis, f. | Befestigung |
| cōnātus, ūs, m. | < conari |

# Verborum indices

| | | |
|---|---|---|
| XXIX | M. Messalā M. Pisōne cōnsulibus (↗160.211) | im Konsulatsjahr von M. Messala und M. Piso (*61 v. u. Z.*) |
| | inductus ⎫<br>adductus ⎬ *mit Abl.*<br>permōtus ⎭ (↗202) | (veranlaßt) durch |
| | dē / ē fīnibus exīre | (aus einem Gebiet herausgehen:) ein Gebiet verlassen |
| | duo itinera, quibus itineribus | zwei Wege, auf denen... |
| | vim facere | Gewalt anwenden |
| | cōnātū dēsistere (↗148) | von einem Versuch ablassen, den Versuch aufgeben |
| | causam dīcere | sich vor Gericht verantworten |
| XXX | **invītus,** a, um | nicht willens, gegen jemandes Willen |
| | **angustia,** ae, *f.* | Enge |
| | **spōns,** spontis, *f.* | freier Wille |
| | suā sponte | aus eigenem Antrieb, freiwillig |
| | **grātia,** ae, *f.* | Gunst, Dank, Anmut |
| | **largītiō,** ōnis, *f.* | Freigiebigkeit, Großzügigkeit |
| | **plūrimum** | das meiste, sehr viel |
| | **beneficium,** ī, *n.* | Wohltat, Auszeichnung |
| | **abesse,** absum, āfuī | entfernt sein |
| | **ulterior,** ius | jenseitig, auf der anderen Seite gelegen |
| | **extrā** (*mit Akk.*) | außerhalb von |
| | **populārī** 1 | verwüsten |
| | **merērī** 2, mereor, meritus sum | verdienen, sich Verdienste erwerben |
| | **paene** | fast |
| | **cōnspectus,** ūs, *m.* | Anblick, Gesichtskreis |
| | **certiōrem facere** | benachrichtigen |
| | **possessiō,** ōnis, *f.* | Besitz |

# Verborum indices

## XXX

| | |
|---|---|
| fortūnae, ārum, f. | das Vermögen |
| multum posse }<br>multum valēre } | großen Einfluß haben |
| novīs rēbus (Dat.) studēre | auf Umsturz sinnen /<br>politische Veränderungen anstreben |
| via, **quā** īre poterant | der Weg, **auf dem** sie gehen konnten |
| **quā** proximum iter erat | **wo** der kürzeste Weg war |
| cīvitās ulteriōris prōvinciae ≙ cīvitās **in** ulteriōre prōvinciā | eine Stadt in der (jenseitigen:) jenseits der Alpen gelegenen Provinz |
| via **per** Sequanōs | der Weg **durch** das Sequaner**land**<br>(*oft steht der Völkername für das Gebiet des Volkes*) |
| mē invītō | gegen meinen Willen |
| senātū invītō | gegen den Willen des Senats |
| amīcīs invītīs | gegen den Willen der Freunde |
| veniunt rōgātum (auxilium) (↑ 223) | sie kommen, um (Hilfe) zu erbitten |

# Verborum indices

## Mutter Latein und ihre neusprachlichen Kinder

I    **E** people, antique, arms, separate, in, into, labour, occupy, study, prohibit
      **F** peuple, antique, fleuve, armes, an, est, et (… et), sont, séparer, avoir, en, fleurir, entre, occuper, étudier, devoir

II    **E** ‚middle', isle, island, ‚new', nature, cure, ‚way', eight, study, derive
      **F** patrie, île, nouveau, bon, bien, nature, vie, dur, voie, huit, siècle, venir, aimer, étude, croître, nier, non, dériver

III    **E** my, fable, ‚now', master, family, ‚father', ‚one', minister, reign, aid, remain, expose, invent
      **F** mon, ton, son, notre, votre, de, fable, maître, il, le, famille, père, dieu, fils, fille, péril, un, ministre, dire, tu, aider, roi, poser, exposer, nous, éduquer, nommer

IV    **E** interest, hour, prime (minister), excite, view, client, demonstrate, respond, please, ‚nine', salute
      **F** être, s'intéresser, vous, heure, premier, ami, surgir, prêt, connaître, temple, voir, client, montrer, démontrer, répondre, plaire, neuf, valoir, saluer

V    **E** direct, create, very, a. m., monument, clear, conserve, ‚seven'
      **F** diriger, créer, vrai, avant, monument, clair, orner, sous, lieu, terre, siècle, conserver, sept, mur

VI    **E** republic, effigy, public
      **F** république, espoir, espérance, livre, public, écrire, seul

VII    **E** ‚eye', cure, price, six, tolerate
      **F** oeil, médecin, imposer, prix, six, tolérer, si

VIII    **E** peace, emperor, part, expel, repel, press, oppress, ‚two', misery, because, despair, contend
      **F** paix, empereur, temps, part, corps, pousser, expulser, repousser, presser, opprimer, deux, misère, courir, rendre, sans, espérer, désespérer

IX    **E** mountain, legal, trade, exceed, page, concede, constitute, defend, act, copy, recede, intercede, import, reduce
      **F** mont, homme, savant, loi, ‚mère', fin, excéder, mettre, lire, page, concéder, où, constituer, défendre, agir, tout, libre, femme, vaincre, faim, importer

X    **E** region, tavern, close, rare, construct, enter, ‚wine', mixed, voice, language, appear
      **F** ‚qui', ‚que', région, haut, mal, construire, entrer, pain, vin, voix, langue, genre

XI    **E** senate, authority, resist, diminish, arbitrary, ‚ten', table, fountain, private, constant, number, collect, edit
      **F** autorité, résister, dix, table, fontaine, privé, constant, nombre, numéro, éditer, fond

# Verborum indices

**XII**   E concord, discord, finish, condition, civil (rights), question, nation, deliberately, use
F coeur, concorde, finir, condition, autre, (droit) civil, nation, usage

**XIII**  E include, punish, relinquish
F navire, inclure, punir, amour

**XIV**   E port, age, complete, space, tower, course, material, descend
F port, age, tant, compléter, espace, tour, course, mer, matière, descendre

**XV**    E parents, observe, feast, crown, (con-)join
F fer, parents, observer, fête, couronne, couronner, droit, main, (con-)joindre, vivre, don, donner, chanter, sauter, nuit, pied, domicile, illustrer

**XVI**   E ,sixty', ,three', ,third', quiet, species, ,sun', move, salute, ruin, ruins, picture, various, inscription, example
F soixante, trois, troisième, subit, seize, espèce, ciel, soleil, mouvoir, salut, ruine, ruines, pré-, tenir, retenir, champs, fouiller, peinture, quotidien, varié, inscription, exemple

**XVII**  E grave, brief, astronaut, merchant, navigate, class, fortune, province, second, virtue, accept, ocean, compare, mode, desist, exit
F grave, bref, marchand, naviguer, classe, fortune, mille, province, second, vertu, nul(le), fracturer, accepter, jeter, faire, océan, comparer, adjoindre, mort, mode, lecteur

**XVIII** E liberty, triumph, victory, persuade, dissuade, faction, dubious, prepare, theatre, destroy, diverse, sentence, ,seventy', contract, solve
F liberté, pour, argent, triomphe, victoire, armer, captif, persuader, faction, libérer, douteux, théâtre, utile, inutile, moeurs, détruire, divers

**XIX**   E receive, author, labour, consume, instrument, perfect, poet, ,name', acquire, premium, domestic, commit, vocal
F recevoir, auteur, sur, cinq, cinquième, œuvre, pont, consommer, fabrique, instrument, poète, nom, acquérir, domestique, vocal

**XX**    E ample, poor, ,brother', cruel, intern, extern, erupt, multitude, rape, dismiss, cross, fix, affix, agrarian, civil, dictator
F ample, posséder, pauvre, frère, contre, cruel, intérieur, extérieur, rompre, conseil, croix, fixer, afficher, agraire, civil, sévir, dictateur

**XXI**   E familiar, prudence, decent, precept, sum, clement, sermon, alien, honour, permit, reject, esteem, avarice, ambition, voluntary
F familier, rire, précepte, somme, clément, humble, appeler, honneur, permettre, rejeter, estimer, digne, servir, avarice, ambition, volontaire

**XXII**  E relate, confer, infer, exercise, origin, honest, admonish, clamour, diligence, legation, proceed
F référer, exercer, origine, honnête, jurer, adolescent, légation, magnifique, procéder, rameau

# Verborum indices

| | |
|---|---|
| XXIII | **E** meditate, cogitation, loquacious, consist of, ‚long', ‚garden', super, compose, judge, sign, tacit(ly)), obvious<br>**F** si, méditer, salut, consister en, long, composer, rester, éviter, juge, étendre, signe, tacite |
| XXIV | **E** firm, reason, rate, spirit, fate, circle, supreme, philosopher, exclaim, just, unjust, proverb<br>**F** vouloir, amitié, raison, volonté, perdre, esprit, ou (... ou), cercle, suprême, semblable, philosophe, or, juste, injuste, proverbe |
| XXV | **E** use, congratulate, prosecute, glory, conscience, declare, accuse, gracious, memory, repeat, ungrateful, elect, religion, deduce<br>**F** suivre, user, oublier, gloire, conscience, déclarer, accuser, gracieux, mémoire, répéter, ingrat, religion, déduire |
| XXVI | **E** record, contemplate, assent, dispute, ‚right', adverse, vex, stimulus, fortitude, temperance, justice, acute, present, malicious, studious<br>**F** inscrire, feindre, mal, adverse, volupté, dissimuler, vexer, respirer, dormir, tempérance, justice, traduire, croire, présent, douleur, intervenir, studieux |
| XXVII | **E** explore, architect, art, precious, admire, arch, certain, diligent, computer, machine, splendour, reverse, frequency, immense, suffice, orbit, office, necessity, luxury, cupidity, venal, form, eloquence, vice, faculty, provide for, transport, ‚month', commerce, recite, tranquillity, dissent<br>**F** architecte, art, précieux, admirer, arc, certain, diligent, compter, machine, splendeur, fréquence, immense, toit, suffisant, nécessité, cupidité, vénal, forme, éloquence, concourir, faculté, mois, commerce, réciter, tranquillité, sentir |
| XXVIII | **E** frequent, sound, ‚ear', vein, custom, reveal, p.m., effect, common<br>**F** fréquent, sonner, oreille, s'abstenir, plein, coutume, voiler, chaud, midi, laver, commun, facile |
| XXIX | **E** nobility, confirm, conciliate, mortal<br>**F** confirmer, concilier, mourir, incendier, difficile, convenir |
| XXX | **E** grace, benefice, merit, possession, fortune<br>**F** grâce, bénéfice, mériter, possession, fortune |

# Index verborum et nominum
# Index verborum et nominum litterarum ordine dispositus

Das alphabetische lateinisch-deutsche Vokabelverzeichnis enthält den Lernwortschatz sowie wichtige Eigennamen.
Die Ziffer am Ende des Stichwortartikels bezeichnet die Lektion, in der das betreffende Wort eingeführt wird.Wörter ohne Ziffer gehören nicht zum Lernwortschatz.

## A

**A.** ⁷ Aulus
**ā, ab** *m. Abl.* von, von ... her 1
**ab-dūcere** 3, -dūcō, -dūxī, -ductus wegführen
**abesse,** absum, āfuī entfernt sein 30
**ab-īre,** -eō, -iī weggehen 23
ablatus ⁷ auferre
**absēns,** absentis abwesend
**abs-tinēre** 2, -tineō, -tinuī, -tentus sich enthalten 28
abstuli ⁷ auferre
**ab-sūmere** 3, -sūmō, -sūmpsī, -sūmptus verbrauchen, vergeuden 27
**accēpī,** acceptus ⁷ accipere
**accidere** 3, sich ereignen, geschehen 26
**ac-cipere** 3, -cipiō, -cēpī, -ceptus annehmen, empfangen 17
**ac-currere** 3, -currō, -currī, -cursum herbeilaufen, -eilen 23
**accūsāre** 1 anklagen 25
**ācer,** ācris, ācre scharf, spitz; leidenschaftlich, heftig 20
**Achaeī, ōrum** *m.* die Achäer, Einwohner von Achaia
**Achāia,** ae *f.* Achaia (*Gebiet im N. der Peloponnes; seit Augustus Bezeichnung für Griechenland als röm. Provinz*)
**ac-quīrere** 3, -quīrō, -quīsīvī, -quīsītus erwerben 19
āctus ⁷ agere
**acus,** ūs *f.* Nadel
**acūtus,** a, um spitz, scharfsinnig 26
**ad** *m. Akk.* an, bei, zu 3; für, bezogen auf 25
**ad-dūcere** 3, -dūcō, -dūxī, -ductus heranführen, veranlassen 2
**adeō** so sehr 25

**ad-esse,** ad-sum, ad-fuī da(bei)sein, helfen 4
**ad-hibēre** 2, -hibeō, -hibuī, -hibitus einbeziehen, zulassen, anwenden 26
**ad-icere** 3, -iciō, -iēcī, -iectus hinzufügen 27
**adipīscī** 3, adipīscor, adeptus sum erreichen, erlangen 27
**ad-iungere** 3, -iungō, -iūnxī, -iūnctus hinzufügen, angliedern, anschließen 17
**ad-iuvāre** 1, -iuvō, -iūvī, -iūtus unterstützen 3
**administrāre** 1 verwalten 6
**admīrārī** 1 bewundern 27
**ad-mittere** 3, -mittō, -mīsī, -missus hinzuziehen
**ad-monēre** 2, -moneō, -monuī, -monitus ermahnen 22
**ad-movēre** 2, -moveō, -mōvī, -mōtus heranbewegen, zu etwas bewegen, anwenden
**ad-sīgnāre** 1 zuweisen
**adulēscēns,** entis *m.* Jüngling 22
**ad-venīre** 4, -veniō, -vēnī, -ventum (her)ankommen
**adventus,** ūs *m.* Ankunft 27
**adversārius,** ī *m.* Gegner; feindlich
**adversus,** a, um entgegengewandt, -gesetzt, feindlich 26
**adversus** *Präp. m. Akk.* gegenüber, gegen 18
**adversum** ⁷ adversus 25
**advocāre** 1 herbeirufen
**aedēs,** is *f.* Zimmer, Tempel, *Pl.:* aedēs aedium Haus 23
**aedificāre** 1 bauen 5

229

# Index verborum et nominum

**A**

**aedificium,** ī *n.* Gebäude
**aegrōtus,** a, um krank
**Aenēās,** Aenēae, *m.* PN; *Trojaner, Sohn des Anchises und der Venus; gründet nach seiner Flucht aus Troja in Italien eine Stadt*
**aēneus,** a, um aus Bronze
**aequāre** 1 gleichmachen 17
**aequus,** a, um gleich, gerecht 21
**aes aliēnum** Schulden
**aestimāre** 1 beurteilen 21
**aestus,** ūs *m.* Hitze, Fieber
**aetās,** aetātis *f.* Lebensalter, Zeitalter 14
**affēcī,** affectus ↗ afficere
**afferre,** afferō, attulī, allātus (herbei)bringen 22
**af-ficere** 3, -ficiō, -fēcī, -fectus *m.* Abl. versehen *mit*, erfüllen *mit* 19
**af-fīgere** 3, -fīgō, -fīxī, -fīxus *m.* Abl. anheften *an* 20
**Āfrica,** ae *f.* Afrika (*Nordafrika; später röm. Provinz um Karthago*)
**Āfricānus** ↗ Scipio
**ager,** agrī *m.* ‚Acker', Feld 1
 *Pl.:* agrī, ōrum m. die Felder, das Land
**agere** 3, agō, ēgī, āctus treiben, handeln, verhandeln, tun 9
**ag-gredī** 3, -gredior, -gressus sum angreifen 25
**agrārius,** a, um die (Staats-) Ländereien betreffend 20
**agrestis,** e ländlich, bäuerlich
**agricola,** ae *m.* Bauer 1
**Alba (Longa)** ON (*Stadt in Latium*)
**albus,** a, um weiß 7
**āleā** *Abl.* lūdere 3 Würfel spielen
**alere** 3, alō, aluī, altus (er)nähren 2
**Alexander Māgnus,** -drī -ī Alexander der Große (*356–323 v. Chr., König von Makedonien, begründete ein Weltreich*)
**Alexandria,** ae *f.* ON; *Name zahlreicher von Alexander gegründeter Städte*
**aliēnus,** a, um fremdartig, fremd 21
**aliī, aliae, alia** ↗ alius
**alimenta,** ōrum *n.* materielle Unterstützung
**aliquandō** einmal, einst 3
**aliquantulum** ein bißchen 28
**aliquis,** aliquid irgendeiner, irgend etwas 23

**alius,** alia, aliud ein anderer 1
 *Pl.:* aliī, ae, a andere (alia *auch:* anderes)
 aliī ... aliī die einen ... die anderen
**allātus** ↗ afferre
**Allobrogēs,** um *m.* die Allobroger (*Keltenvolk in Südgallien*)
**Alpēs,** um *f.* die Alpen
**alter,** altera, alterum (*Gen.* -īus, *Dat.* -ī) der eine (von zweien), der andere 12
**altitūdō,** inis *f.* Höhe 28
**altus,** a, um hoch, tief 10 ↗ *auch* alere
**amāre** 1 lieben 2
**Ambarrī,** ōrum *m.* die Ambarrer (*Keltenstamm an der Saône*)
**ambitiō,** ōnis *f.* Ehrgeiz 21
**ambulāre** 1 spazierengehen
**ambulātiō,** ōnis *f.* Spaziergang 28
**amīcitia,** ae *f.* Freundschaft 24
**amīcus,** ī *m.* Freund 4
**ā-mittere** 3, -mittō, -mīsī, -missus verlieren 16
**amor,** amōris *m.* Liebe 13
**amphitheātrum,** ī *n.* Amphitheater 4
**amplus,** a, um weit, groß, geräumig, beträchtlich, bedeutend 20
**Amūlius,** ī *m.* PN; *sagenhafter König von Alba Longa*
**an** *in Doppelfrage* oder
**angulus,** ī *m.* Ecke, Winkel
**angustiae,** ārum *f.* Enge 30
**angustus,** a, um eng
**animad-vertere** 3, -vertō, -vertī, -versus bemerken; bestrafen 28
**animus,** ī *m.* Sinn, Geist, Mut 3
**annus,** ī *m.* Jahr 1
**ante** *m. Akk.* vor 5; *als Adv. ohne Akk.* vorher
**anteā** *Adv.* vorher, früher 5
**ante-īre,** -eō, -iī vor(an)gehen, übertreffen 23
**Antiochus,** ī *m.* PN; *Name syrischer Könige nach Alexander d. Gr.; A. III, Beschützer Hannibals*
**antīquitās,** tātis *f.* Alter(tum)
**antīquus,** a, um alt 9
**ānulus,** ī *m.* (Finger-)Ring 15
**Apollō,** Apollinis *m.* Apoll(on), *griech.-röm. Gott, u. a. Gott der Künste*
**appārēre** 2, appāreō, appāruī erscheinen 10
 appāret, appāruit es ist offenbar, es zeigt sich

# Index verborum et nominum

## A

**appellāre** 1 aufrufen, nennen 21
**apportāre** 1 herbeibringen
**apud** *m. Akk.* bei 4
**aqua,** ae *f.* Wasser 2
**aquilō,** ōnis *m.* Nordwind, Norden
**arbiter,** arbitrī *m.* Schiedsrichter 22
**arbitrārī** 1 glauben, meinen, halten für 26
**arbitrium,** ī *n.* Entscheidung, Willkür 11
**architectus,** ī *m.* Architekt, Baumeister 27
**arcus,** ūs *m.* Bogen 27
**arēna,** ae *f.* Sand, ‚Arena'
**argentum,** ī *n.* Silber 18
**arguere** 3, arguō, arguī (beschuldigen), beweisen, anklagen
**Ariadna,** ae *f.* Ariadne (*Tochter des Mīnōs, Königs von Kreta*)
**arma,** ōrum *n.* (*nur Pl.*) Waffen 1
**armāre** 1 bewaffnen 18
**armenta,** ōrum *n.* Rinderherden
**ars,** artis *f.* Handwerk, Technik, Kunst, Wissenschaft 27
**Asia,** ae *f.* Asien, 1) Kleinasien; 2) *die röm. Provinz Asia im W. Kleinasiens*
**assecūtus** ↗ assequī
**as-sentīrī** 4, -sentior, -sēnsus sum zustimmen 26
**as-sequī** 3, -sequor, -secūtus sum erreichen 26
**aspernārī** 1 zurückweisen, verachten 26
**aspicere** 3, aspiciō, aspēxī, aspectus anblicken 27
**astrum,** ī *n.* Stern
**at** aber, dagegen 23
**Athēnae,** ārum *f.* ON; Athen
**Athēniēnsēs,** ium *m.* die Athener
**athlēta,** ae *m.* Sportler, Athlet 12
**attulī** ↗ afferre
**atque** und 24
  aliter atque anders als
  par atque gleich wie
**auctor,** -ōris *m.* Urheber, Verfasser 19
**auctōritās,** tātis *f.* Ansehen, Einfluß 11
**auctus** ↗ augēre
**audīre** 4 hören 3
**auferre,** auferō, abstulī, ablātus wegtragen, entreißen
**augēre** 2, augeō, auxī, auctus vermehren, vergrößern 11
**Augustus,** ī *m.* PN; *Beiname (Ehrenname) Octavians (röm. Kaiser 31 v. Chr. – 14 n. Chr.)*
**Aulus,** ī *m.* PN (*Vorname*)
**auris,** is *f.* Ohr 28
**aurum,** ī *n.* Gold 24
**auspicium,** ī *n.* Vogelschau, Vorzeichen
**aut** oder 24
  aut ... aut entweder ... oder 24
**autem** aber 3
**auxī** ↗ augēre
**auxilium,** ī *n.* Hilfe, *Pl.:* Hilfstruppen 2
**avāritia,** ae *f.* Habgier 21
**ā-vertere** 3, -vertō, -vertī, -versus abwenden 25
**ā-vocāre** 1 wegrufen

## B

**Bacchus,** ī *m. der Gott* Bacchus (*griech.* Dionysos), *Gott des Weines*
**balneum,** ī *n.* Bad 28
**Barcīnus,** a, um *Adj. zu* PN Hamilkar Barkas (*Vater Hannibals*) (factiō Barcīna die Partei des H. B.)
**basilica,** ae *f.* Basilika (Markt-, Gerichtshalle)
**beātus,** a, um glücklich 26
**bellum** ī *n.* Krieg 5
**bene** (*Adv. zu* bonus) gut 2
**beneficium,** ī *n.* Wohltat, Auszeichnung 30
**bēstia,** ae *f.* wildes Tier
**bibere** 3, bibō, bibī trinken 10
**bibliothēca,** ae *f.* Bibliothek
**bīduum,** ī *n.* ein Zeitraum von zwei Tagen 16
**bipedālis,** e zwei Fuß lang
**bis** zweimal 20
**bonus,** a, um (*Adv.:* bene) gut 2
**brevis,** breve kurz 17

## C

C. ↗ Gāius
**cadāver,** eris *n.* totes Tier, Aas; Leichnam
**cadere** 3, cadō, cecidī fallen 8
**caelum,** ī *n.* Himmel 16
**Caesar,** is *m.* PN; *cognōmen, z. B.* C. Iūlius Caesar (*röm. Politiker, Feldherr und Schriftsteller, 100–44 v. Chr.*)

# Index verborum et nominum

## C

**cal(i)dus**, a, um warm 28
**caldārium**, ī *n.* Warmbad
**caldārius**, a, um zum Warmbad gehörend
**calliditās**, tātis *f.* Schlauheit
**callidus**, a, um schlau
**campus**, ī *m.* Ebene, Feld 16
**Cannae**, ārum *f.* ON; *in Süditalien; Schlacht bei C. 216 v. Chr.*
**cantāre** 1 singen 15
**capere** 3, capiō, cēpī, captus fassen, ergreifen, nehmen 17
**Capitōlium**, ī *n.* das Kapitol (*einer der sieben Hügel Roms, dort Haupttempel des Jupiter, der Juno und der Minerva*)
**Capitōlīnus**, a, um *Adj. zu. / Capitōlium*
**captīvus**, ī *m.* der Gefangene 18
captus ↗ capere
**Capua**, ae *f.* ON; *Stadt in Kampanien*
**caput**, capitis *n.* ,Haupt', Kopf, Hauptstadt 15
**carēre** 2, careō, caruī *m. Abl. etwas nicht haben: frei sein von, entbehren, sich enthalten* 26
**carmen**, minis *n.* Lied, Gedicht
**Carthāginiēnsēs**, ium *m.* die Karthager
**Carthāginiēnsis**, e karthagisch
**Carthāgō**, inis *f.* Karthago (*Stadt in Nordafrika*)
**cārus**, a, um *m. Dat.* lieb, teuer, beliebt bei 9
**Casticus**, ī *m.* PN
**castra**, ōrum *n.* das Lager, die Lager 9
**cāsus**, ūs *m.* Fall, Zufall
**Catō**, ōnis *m.* PN; *cognōmen, z. B. M. Porcius Cato (234 – 149 v. Chr., konservativer röm. Politiker)*
**caupō**, ōnis *m.* Gastwirt, Kaufmann
**causa**, ae *f.* Ursache, Grund 8
**causā** *nach Gen.* wegen, zum Zwecke 8
cecidī ↗ cadere
**cēdere** 3, cēdō, cessī, cessus gehen, weichen, nachgeben 9
**celer**, celeris, celere schnell 17
**Celsus**, ī *m.* PN; *cognōmen, z. B.* C. Aulus Cornēlius Celsus (*Arzt und Enzyklopädist zur Zeit des Tiberius, 1. H. 1. Jh. n. Chr.*)
**cēna**, ae *f.* Essen, Mahlzeit 4
**cēnāre** 1 speisen
**cēnsēre** 2, cēnseō, cēnsuī, cēnsus einschätzen, beurteilen, glauben, halten für 26

**cēnsus**, ūs *m.* Vermögen(sschätzung), Volkszählung
**cēpī** ↗ capere
**Cerēs**, Cereris *f.* Ceres (*griech.* Demeter), Göttin des Getreides u. des Ackerbaus
**certāmen**, minis *n.* Kampf, Wettstreit 22
**certāre** 1 streiten 18
**certē** *Adv.* sicherlich 27
**certiōrem facere** benachrichtigen 30
**certus**, a, um sicher, gewiß 27
**cervīcal**, ālis *n.* Kopfkissen
cessī ↗ cēdere
**cēterī**, ae, a die übrigen 2
**cēterum** *Adv.* übrigens
**Charybdis** *Name eines Seeungeheuers, das vom Rande einer Meerenge aus durchfahrende Seefahrer verschlingt (der Ch. gegenüber – Scylla)*
**cibus**, ī *m.* Nahrung 28
**Cicerō**, ōnis *m.* PN; *cognōmen, z. B.* Marcus Tullius Cicero (*106–43 v. Chr.*), röm. Politiker, Philosoph und Schriftsteller
**cinis**, cineris *m.* Asche
**circēnsis**, e Zirkus-
**circulus**, ī *m.* Kreis 24
**circumdare** 1, -dō, -dedī, -datus umgeben 5
**circumferre**, -ferō, -tulī -lātus herumtragen, *Pass.:* sich um etwas bewegen
**circum-spicere** 3, -spiciō, -spēxī, -spectus (ringsum) betrachten, bedenken 27
**cīvīlis**, e bürgerlich, Bürger- 20
**cīvis**, cīvis *m.* Bürger 12
**cīvitās**, tātis *f.* Bürgerrecht, Bürgerschaft, Staat, Stamm, Stadt 17
**clādēs**, clādis *f.* Niederlage
**clāmāre** 1 schreien, rufen
**clāmor**, ōris *m.* Geschrei, Lärm 22
**clārus**, a, um hell, berühmt, ,klar'
**classis**, classis, *f.* ,Klasse', Abteilung, Flotte 17
**claudere** 3, claudō, clausī, clausus schließen 10
**Claudius**, ī *m.* PN; *Gentilname; röm. Kaiser (41–54 n. Chr.)*
**clēmēns**, clēmentis milde, gnädig, freundlich 21
**cliēns**, clientis *m.* Klient
**cloāca**, ae *f.* Entwässerungskanal cloāca māxima, ae ae *f.* Hauptkanal (*in den Tiber mündend*)

# Index verborum et nominum

**C**

Cn. ↗ Gnaeus
coāctus ↗ cōgere
coēgī ↗ cōgere
**coepisse,** coepī *nur Perf.* angefangen haben, begonnen haben 9
**coercēre** 2, coerceō, coercuī, coercitus völlig einschließen, in Schranken halten, beherrschen
**cōgere** 3, cōgō, coēgī, coāctus zusammentreiben, zwingen 11
**cōgitāre** 1 denken, bedenken 21
**cōgitātiō,** ōnis *f.* Nachdenken, Überlegung 23
**cōgnātī,** ōrum *m.* die Verwandten
**cōg-nōscere** 3, -nōscō, -nōvī, cognitus kennenlernen, erkennen, erfahren 4
**colere** 3, colō, coluī, cultus bebauen, pflegen, ehren 2
**collēgium,** ī *n.* Kollegium 11
**col-ligere** 3, -ligō, -lēgī, collēctus sammeln 11
**collocāre** 1 (an einen Ort bringen:) anordnen, anbringen, anlegen, vorsehen 28
**col-loquī** 3, -loquor, -locūtus sum sich unterhalten, verhandeln 26
**colōnia,** ae *f.* Niederlassung, *römische Stadt mit weitgehender Selbstverwaltung, in diesem Sinne:* Kolonie
**colōnus** ī *m.* (*freier*) Siedler (*in einem fremden Gebiet*); (*halbfreier*) Pächter, Kolone
**comb-urere** 3, -urō, -ussī, -ustus verbrennen
**cōmis,** e freundlich, heiter
**comitārī** 1 begleiten
**commercium,** ī *n.* Handelsverkehr, Austausch 27
**com-mittere** 3, -mittō, -mīsī, -missus veranstalten, anvertrauen 19
**com-movēre** 2, -moveō, -mōvī, -mōtus (sehr) bewegen, erschüttern 9
**commūnis,** e gemeinsam 28
**comparāre** 1 1) verschaffen; 2) vergleichen 17
**com-plēre** 2, -pleō, -plēvī, -plētus füllen, anfüllen 14
**complūrēs,** ium mehrere 20
**com-pōnere** 3, -pōnō, -posuī, -positus zusammensetzen, schaffen; bestatten 23
**computāre** 1 berechnen 27
**cōnārī** 1 versuchen 29

**cōnātus,** ūs *m.* Versuch 29
**con-cēdere** 3, -cēdō, -cessī, -cessus zugestehen, erlauben 9
**con-cidere** 3, -cidō, -cidī zusammenfallen
**conciliāre** 1 *m. Dat.* gewinnen *für,* einigen, versöhnen 29
**con-currere** 3, -currō, -currī, -cursus zusammenlaufen, -kommen 27
**concursus,** ūs *m.* das Zusammenlaufen, der Auflauf 23
**condere** 3, condō, condidī, conditus gründen 2
**condiciō,** ōnis *f.* Bedingung, Lage 12
**cōnfēcī,** cōnfectus ↗ cōnficere
**cōnferre,** cōnferō, contulī, collātus zusammentragen, -bringen, vergleichen 22
**cōnficere** 3, -ficiō, -fēcī, -fectus verfertigen, beenden 19
**cōnfirmāre** 1 verstärken, bestätigen, ermutigen, versichern 29
**cōn-fluere** 3, -fluō, -flūxī zusammenfließen, -strömen 20
**con-iungere** 3, -iungō, -iūnxī, -iūnctus verbinden, vereinigen 15
**coniūrātiō,** ōnis *f.* Verschwörung 29
**cōnsanguineus,** a, um Blutsverwandter
**cōnscendere** 3, -scendō, -scendī, -scēnsus besteigen 13
**cōnscientia,** ae *f.* Bewußtsein, Gewissen 25
**cōnscrībere** 3, -scrībō, -scrīpsī, -scrīptus aufschreiben, abfassen, (*Soldaten*) einziehen
**cōnservāre** 1 unversehrt bewahren 5
**cōnsilium,** ī *n.* Rat, Plan, Beschluß 20
**cōn-sistere** 3, cōnsistō, cōnstitī stehenbleiben, *m. Abl.* bestehen *aus* 23
**cōnspectus,** ūs *m.* Anblick, Gesichtskreis 30
**cōn-spicere** 3, -spiciō, -spēxī, -spectus betrachten
**cōnstāre** 1, cōnstat, cōnstitit es ‚steht' fest, es ist bekannt 11
**cōn-stituere** 3, -stituō, -stituī, -stitūtus errichten, festsetzen, beschließen 9
**cōn-struere** 3, -struō, -strūxī, -strūctus zusammenbauen, errichten 10
**cōnsuētūdō,** tūdinis *f.* Gewohnheit 28
**cōnsul,** cōnsulis *m.* Konsul 8
**cōnsulātus,** ūs *m.* Konsulat

# Index verborum et nominum

**C**

cōn-sulere 3, -sulō, -suluī, -sultus *m. Akk.* um Rat fragen; *m. Dat.* sorgen für 6
cōnsultum, ī *n.* Beschluß 18
cōnsūmere 3, -sūmō, -sūmpsī, -sūmptus verbrauchen, vernichten 19
contemplārī 1 betrachten 26
con-tendere 3, -tendō, -tendī, -tentus sich anstrengen, eilen, kämpfen 8
con-tingere 3, -tingit, -tigit es glückt, gelingt, wird zuteil 23
cōntiō, ōnis *f.* Versammlung
contrā *m. Akk.* gegen 20
contra-dīcere 3, -dīcō, -dīxī, -dictum widersprechen
con-trahere 3, -trahō, -trāxī, -tractus zusammenziehen 18
contumāx, contumācis trotzig, widerspenstig 19
contūmeliōsus, a, um kränkend, schimpflich, schmähsüchtig
con-venīre 4, -veniō, -vēnī, -ventus zusammenkommen 29
convictus, ūs *m.* Zusammenleben, Geselligkeit
con-vocāre 1 zusammenrufen
cōpia, ae *f.* Menge, Vorrat 9
*Pl.:* cōpiae, ārum *f.* Truppen, Vorräte 9
cor, cordis *n.* ‚Herz' 12
Corinthus, ī *f.* ON; Korinth (reiche griech. Handelsstadt in Mittelgriechenland)
Coriolānus, ī *m.* PN; *eroberte 493 v. Chr. die volskische Stadt Corioli* 9
**P. Cornēlius Scīpiō Nasīca** PN (*165 v. Chr. Prätor, 159 stellte er als Censor die erste Wasseruhr auf; setzte sich als Konsul 155 für den Erhalt Karthagos ein*)
**P. Cornēlius Scīpiō** 1) Africānus māior, *Sieger über Hannibal 202 v. Chr.;* 2) Aemiliānus Āfricānus minor, *leitete als Konsul 146 v. Chr. die Zerstörung Karthagos*
corōna, ae *f.* Kranz 15

corōnāre 1 bekränzen 15
corpus, corporis *n.* ‚Körper', Leiche; Gesamtheit, Sammlung 8
cor-ruere 3, -ruō, -ruī zusammenstürzen, einstürzen 16
cor-rumpere 3, -rumpō, rūpī, -ruptus verderben, bestechen
Corsica, ae *f.* Korsika (*Insel*)
cottidiānus, a, um täglich 16
Crassus, ī *m.* PN
creāre 1 schaffen, wählen 5
crēdere 3, crēdō, crēdidī, crēditus glauben, (an)vertrauen 26
crēditor, ōris *m.* Gläubiger
crēscere 3, crēscō, crēvī, crētus wachsen 2
Crēta, ae *f.* Kreta (*Insel*)
crēvī ↗ crēscere
Croesus, ī *m.* Kroisos, *König von Lydien, 6. Jh. v. Chr., sagenhaft reich*
crudēlis, e grausam 20
crux, crucis *f.* Kreuz 20
cubiculum, ī *n.* (Schlaf-)Zimmer
cucurrī ↗ currere
cui, cuius ↗ qui, quis
culpa, ae *f.* Schuld 24
cum 1) *Präp. m. Abl.* mit; 2) *Konjunktion m. Indik.* (jedesmal) wenn, sooft 3; *Konjunktion m. Konjunktiv* als; da, weil; obwohl 13
cūnctī, ae, a alle 15
cupere 3, cupiō, cupīvī/cupiī, cupītus wünschen, begehren 23
cupiditās, tātis *f.* Wunsch, Begierde 27
cupidus, a, um begierig
cūr warum 26
cūra, ae *f.* Sorge, Pflege 2
cūrāre 1 (dafür) sorgen; *m. Akk.:* sorgen für; *med.:* behandeln, heilen 7
cūria, ae *f.* Rathaus
currere 3, currō, cucurrī, cursum laufen 8
cursus, ūs *m.* Lauf, Fahrtrichtung 14 cursus pūblicus, -ūs -ī Post
custōs, custōdis *m.* Wächter 25

**D**

Dāmoclēs, is *m.* PN; *Günstling des Tyrannen Dionysios d. Ä. von Syrakus*
dare 1, dō, dedī, datus geben 4
dē *m. Abl.* von … herab, von, über 3

dea, deae *f.* Göttin 3
dēbellāre 1 besiegen, den Krieg beenden

# Index verborum et nominum

**D**
**dēbēre** 2, dēbeō, dēbuī, dēbitus müssen, schulden 1
**dē-cēdere** 3, -cēdō, -cessī, -cessus weggehen, weichen, sterben 21
**decem** ‚zehn' 11
**dē-cernere** 3, -cernō, -crēvī, -crētus entscheiden, beschließen 7
dēcessī, dēcessus ↗ dēcēdere
**decet** (*Inf.:* decēre 2) *m. Akk.* es schickt sich für *jemanden*, es paßt *zu jemandem*, es steht *jemandem* gut 21
**dē-cidere** 3, -cidō, -cidī herabfallen
**decimus,** a, um ‚zehnte' 11
**dēclārāre** 1 erklären 25
**dēcrētum,** ī *n.* Beschluß 20
dēcrēvī ↗ dēcernere
**dē-currere** 3, -currō, -(cu)currī, -cursum herab-, herbeieilen
dedī ↗ dare
**dēditiō,** ōnis *f.* Kapitulation, Übergabe, Kriegsgefangenschaft
**dē-dūcere** 3, -dūcō, -dūxī, -ductus wegführen, ableiten, begleiten 25
**dē-esse,** dē-sum, dē-fuī fehlen 4
dēfēcī, dēfectus ↗ dēficere
**dēfectiō,** ōnis *f.* Abfall, Empörung
**dē-fendere** 3, -fendō, -fendī, -fēnsus verteidigen 9
**dē-ficere** 3, -ficiō, -fēcī, -fectus abnehmen, schwinden; abtrünnig werden 19
**dēformāre** 1 entstellen
dēfuī ↗ dēesse
**dē-icere** 3, -iciō, -iēcī, -iectus zu Boden werfen, stürzen 29
**deinde** darauf, danach 22
**dēlectāre** 1 erfreuen 24
**dēlēre** 2, dēleō, dēlēvī, dēlētus zerstören, vernichten 17
**dēlīberāre** 1 beraten, überlegen 12
**dēlicātus,** a, um verwöhnt; *Subst.:* Snob
**dēmere** 3, dēmō, dēmpsī, dēmptus wegnehmen
**dēmōnstrāre** 1 zeigen, beweisen 4
**dēmum** endlich, erst; nur ...
**dēnique** endlich
**Dentātus,** ī *m.* PN; *cognōmen des* M. Curius D., *Besieger des Pyrrhus*
**dēnuō** von neuem, wieder 7
**dēpopulārī** 1 verwüsten (= populari)
**dē-prehendere** 3, -prehendō, -prehendī, -prehēnsus überraschen, ertappen 21

**dērīvāre** 1 ableiten 2
**dē-scendere** 3, -scendō, -scendī herabsteigen 14
**dē-scrībere** 3, -scrībō, -scrīpsī, -scrīptus beschreiben
**dē-sistere** 3, -sistō, -stitī *m. Abl.* ablassen *von* 17
**dēspērāre** 1 verzweifeln 8
**dēstīllāre** 1 heruntertropfen 28
**dēstināre** 1 bestimmen, festsetzen
dēstitī ↗ dēsistere
**dē-struere** 3, -struō, -strūxī, -strūctus zerstören 18
**dēterminātiō,** nis *f.* Bestimmung
**deus,** deī *m.* Gott 3
**dē-venire** 4, -veniō, -vēnī, -ventum herabkommen
**dēvorāre** 1 verschlingen
**dexter,** dextra, dextrum der rechte 15
**diagōnālis,** e quer hindurch laufend, diagonal
**Diāna,** ae *f.* Diana (*griech.* Artemis); *Göttin der Jagd*
**dīcere** 3, dīcō, dīxī, dictus sagen, sprechen 3
**dictātor,** ōris *m.* Diktator 20
didicī ↗ discere
**diēs,** diēī *m./f.* Tag 7
diēs fēstus, diēī fēstī *m.* Festtag
**dif-ficilis,** e schwierig 29
**dīgnus,** a, um *m. Abl.: einer Sache* würdig 21
**dīlēctus,** ūs *m.* Aushebung *von Truppen*
**dīligēns,** entis sorgfältig 27
**diligentia,** ae *f.* Sorgfalt 22
**dīmidius,** a, um halb
**dī-mittere** 3, -mittō, -mīsī, -missus auseinander-, fortschicken, entlassen 20
**Diogenēs,** is *m.* PN; (404–323 v. Chr.); *kynischer Philosoph*
**Dionŷsius,** ī *m.* PN; *Name zweier Tyrannen von Syrakus, Vater und Sohn, 4. Jh. v. Chr.*
**di-ripere** 3, -ripiō, -ripuī, -reptus auseinanderreißen, rauben, plündern 20
**dī-ruere** 3, -ruō, -ruī, -rutus auseinander-, niederreißen, zerstören
**dis-cēdere** 3, -cēdō, -cessī, -cessus auseinander-, weggehen 23
**discere** 3, discō, didicī lernen 24

# Index verborum et nominum

**D** disciplīna, ae *f.* Unterricht, Wissenschaft, Ordnung
discordia, ae *f.* Zwietracht 12
dis-plicēre 2, -pliceō, -plicuī nicht gefallen, mißfallen
dis-pōnere 3, -pōnō, -posuī, -positus auseinanderstellen, ordnen 28
disputātiō, ōnis *f.* Erörterung, Untersuchung 26
dis-sentīre 4, -sentiō, -sēnsī, -sēnsus verschiedener Meinung sein, streiten 27
dissimilis, e unähnlich, verschieden 24
dissimulāre 1 vortäuschen, heucheln 26
dis-suādēre 2 abraten 18
dītior *Komparativ und* dītissimus, a, um *Superlativ zu:* ↗ *dīves*
diū lange, lange Zeit 7
dīversus, a, um verschieden, entgegengesetzt 18
dīves, dīvitis reich 13
dī-videre 3, -vidō, -vīsī, -vīsus teilen
dīvīnus, a, um göttlich
dīvitiae, ārum *f.* Reichtum 24 Ü
dūxī ↗ dūcere
docēre 2, doceō, docuī, doctus lehren 16
doctrīna, ae *f.* Lehre

dolēre 2, doleō, doluī Schmerz empfinden 26
dolor, ōris *m.* Schmerz 26
domesticus, a, um häuslich, im Haus 19
domī zu Hause 16
dominus, ī *m.* Herr, Hausherr, Besitzer 3
domō von (zu) Hause 16
domum nach Hause 16
domus, ūs *f.*, *Abl. Sg.* domō, *Akk. Pl.* domōs Haus 15
dōnāre 1 (be-)schenken 15
dōnum, ī *n.* Gabe, Geschenk 15
dormīre 4 schlafen 26
dubitāre zweifeln, Bedenken haben
dubium, ī *n.* Zweifel 18
dubius, a, um zweifelhaft 18
dūcere 3, dūcō, dūxī, ductus führen 2
C. Duilius, ī *m.* PN; *römischer Feldherr, besiegte im 1. Pun. Krieg die Karthager in einer Seeschlacht*
dum solange, bis; *m. Präs.:* während 3
Dumnorīx, īgis *m.* PN; *Adliger aus dem gall. Stamm der Häduer*
duo, duae, duo ‚zwei' 8
duodecim zwölf 11
dūrus, a, um hart, grausam 2
dux, ducis *m.* Führer 10
dūxī ↗ dūcere

**E** ē, ex *m. Abl.* aus, seit 2
ecce sieh da 23
edere 3, edō, ēdī, ēsus ‚essen' 15
ēdere 3, ēdō, ēdidī, ēditus herausgeben 11
ē-dīcere 3 -dīcō, -dīxī, -dīctus aussprechen, anordnen
ēducāre 1 aufziehen, erziehen 3
ef-ficere 3 -ficiō, -fēcī, -fectus erreichen, bewirken 28
effigiēs, effigiēī *f.* Bildnis, Abbild 6
ef-fodere 3, -fodiō, -fōdī, -fossus ausgraben 16
egēre 2, egeō, eguī, – *m. Abl. oder Gen.* bedürfen, brauchen 4
ēgī ↗ agere
egō ich 3
ē-gredī 3, ēgredior, ēgressus sum hinausgehen, verlassen 25
ēiusmodī dieser Art
ēligere 3, ēligō, ēlēgī, ēlēctus (aus)wählen 25

ēloquentia, ae *f.* Redegewandtheit, Beredsamkeit 27
emere 3, emō, ēmī, emptus kaufen 10
enim denn, nämlich 6
ēnūntiāre 1 aussagen, verraten 29
eō 1) dorthin 14; 2) ↗ īre; 3) ↗ is, id
Epicūrēī, ōrum *m.* die Epikureer, Anhänger und Schüler Epikurs
Epicūrus, ī *m.* Epikur, *griech. Philosoph, 342–271 v. Chr.*
epistula, ae *f.* Brief 27
equitātus, ūs *m.* Reiterei 25
equus, ī *m.* Pferd 25
ergastulum, ī *n.* Arbeitshaus, Werkstatt *(für Sklaven)*
ergō also 24
ē-ripere 3, -ripiō, -ripuī, -reptus entreißen 23
ē-rumpere 3, -rumpō, -rūpī, -ruptus heraus-, hervorbrechen 20

# Index verborum et nominum

**E**

ērudītiō, ōnis *f.* Erziehung, Bildung 21
ēruptiō, ōnis *f.* Ausbruch
ēsse (*Nebenform zu* edere) essen
esse, sum, fuī sein 4
et und, auch 1
et... et sowohl... als auch 1
etiam auch, sogar 2
etiamsī auch wenn
Etrūscī, ōrum *m.* die Etrusker,
Volk in Mittelitalien
Eunūs, ū *m.* PN; *Sklavenname;*
Führer der Sklaven im 1. siz. Sklaven-
aufstand
exasperāre 1 gefährlich machen,
aufreizen
ex-cēdere 3, -cēdō, -cessī, -cessus *m. ex
oder Abl.* herausgehen *aus, etwas
verlassen,* (*ein Maß*) überschreiten 9
excitāre 1 antreiben, reizen, wecken 4
ex-clāmāre 1 ausrufen 24
exemplum, ī *n.* Beispiel, Vorbild 16
exercēre 2, exerceō, exercuī üben 22
exercitus, ūs *m.* Heer 12
exhortātiō, ōnis *f.* Aufmunterung

exīre, exeō, exiī herausgehen 28
exīstimāre 1 abschätzen; meinen,
glauben; halten für 21
exitus, ūs *m.* Ausgang, Ende 17
exōnerāre 1 ausladen, entladen
exōrnāre 1 ausschmücken 27
ex-pellere 3, -pellō, -pulī, -pulsus
hinaustreiben, verjagen 8
explēre 2 ausfüllen, erfüllen 27
explōrāre 1 erkunden, prüfen 27
ex-pōnere 3, -pōnō, -posuī, -positus
aussetzen, ausstellen, erklären 3
exportāre 1 exportieren
expūgnāre 1 erobern 20
expulī, expulsus ↗ expellere
exspectāre 1 erwarten 20
ex-stinguere 3, -stinguō, -stīnxī,
-stīnctus auslöschen
ex-struere 3, -struō, -strūxī, -strūctus
errichten, bauen 18
externus, a, um äußere 20
ex-timēscere 3, -timēscō, -timuī
(sich) fürchten, Angst bekommen
extrā *m. Akk.* außerhalb von 30

**F**

faber, fabrī *m.* Handwerker 5
fabrica, ae *f.* Werkstatt 19
fābula, ae *f.* Erzählung, ‚Fabel' 3
facere 3, faciō, fēcī, factus machen,
tun 17
facilis, e (*Adv.* facile) leicht 28
factiō, ōnis *f.* Partei, (parteiartige)
Gruppierung
factum ↗ facere und fierī
factum, ī *n.* Tat(sache)
facultās, tātis *f.* Möglichkeit 27
fācundus, a, um redegewandt
fāma, ae *f.* Gerücht, Sage, Ruf 9
famēs, is *f.* Hunger
familia, ae *f.* Familie,
Hausgemeinschaft 3
familiāris, e zum Haus, zur ‚familia'
gehörig; bekannt, vertraut 21
fātum, ī *n.* Schicksal 24
faucēs, faucium *f.* Kehle
Faustulus, ī *m.* PN; *Hirte des Amulius;
fand und erzog Romulus und Remus*
fax, facis *f.* Kienspan, Fackel 15
fēcī ↗ facere
fēlīx, fēlīcis fruchtbar, glücklich 15
fēmina, ae *f.* Frau 9
ferē fast, ungefähr 2

ferre, ferō, tulī, lātus (er)tragen,
bringen 22
lēgem ferre ein Gesetz vorschlagen
ferreus, a, um eisern, aus Eisen 15
ferrum, ī *n.* Eisen, eiserne Waffe 15
fēstum, ī *n.* Fest(tag) 15
fictus ↗ fingere
fidem habēre 2 *m. Dat.* vertrauen 6
fidēs, fideī *f.* Zuverlässigkeit, Treue 6
fierī, fīō, factus sum werden,
geschehen, gemacht werden 24
figere 3, fīgō, fīxī, fīxus (durch)stechen,
heften 20
fīlia, ae *f.* Tochter 3
fīlius, ī *m.* Sohn 3
fingere 3, fingō, fīnxī, fictus ersinnen,
erdichten; vorgeben, vortäuschen 26
fīnīre 4, fīniō, fīnīvī, fīnītus begrenzen,
beendigen 12
fīnis, fīnis *m./f.* Ende, Grenze 9
*Pl.:* fīnēs, fīnium *m./f.* die Grenzen,
das Gebiet
fīnitimus, a, um benachbart 1
*Pl.:* fīnitimī, ōrum *m.* Nachbarn
fīnxī ↗ fingere
firmus, a, um fest, stark 24
fīxī ↗ fīgere

# Index verborum et nominum

**F**

flamma, ae *f.* Flamme
flammeum, ī *n.* (feuerfarbiger) Brautschleier
flāre 1 blasen 24
flēre 2 weinen 24
flōrēre 2, flōreō, flōruī blühen 1
fluere 3, fluō, flūxī fließen, strömen 20
flūmen, inis *n.* Fluß 29
fluvius, ī *m.* Fluß 1
fodere 3, fodiō, fōdī, fossus graben, stechen 16
fōns, fontis *m.* Quelle 11
fōrma, ae *f.* Form, Gestalt, Schönheit 27
fortāsse vielleicht 21
forte zufällig 23
fortis, e tapfer, stark 20
fortitūdō, tūdinis *f.* Tapferkeit 26
fortūna, ae *f.* Schicksal, Glück 17
Fortūna, ae *f. Schicksalsgöttin*
fortūnae, ārum *f.* das Vermögen 30
forum, ī *n.* Forum, Marktplatz 4

fossus ↗ fodere
frangere 3, frangō, frēgī, frāctus (zer)brechen 17
frāter, frātris *m.* Bruder 20
fraudulentus, a, um betrügerisch
frēgī ↗ frangere
frequēns, frequentis häufig 28
frequentia, ae *f.* Masse, Menge, zahlreicher Besuch 27
frictiō, ōnis *f.* das Frottieren
frīgidārium, ī *n.* Kaltbad
frīgidārius, a, um zum Kaltbad gehörend
fruī 3, fruor, frūctus sum *m. Abl. etwas* genießen, nutzen 26
frūmentum, ī *n.* Getreide 2
frūstrā vergeblich 9
frustulum, ī *n.* Stückchen
fuga, ae *f.* Flucht 16
fugāre 1 fortjagen; in die Flucht schlagen
fuī ↗ esse
fundāmentum, ī *n.* Unterbau (*eines Gebäudes*), Grundlage 11

**G**

Gāius. ī *m.* PN (*Vorname*)
Gallī, ōrum *m.* die Gallier
geminī, ōrum *m.* Zwillinge
genus, generis *n.* Geschlecht, Art, Herkunft 10
gerere 3, gerō, gessī, gestus (an sich) tragen, vollbringen 15
gladiātor, ōris *m.* Gladiator
glōria, ae *f.* Ruhm 25
Gnaeus, ī *m.* PN (*Vorname*)
Gracchus, ī *m.* PN; *cognōmen der Sempronier, u. a. der Volkstribunen und Reformer* Tiberius *und* Gaius Sempronius Gracchus

Graecī, ōrum *m.* die Griechen
Graecia, ae *f.* Griechenland
Graecus, a, um griechisch
grātia, ae *f.* Gunst, Dank, Anmut 30
grātiōsus, a, um beliebt, günstig, gefällig 25
grātulārī 1 Glück wünschen, danken 25
gravis, e schwer 17
gravitās, ātis *f.* Schwere, Würde 28
Gulussa, ae *m.* PN; *König der Numider, Sohn des Massinissa*

**H**

habēre 2, habeō, habuī, habitus haben, halten 1
hāctenus bis hierher
Haeduī, ōrum *m.* die Häduer, *Keltenstamm in Gallien, mit Rom verbündet*
Hannibal, is *m.* PN; *karthagischer Feldherr, 247–183 v. Chr., Gegner Roms im 2. Punischen Krieg*
Hannō, ōnis *m.* PN; *karthagischer Staatsmann und Heerführer, politischer Gegner Hannibals*

hasta, ae *f.* Lanze
Helvētiī, ōrum *m.* die Helvetier, *Keltenstamm in der heutigen Schweiz*
hērēditās, tātis *f.* Erbschaft
hērēs, hērēdis *m.* der Erbe
hībernus, a, um winterlich
hīc *Adv.* hier
hic, haec, hoc dieser, diese, dieses 14
hinc *Adv.* von hier
Hirpīnī, ōrum *m.* Hirpiner (*Volk in Süditalien*)

# Index verborum et nominum

**H**

**Hispāniā,** ae f. Spanien; *iberische Halbinsel;* Name römischer Provinzen dort
**hodiē** ‚heute' 10
**hodiernus,** a, um heutig 25
**homō,** hominis m. Mensch 9
**honestus,** a, um ehrenhaft 22
**honor,** ōris m. Ehre, Ehrenamt 21
**hōra,** ae f. Stunde 4

**Horātius,** ī m. Horaz (Q. Horātius Flaccus), 65–8 v. Chr., röm. Dichter
**hortārī** 1 ermahnen 26
**hortus,** ī m. Garten, Park 23
**hostis,** is m. Feind 9
**huic, huius** ↗ hic
**humilis,** e sozial niedrig stehend, einfach, schlicht 21
**hymenaeus,** ī m. Hochzeitslied
**hypocausis,** is f. Fußbodenheizung

**I**

**iacēre** 2, iaceō, iacuī liegen 26
**iacere** 3, iaciō, iēcī, iactus werfen 17
**iam** schon 3
   **nōn iam** nicht mehr
**ibi** dort 2
**īdem,** eadem, idem (eben) derselbe, dieselbe, dasselbe 10
**idōneus,** a, um geeignet 27
**Īdūs Aprīlēs** die Iden des April (13. 4.)
**iēcī** ↗ iacere
**igitur** also 25
**ignis,** ignis m. Feuer 14
**īgnōrāre** nicht wissen, nicht kennen
**īgnōtus,** a, um unbekannt
**illātus** ↗ īnferre 22
**ille,** illa, illud jener 3
**illinc** von dort
**illūstrāre** 1 beleuchten, klarmachen 15
**immēnsus,** a, um ungemessen, unermeßlich 27
**imitātiō,** ōnis f. Nachahmung
**immō** im Gegenteil, keineswegs; gewiß, ja sogar; immō vērō ganz im Gegenteil
**impedīre** 4 hindern 28
**im-pellere** 3, -pellō, -pulī, -pulsus antreiben 22
**imperāre** 1 m. Dat. gebieten, befehlen, herrschen über 1
**imperātor,** ōris m. Feldherr, *(seit Augustus)* Kaiser 8
**imperium,** ī n. Befehl, Herrschaft, Reich 5
**impetrāre** 1 durchsetzen, erreichen
**im-pōnere** 3, -pōnō, -posuī, positus m. Dat. (auf etwas) legen, stellen, auferlegen 7
**importāre** 1 einführen, importieren
**imprīmīs** vor allem, besonders 27
**impulī,** impulsus ↗ impellere
**in** m. Akk. ‚in', auf, nach (*wohin?*) 1; m. Abl. ‚in', an, auf (*wo?*) 1

**incendere** 3, -cendō, -cendī, -cēnsus anzünden 29
**inceptum** ↗ incipere
**in-cidere** 3, -cidō, -cidī hineinfallen, -geraten
**incipere** 3, incipiō, coepī, inceptus anfangen 20
**inclāmāre** 1 anrufen
**inclīnāre** 1 sich neigen, erstrecken
**in-clūdere** 3, -clūdō, -clūsī, -clūsus einschließen 13
**incola,** ae m. Einwohner
**incolere** 3, -colō, -coluī, -cultus (be)wohnen 2
**incultus,** a, um 1) ungepflegt, 2) ↗ incolere
**inde** von dort 25
**in-dīcere** 3, -dīcō, -dīxī, -dictus ankündigen 18
**indicium,** ī n. Anzeige, Anzeichen 29
**in-dūcere** 3, -dūcō, -dūxī, -ductus, hineinführen
**induere** 3, induō, induī, indūtus anziehen, sich bekleiden
**in-dulgēre** 2, -dulgeō, -dulsī, -dulsus nachsichtig sein, begünstigen
**industria,** ae f. Fleiß
**īnfectus,** a, um ungetan
**īnferior,** ius unterhalb gelegen
**īnferre,** īnferō, intulī, illātus hineintragen 22
**īnflammāre** 1 entflammen
**īn-fluere** 3, -fluō, -flūxī hineinfließen, münden 28
**ingenium,** ī m. Begabung, Sinnesart 26
**ingēns,** ingentis ungeheuer, gewaltig 17
**ingrātus,** a, um undankbar 25
**in-imīcus,** a, um feindlich, Feind 25
**initium,** ī n. Anfang 12
**iniūria,** ae f. Unrecht, Gewalttat 7
**iniūstus,** a, um ungerecht 24

239

# Index verborum et nominum

## I

**inquit** (*in die direkte Rede eingeschoben*) (er, sie, es) sagt(e) 4
**īn-scrībere** 3, -scrībō, -scrīpsī, -scrīptus daraufschreiben, betiteln 26
**īnscrīptiō,** ōnis *f.* Inschrift 16
**īnsepultus,** a, um unbestattet
**īnsequī** 3, īnsequor, īnsecūtus sum (ver)folgen, erreichen 26
**īnsīgne,** is *n.* (Kenn-)Zeichen, Ehrenzeichen, Zierrat
**īnstituere** 3, īnstituō, īnstituī, īnstitūtus einrichten, unterrichten 21
**īn-struere** 3, -struō, -strūxī, -strūctus hineinbauen, errichten
**īnstrumentum,** ī *n.* Werkzeug, Gerät 19
**īnsula,** ae *f.* ‚Insel', Mietskaserne 2
**intel-legere** 3, -legō, -lēxī, -lēctus einsehen, verstehen 10
**inter** *m. Akk.* zwischen, ‚unter' 1
**intercēdere** 3, -cēdō, -cessī, -cessus *m. Dat.* dazwischentreten, -liegen, Einspruch (Veto) einlegen (gegen)
**interdiū** bei Tage, den Tag über 27
**interdum** bisweilen 2
**intereā** inzwischen 15
**inter-esse,** -sum, -fuī *m. Dat.* teilnehmen an 4
**inter-ficere** 3, -ficiō, -fēcī, -fectus töten 20
**internus,** a, um innere 20
**interpretārī** 1 vermitteln, erklären, übersetzen 26
**interrogāre** fragen 10
**inter-venīre** 4, -veniō, -vēnī, -ventum dazwischenkommen, hindern 26
**intestābilis,** e ehrlos
**intrāre** 1 betreten 10
**intulī** ↗ īnferre
**in-ūtilis,** e unnütz, unbrauchbar 18
**in-venīre** 4, -veniō, -vēnī, -ventus finden 3
**in-vidēre** 2, -videō, -vīdī *m. Dat.* jemanden beneiden, *auf jemand eifersüchtig sein*

**invīsus,** a, um verhaßt 25
**invītus,** a, um nicht willens, mē invītō gegen meinen Willen 30
**iocōsus,** a, um scherzhaft
**Iovis,** Iovis *m.* altlateinisch für Jupiter, ↗ Iuppiter
**ipse,** ipsa, ipsum selbst, unmittelbar 8
**īrātus,** a, um erzürnt 9
**īre,** eō, iī, ītum gehen 23
**is,** ea, id er, sie, es; dieser, diese, dieses (derjenige, diejenige, dasjenige) 10
**iste,** ista, istud der da, dieser 21
**ita** so 3
**Italia,** ae *f.* Italien 2
**Italicus,** a, um italisch 1
**itaque** daher, deshalb 3
**item** ebenso 28
**iter,** itineris *n.* Weg, Marsch, Reise 14
**iterum** wieder 20
**itin-** ... ↗ iter
**iubēre** 2, iubeō, iussī, iussus auffordern, befehlen 18
**iūdex,** iūdicis *m.* Richter 23
**iūdicāre** 1 richten, urteilen 21
**iūdicium,** ī *n.* Gericht, Gerichtsverhandlung, Urteil 7
**iungere,** iungō, iūnxī, iūnctus verbinden, vereinigen 15
**Iūnō,** ōnis *f.* Juno, *röm. Göttin (griech. Hera), Gattin des Jupiter*
**Iuppiter,** Iovis *m.* Jupiter (*griech.* Zeus), *höchster Gott*
**iūrāre** 1 schwören 22
**iūrisdīctiō,** ōnis *f.* Rechtsprechung
**iūs,** iūris *n.* Recht 9
**iussī,** iussus ↗ iubēre
**iussū** *Abl.* auf Befehl
**iussus,** ūs *m.* Befehl
**Iūstīniānus,** ī *m.* Justinian, *byzantinischer Kaiser, 527–565 n. Chr.*
**iūstitia,** ae *f.* Gerechtigkeit 26
**iūstus,** a, um gerecht 24
**iuvāre** ↗ adiuvāre

## L

**L.** ↗ Lucius
**labor,** labōris *m.* Mühe, Arbeit 19
**labōrāre** 1 sich mühen, arbeiten, *m. Abl.* leiden (an) 1
**labyrinthus,** ī *m.* Labyrinth
**lacerāre** 1 zerfleischen

**lacessere** 3, lacessō, lacessīvī, lacessītus reizen, herausfordern
**lacrimāre** 1 Tränen vergießen, weinen
**laetitia,** ae *f.* Freude 25
**lāna,** ae *f.* Wolle
**lāna ōvī albō tincta** mit Eiweiß getränkte Wolle

# Index verborum et nominum

**L**

**lapicīdīnae**, ārum *f.* Steinbrüche
**lapis**, lapidis *m.* Stein 16
**largītiō**, ōnis *f.* Freigebigkeit, Großzügigkeit 30
**lassitūdō**, inis *f.* Mattigkeit
**lātifundium**, ī *n.* Latifundium (*sehr großer, nicht unbedingt zusammenhängender Besitz an Acker- und Weideland*) 19
**Latīnī**, ōrum *m.* die Latiner, Bewohner von Latium 2
**Latīnus**, a, um ‚latinisch', ‚lateinisch' 2
**Lātium**, ī *n.* ON; *Gebiet sö. von Rom, Heimat der Latiner*
**lātus**, a, um 1) breit, weitläufig; 2) ↗ ferre 27
**laudāre** 1 loben 23
**laus**, laudis *f.* Lob, Ehre 19
**lavāre** 1 waschen 28
**lēctor**, ōris *m.* (Vor-)Leser
**lēgātiō**, ōnis *f.* Gesandtschaft 22
**lēgātus**, ī *m.* 1) *Legat (ein höherer Offiziersrang)*; 2) Abgesandter, Gesandter 9
**legere** 3, legō, lēgī, lēctus lesen, sammeln 9
**legiōnāriī**, ōrum *m.* Legionssoldaten, -truppen
**levāre** 1 erleichtern 26
**levis**, e leicht, leichtfertig 19
**lēx**, lēgis *f.* Gesetz 9
**libellus**, ī *m.* Büchlein 27
**libenter** *Adv.* gern 21
**līber**, a, um frei 9
**liber**, librī *m.* Buch 6
**līberāre** 1 befreien 18
**līberī**, ōrum Kinder 9
**lībert(īn)us**, ī *m.* Freigelassener
**libīdō**, inis *f.* Begierde 21
**licet** 2, licuit es ist erlaubt, man darf 27
**līnea**, ae *f.* Linie
**lingua**, ae *f.* Zunge, Sprache 10
**Līvius**, ī *m.* PN; 1) Livius Andronīcus *röm. Dichter (3. Jh. v. Chr.)*, 2) Titus Livius *röm. Geschichtsschreiber (59 v. Chr. – 17 n. Chr.)*
**loca**, ōrum *n.* Orte, Gegend 5
**locus**, ī *m.* Ort, Stelle 5
locūtus ↗ loqui
**longē** *Adv.* bei weitem 29
**longus**, a, um lang 23
**loquāx**, loquācis geschwätzig 23
**loquī** 3, loquor, locūtus sum reden, sprechen 26
**Lūcius**, ī *m.* PN (*Vorname*)
**Lucretius**, T. ~ Carus, *gest. 55 v. Chr., Verfasser des philosophischen Lehrgedichts De rerum natura*
**lūctus**, ūs *m.* Trauer 26
**lūdere** 3, lūdō, lūsī, lūsus spielen
**lūdus**, ī *m.* Spiel, Schule; *Pl.:* Gladiatorenspiele
**lūmen**, minis *n.* Licht 28
**lupa**, ae *f.* Wölfin
lūsī ↗ ludere
**lūx**, lūcis, *f.* ‚Licht', Tag 15
**luxuria**, ae *f.* üppiges Wachstum, Verschwendung (ssucht) 27

**M**

**M.** ↗ Marcus
**Macedonia**, ae *f.* Makedonien
**Macedonēs**, um *m.* die Makedonier
**māchina**, ae *f.* Winde, Maschine 27
**maerēre** 2, maeruī trauern 26
**magis** *Adv.* mehr
**magister**, magistrī *m.* Lehrer, ‚Meister' 3
**magistrātus**, ūs *m.* Amt, hoher Beamter 11
**māgnanimitās**, tātis *f.* Großmut
māgnificentissimus ↗ māgnificus
**māgnificus**, a, um großartig 22
**māgnitūdō**, tūdinis *f.* Größe
**māgnus**, a, um groß 2
**Maharbal** PN; *Offizier des Hannibal*
**māior**, māius größer 20
**māiōrēs**, um *m.* Vorfahren 20
**malitia**, ae *f.* Bosheit
**malitiōsus**, a, um boshaft, bösartig 26
**mālle**, mālō, māluī lieber wollen 24
**malum**, ī *n.* Übel, Mißstand 26
**malus**, a, um (*Adv.* male) schlecht 10
**mandāre** 1 übergeben, übertragen, auftragen 6
**mandātum**, ī *n.* Auftrag 25
**manēre** 2, maneō, mānsī, mānsus bleiben 3
**manus**, ūs *f.* Hand, Schar 15
**Mārcus**, ī *m.* PN (*Vorname*)
**mare**, maris *n.*; *Abl.* marī; *Pl.*: maria, marium Meer 14
**Mariānī**, ōrum *m.* die Marianer, Anhänger des Marius
**Marius**, ī *m.* C. Marius, *röm. Feldherr, Führer der Popularen, 156–86 v. Chr.*

241

# Index verborum et nominum

**M** marīta, ae *f.* Ehefrau
marītus, ī *m.* Ehemann
marmor, marmoris *n.* ‚Marmor'; *Pl.:* Marmorblöcke
Mārs, Mārtis *m.* Mars, *Gott des Krieges (griech.* Ares*)*
māter, mātris *f.* Mutter 9
māteria, ae *f.* Bauholz, Stoff, Materie 14
mātrimōnium, ī *n.* Ehe
in mātrimōnium dūcere heiraten
mātrōna, ae *f.* (*verheiratete*) Frau
māximē *Adv.* am meisten, besonders 18
māximus, a um größte, sehr groß 18
mē ↑ ego
medicus, ī *m.* Arzt 7
meditārī 1 nachdenken 23
medius, a, um ‚mittlere', in der Mitte befindlich 2
melior, melius besser 20
memoria, ae *f.* Gedächtnis 25
Menēnius Agrippa, -ī -ae *m.* PN; *bewegte die plebs zur Rückkehr vom Mons sacer* (Menēnius: *Name einer patrizischen gens*) 9
mēnsis, mēnsis *m.* Monat 27
merx, mercis *f.* Ware 17
mercātor, ōris *m.* Kaufmann 17
Mercurius, ī *m.* Merkur (*griech.* Hermes), *Gott des Handels und der Diebe, Götterbote*
merērī 2, mereor, meritus sum verdienen, sich Verdienste erwerben 30
merīdiānus, a, um südlich
merīdiēs, merīdiēī *m.* Mittag, Süden 28
M. Messala, ae *m.* PN; *Konsul 61 v. Chr.*
metallum, ī *n.* Bergwerk, Metall
Metellus, ī *m.* PN
metus, ūs *m.* Furcht
meus, mea, meum mein 3
migrāre 1 wandern, auswandern 20
mihi ↑ ego
mīles, mīlitis *m.* Soldat 8
mīlia, mīlium *n.* Tausende 17
mīlitia, ae *f.* Kriegsdienst 11
mīlle *unveränderlich* tausend 17
Minerva, ae *f.* Minerva (*griech.* Athene), *Göttin der Weisheit, auch Kriegsgöttin*
minimus, a, um kleinste, sehr klein 20
minister, ministrī *m.* Diener 3
ministerium, ī *n.* Dienst(-leistung) 19
Mīnōs, Mīnōis *m.* PN; *sagenhafter König von Kreta*

Mīnōtaurus, ī *m.* (der) Minotaurus, „Stier des Minos", *Ungeheuer im Labyrinth von Knossos* 13
minuere 3, minuō, minuī, minūtus ver‚mindern' 11
miser, misera, miserum elend, unglücklich 8
miseria, ae *f.* Elend 8
misericordia, ae *f.* Mitleid
mittere 3, mittō, mīsī, missus schicken, loslassen 9
mixtus, a, um gemischt 10
modo nur 27
modo ... modo bald ... bald
modus, ī *m.* Maß, Art und Weise
mōlēs, is *f.* Masse, Riesenbau 11
molestia, ae *f.* Beschwerlichkeit, Unannehmlichkeit, Ärger 26
mollis, e weich, sanft, mild 25
monēre 2, moneō, monuī, monitus (er-)mahnen, warnen 14
mōns, montis *m.* Berg 9
Mōns Sacer, Montis Sacrī der Heilige Berg (*bei Rom*)
mōnstrāre 1 zeigen 4
mōnstrum, ī *n.* Untier, Ungeheuer
monumentum, ī *n.* Mahn-, Denkmal 15
morārī 1 (sich) aufhalten, verweilen, zögern 26
morī 3, morior, mortuus sum sterben 29
mors, mortis *f.* Tod 17
mortālis, e sterblich
mortuus ↑ morī
mōs, mōris *m.* . Sitte; *Pl.:* Charakter 18
mōtus, ūs *m.* Erschütterung, Bewegung, Beben 16
movēre 2, moveō, mōvī, mōtus bewegen 16
mox bald
mulier, is *f.* Frau, Ehefrau
muliebris, e weiblich, für Frauen
multiplicātiō, ōnis *f.* Vervielfältigung
multitūdō, inis *f.* Menge 20
multō *Abl. des Maßes* um vieles, viel 29
multus, a, um viel 1
L. Mummius, ī *m.* PN
mundus, ī *m.* Welt
mūnicipium, ī *n.* kleine Stadt 27
mūnīre 4 befestigen, ausbessern 2
mūnītiō, ōnis *f.* Befestigung 29
mūnus, eris *n.* Geschenk, Gabe, Aufgabe, Pflicht 23
mūrus, ī *m.* Mauer 5
mūtāre 1 tauschen, (ver)ändern 7

# Index verborum et nominum

**N**

**nam** denn 2
**nārēs, nārum** Nasenlöcher, Nase
**narrāre** 1 erzählen 3
**nāscī** 3, nāscor, nātus sum geboren werden
**Nāsīca,** ae *m.* PN; *cognōmen* ↗ Cornēlius
**nātiō,** ōnis *f.* Volk, Volksstamm 12
**nātūra,** ae *f.* ‚Natur' 2
**nātus,** a, um geboren, gebürtig, *bei Altersangaben:* (decem) annōs nātus (10) Jahre alt 15
**naufragium,** ī *n.* Schiffbruch
**nauta,** ae *m.* Seemann 17
**nāvālis,** e Schiffs- (*in Zusammensetzg.*)
**nāviculārius,** ī *m.* Reeder
**nāvigāre** 1 zur See fahren, segeln 17
**nāvis,** is *f.* Schiff 13
**Naxus,** ī *f.* Naxos, *Ägeisinsel*
**nē** *m.* Konjunktiv (*in unabhängigen Begehrssätzen:*) nicht; (*in Gliedsätzen:*) *daß* nicht, damit nicht, um nicht zu 12
**-ne** (*in Fragesätzen dem betonten Wort angehängt, im Deutschen nur Wortumstellung*) *z. B.:* venīsne? kommst du? 15
**-ne ... an** ob ... oder
**nebulō,** ōnis *m.* Taugenichts, Windbeutel
**nec = neque** und nicht, auch nicht, aber nicht 18
**necāre** 1 töten 7
**necessārius,** a, um notwendig; verbündet, befreundet
**necessitās,** tātis *f.* Notwendigkeit 27
**negāre** 1 verneinen, leugnen, verweigern 2
**negātiō,** nis *f.* Verneinung
**neglegentia,** ae *f.* Nachlässigkeit, Vernachlässigung, Mißachtung
**negōtium,** ī *n.* Geschäft, Aufgabe 14
**nēmō** (*Dat.* nēminī, *Akk.* nēminem) niemand 3
**Nepōs,** Nepōtis *m.* PN; Cornēlius Nepōs *röm. Biograph und Geschichtsschreiber, etwa 100–27 v. Chr.*
**Neptūnus,** ī *m.* Neptun (*griech.* Poseidon), *Gott des Meeres und der Flüsse*
**neque** und ... nicht, auch ... nicht, aber ... nicht 5
**neque ... neque** weder ... noch 5
**nē ... quidem** nicht einmal

**ne-scīre** 4 nicht wissen 25
**neuter,** neutra, neutrum keiner von beiden
**nex,** necis *f.* Mord, Tod
**nihil** nichts 2
**nihilōminus** nichtsdestoweniger, trotzdem 29
**nimius,** a, um zu groß
**nisī** wenn nicht 7
**nōbilis,** e vornehm, edel, berühmt 18
**nōbilitās,** tātis *f.* Adel 29
**nōbīs** ↗ nōs
**nocēre** 2 schaden 18
**noctū** nachts 29
**nocturnus,** a, um nächtlich 14
**nōlle,** nōlo, nōluī nicht wollen 24
**nōmen,** nōminis *n.* ‚Name' 19
**nōmināre** 1 nennen 3
**nōn** nicht 2
**nōndum** noch nicht
**nōn iam** nicht mehr 3
**nōn modo ... sed etiam** nicht nur ..., sondern auch 27
**nōnnūllī,** ae, a einige 5
**nōnnumquam** manchmal, bisweilen 29
**nōnus,** a, um ‚neunte' 4
**nōs** wir (*betont*) 3, 4
**nōscere** 3, nōscō, nōvī kennenlernen, erkennen, erfahren 4
**noster,** nostra, nostrum unser 3
**nōtus,** a, um bekannt 17
**novem** ‚neun' 4
**novī** ↗ nōscō
**novitās,** tātis *f.* Neuigkeit
**novus,** a, um neu 2
**nox,** noctis *f.* Nacht 15
**nūbēs,** nūbis *f.* Wolke
**nūllus,** a, um kein 17
**num** (*m. Ind., in direkter Frage:*) etwa; (*m. Konj.iv., in indir. Frage:*) ob 12
**numerus,** ī *m.* Zahl, Anzahl 11
**Numidae,** ārum, *m.* die Numider
**Numitor,** ōris, *m.* PN; *König von Alba Longa, Großvater von Romulus und Remus*
**nummus,** ī *m.* Münze 18
**nunc** nun, jetzt 3
**nunquam** niemals 12
**nūntiāre** 1 melden 18
**nūntius,** ī *m.* Bote, Nachricht 22
**nūptiae,** ārum *f.* Hochzeit
**nūptiālis,** e hochzeitlich, Hochzeits-

243

# Index verborum et nominum

**O**

**obicere** 3, obiciō, obiēcī, obiectus entgegenwerfen, -stellen, entgegnen, vorwerfen
**oblātus** ↗ offerre
**oblīvīscī** 3, oblīvīscor, oblītus sum *m. Gen.* (*etwas*) vergessen 25
**ob-ruere** 3, -ruō, -ruī, -rutus überschütten, bedecken
**obscūrāre** 1 verdunkeln
**observāre** 1 beobachten 15
**ob-stringere** 3, -stringō, -strīnxī, -strictus verpflichten
**obtulī** ↗ offerre
**ob-tundere** 3, -tundō, -tūdī, -tūsus zerschlagen, schwächen 28
**obvius,** a, um entgegen 23
**occidēns,** entis *m.* Westen 28
**occīdere** 3, occīdō, occīdī, occīsus niederhauen, erschlagen 9
**occupāre** 1 besetzen 1
**oc-currere** 3, -currō, -currī, -cursus entgegengehen, begegnen 15
**Ōceanus,** ī *m.* Ozean
**octāvus,** a, um ‚achte' 2
**octō** ‚acht' 2
**oculus,** ī *m.* ‚Auge' 7
**odiōsus,** a, um verhaßt 26
**odium,** ī *n.* Haß 17
**offerre** 3, offerō, obtulī, oblātus entgegenbringen, anbieten 22
**officium** ī *n.* Pflicht, Aufgabe 27
**oleum,** ī *n.* Öl
**olīva,** ae *f.* Ölbaum, Olive 22
**Olympia,** ae *f.* ON Olympia
**Olympia,** ōrum *n.* die Wettkämpfe zu Olympia
**Olympus,** ī *m.* der Olymp (*Berg, Sitz der Götter*)

**omnīnō** im ganzen, überhaupt 29
**omnis,** omne jeder, ganz, *Pl.:* alle 17
**onerāre** 1 beladen
**onus,** oneris *n.* Last 19
**opera, ae** *f.* Mühe, Arbeit 18
**opēs,** um *f.* Macht, Reichtum
**opīnārī** 1 meinen, vermuten 26
**oportēre** 2, oportet, oportuit es ist nötig, man muß 19
**oppidum,** ī *n.* (kleinere) Stadt 1
**opportūnus,** a, um günstig 23
**op-primere** 3, -primō, -pressī, -pressus unterdrücken, überfallen, überwältigen 8
**oppūgnātiō,** ōnis *f.* Belagerung, Bestürmung
**optāre** 1 wünschen 10
**optimus,** a, um beste, sehr gut 20
**opus est** es ist nötig; *m. Dat. jemand* braucht; *m. zus. Abl. jemand* braucht *etwas/jemanden* 21
**opus,** eris *n.* Werk, Arbeit 19
**ōra,** ae *f.* Küste 17
**ōrāre** *1* bitten
**ōrātiō,** ōnis *f.* Rede 27
**ōrātor,** ōris *m.* Redner
**orbis,** is *m.* Kreis 27
 orbis (terrārum) Kreis der Länder, Erdkreis, Welt 27
**ōrdō,** inis *m.* Rang, Reihe(nfolge)
**oriēns,** entis *m.* Orient
**orīgō,** inis *f.* Ursprung 22
**ornāre** 1 schmücken, ausstatten 5
**ōs, ōris** *n.* Mund, Gesicht, Mündung 28
**ōsculārī** 1 küssen
**ostendere** 3, ostendō, ostendī zeigen 21
**Ōstia,** ae *f.* ON; *Hafenstadt Roms*
**ōtium,** ī *n.* Muße, Freizeit 14

**P**

P. ↗ Publius
**paene** fast 30
**pāgina,** ae *f.* (Buch-)Seite 9
**Palātium,** ī *n.* das Palatium, der Palatinische Hügel *in Rom*
**pānis,** pānis *m.* Brot 10
**pār,** paris gleich 20
 pār atque ebenso wie
**parāre** 1 bereiten, vorbereiten, (sich) verschaffen 18
**parātus,** a, um bereit 4
**parcere** 3, parcō, pepercī *m. Dat.* (*jemanden*) schonen

**parentēs,** parentum *m.* Eltern 15
**parēre** 2, pareō, paruī gehorchen 26
**parere** 3, pariō, peperī, partus gebären, hervorbringen, schaffen 25
**pars, partis** *f.* Teil, *auch:* Anhänger (-schaft), Partei 8
**partim** teils, teilweise 12
**pāruī** ↗ pārēre
**parvus,** a, um klein 19
**passus** 1) ↗ patior, 2) ūs *m.* (Doppel)-Schritt
**pāstor,** -ōris *m.* Hirte

# Index verborum et nominum

**P** **pater,** patris *m.* ‚Vater' 3
**patēre** 2, pateō, patuī offenstehen 27
**patī** 3, patior, passus sum leiden, dulden, erdulden 29
**patria,** ae *f.* ‚Vater'stadt, ‚Vater'land, Heimat 2
**patricius,** ī *m.* Patrizier
**paucī,** ae, a wenige 7
**paucitās,** tātis *f.* geringe Anzahl 18
**paulātim** allmählich 5
**paululum** ein klein wenig
**paulum,** ī *n.* ein wenig, ein bißchen 14
**pauper,** pauperis arm 20
**pausa,** ae *f.* Pause, Ende
**pavīmentum,** ī *n.* Estrich
**pāx,** pācis *f.* Frieden 8
**pecūnia,** ae *f.* Geld 8
**pēior,** pēius schlechter 20
**pellere** 3, pellō, pepulī, pulsus schlagen, (ver)treiben 8
**penetrāre** 1 eindringen
pepulī ↗ pellere
pepercī ↗ parcere
peperī ↗ pārere
**per** *m. Akk.* durch, während 4
per Iovem bei Jupiter (Zeus)
**perambulāre** 1 durchwandern
**per-cutere** 3, -cutiō, -cussī, -cussus schlagen, erschüttern, töten
**perdere** 3, perdō, perdidī, perditus zugrunde richten, vernichten 24
**perfacilis,** e sehr leicht 29
perfēcī ↗ perficere
**per-ferre,** -ferō, -tulī, -lātus ertragen, überbringen 22
**per-ficere** 3, -ficiō, -fēcī, -fectus durchführen, vollenden 19
**Pergamēnī,** ōrum *m.* die Pergamener
**Pergamum,** ī *n.* ON; Pergamon, *Stadt in Kleinasien*
**perīculum,** ī *n.* Gefahr 3
**per-īre,** -eō, -iī zugrundegehen, sterben
perlātus ↗ perferre
**per-manēre** 2, -maneō, -mānsī, -mānsus bleiben, beharren 21
**per-mittere** 3, -mittō, -mīsī, -missus erlauben 21
**per-movēre** 2, -moveō, -mōvī, -mōtus erregen, beunruhigen, veranlassen
**permultī,** ae, a sehr viele
**permūtāre** 1 völlig verändern, wechseln, austauschen

**permūtātiō,** ōnis *f.* (*völlige*) Veränderung, Tausch
**perniciēs,** perniciēī *f.* Verderben, Vernichtung 6
**perpetuus,** a, um beständig, ununterbrochen
**per-rumpere** 3, -rumpō, -rūpī, -ruptus hindurchbrechen, überwinden
**per-suādēre** 2, -suādeō, -suāsī, -suāsum *m. Dat.* überreden, überzeugen 18
**per-terrēre** 2, -terreō, -terruī, -territus (*jemanden*) sehr erschrecken 16
**pertinēre** 2, pertineō, pertinuī ad sich erstrecken bis zu, sich beziehen auf, abzielen auf 29
pertulī ↗ perferre
**perturbātiō,** -ōnis *f.* Verwirrung
**pervagārī** 1 umherschweifen 28
**per-venīre** 4, -veniō, -vēnī, -ventum durchkommen, gelangen 9
**pēs,** pedis *m.* ‚Fuß' 15
**pessimus,** a, um schlechter, sehr schlecht 28
**petere** 3 petō, petīvī, petītus zu erreichen suchen, angreifen 5
**Pharus,** ī *m.* ON; *Insel mit Leuchtturm vor der Nilmündung bei Alexandria*
**pharus,** ī *m.* Leuchtturm
**Philippus,** ī *m.* griech. PN, *besonders Name makedonischer Könige*
**philosophus,** ī *m.* Philosoph
**Phoenīcēs,** um *m.* die Phönizier, *Seefahrervolk an der Ostküste des Mittelmeeres, gründeten u. a. Karthago*
**pictūra,** ae *f.* Gemälde, Malerei 16
**pīla,** ae *f.* Pfeiler 28
**pīnus,** ī *f.* Pinie
**plācāre** 1 besänftigen 4
**placēre** 2, placeō, placuī, placitus gefallen 4
**Platō,** ōnis *m.* Platon (*427–347 v. Chr.*), *griech. Philosoph*
**plēbēius,** ī *m.* Plebejer 7
**plēbs,** plēbis *f.* die Plebs, das einfache (nichtpatrizische) Volk 8
**plēnus,** a, um voll 28
**plūrimī,** ae, a die meisten, sehr viele
**plūrimum** das meiste, sehr viel 30
**plūs,** *Gen.* plūris mehr
**pōculum,** ī *n.* Becher
**poena,** ae *f.* Strafe 19
**Poenī,** ōrum *m.* die Punier (= Karthager), *Bewohner der Stadt Karthago*

245

# Index verborum et nominum

**P**

**poēta,** ae *m.* Dichter 19
**pompa,** ae *f.* Festzug
**Pompēī,** ōrum *m.* ON; *Stadt in Kampanien, sö. von Neapel, 79 n. Chr. durch Erdbeben verschüttet*
**pōnere** 3, pōnō, posuī, positus setzen, stellen, legen 3
**pōns,** pontis *m.* Brücke 19
**populārī** 1 verwüsten 30
**populus,** ī *m.* Volk 1
**portāre** 1 tragen, bringen 3
**portus,** ūs *m.* Hafen 14
positus ↗ ponere
**posse,** possum, potuī können 11
**possessiō,** ōnis *f.* Besitz 30
**possidēre** 2, possideō, possēdī, possessus besitzen 20
**post** *m. Akk.* hinter, nach; *als Adv.* später 1
**posteā** *Adv.* später 13
**posterus,** a, um spätere 28
  posterī die Nachkommen
**postlīminium,** ī *n.* Heimkehrrecht
**postquam** *m. Ind. Perf.* nachdem 9
**postrēmō** zuletzt 17
**postulāre** 1 fordern 7
posuī ↗ ponere
**pōtāre** 1 trinken 15
**potēns,** potentis mächtig 20
**potentia,** ae *f.* Macht 11
**potestās,** tātis *f.* Macht, Amtsgewalt 19
**pōtiō,** ōnis *f.* Trank 28
**potīrī** 4, potior, potītus sum *m. Abl.* sich (*einer Sache*) bemächtigen 25
**potius** *Adv.* vielmehr, eher, lieber
potuī ↗ posse
**prae** *m. Abl.* vor (*auch kausal*) 16
**praebēre** 2, praebeō, praebuī, praebitus bieten, anbieten, gewähren 16
**praeceptum,** ī *n.* Vorschrift, Anordnung; Lehre 21
**praeclārus,** a, um (sehr) berühmt 27
**praedicāre** 1 preisen, rühmen 22
**praeesse,** praesum, praefuī *m. Dat.* vorstehen, leiten 6
**praefurnium,** ī *n.* Heizungsraum
**praemeditātiō,** ōnis *f.* das Vorherbedenken 26
**praemium,** ī *n.* Belohnung 19
**praesēns,** praesentis gegenwärtig, anwesend 26
**praesidium,** ī *n.* Schutz, Schutzwache 9
**praestāre** 1, praestō, praestitī, praestitus sich auszeichnen, gewährleisten; *m. Dat. und Abl.* jemanden übertreffen (*an etwas*) 25
sē praestāre sich erweisen
**praeter** *m. Akk.* an ... vorbei, außer 2
**praeter-īre,** -eō, -iī, -ītus vorbeigehen, übergehen 23
**praetereā** außerdem 2
**prāndium,** ī *n.* Frühstück
**precēs,** precum *f.* die Bitten, das Flehen 9
**premere** 3, premō, pressī, pressus drücken, bedrängen 8
**pretiōsus,** a, um wertvoll 27
**pretium,** ī *n.* ‚Preis' 7
**prīmum** *Adv.* zuerst 18
**prīmus,** a, um erste 4
**prior,** prius früher 20
**priusquam** *m. Ind.* bevor 25
**prīvātus,** a, um privat 11
**prō** *m. Abl.* vor, für, anstelle von 18
**probāre** 1 billigen, prüfen 15
**prō-cēdere** 3, -cēdō, -cessī, -cessus vorgehen, voranschreiten 22
**prōcōnsul,** is *m.* Prokonsul 18
**prōdere** 3, prōdō, prōdidī, prōditus verraten
**prōdesse,** prōsum, prōfuī nützen 24
**prōd-īre,** -eō, -iī, -ītum hervorgehen, vorrücken, sich zeigen 23
**proeliārī** 1 ein Gefecht führen, kämpfen 25
**proelium,** ī *n.* Gefecht
**prō-ficere** 3, -ficiō, -fēcī, -fectus Fortschritte machen, vorwärtskommen, nützen 23
**proficīscī** 3, proficīscor, profectus sum aufbrechen, marschieren, reisen 25
prōfuī ↗ prōdesse
**prō-gredī** 3, -gredior, -gressus sum vorrücken
**prohibēre** 2, prohibeō, prohibuī, prohibitus fernhalten, (ver)hindern 1
**prō-icere** 3, -iciō, -iēcī, -iectus hinwerfen 20
**prōlēs,** is *f.* Sprößling, Nachwuchs 19
**prōlētāriī,** ōrum *m.* besitzlose Bürger
**prōlētārius,** a, um zur untersten Vermögensklasse gehörig, besitzlos
**prō-mittere** 3, -mittō, -mīsī, -missus versprechen
**prōpāgāre** 1 ausbreiten, ausdehnen

# Index verborum et nominum

**P**

**prope** *m. Akk.* nahe, in der Nähe von; *ohne Akk.*, *als Adv.* in der Nähe 7
**propinquus**, a, um benachbart, verwandt 15
**propinquus,** ī *m.* Verwandter 15
**propter** *m. Akk.* wegen 9
**proptereā** deswegen 9
**prō-sequī** 3, -sequor, -secūtus sum begleiten, geleiten, verfolgen 25
prōsum ↗ prōdesse
**prōtinus** weiter, im weiteren Verlauf
**prōverbium,** ī *n.* Sprichwort
**prōvidēre** 2 *m. Akk.* vorhersehen, *m. Dat.* sorgen für 27
**prōvincia,** ae *f.* Provinz 17
**proximus,** a, um nächste 29
**prūdēns,** prūdentis klug 19
**prūdentia,** ae *f.* Klugheit 21
**prytaneion,** ī *n.* Rathaus
**pūblicus,** a, um öffentlich, staatlich 6

**Pūblius,** ī *m.* PN (*Vorname*)
**puella,** ae *f.* Mädchen 13
**puer,** puerī *m.* Junge 3
**pūgnāre** 1 kämpfen
**pulcher,** pulchra, pulchrum schön 4
**pulmō,** pulmōnis *m.* Lunge
pulsus ↗ pellere
**Pūnicus,** a, um punisch (= karthagisch) 17
**pūnīre** 4 bestrafen 13
**putāre** 1 glauben, meinen (*m. doppeltem Akk.*), *jemanden für* ... halten 3
**Pyrrhus,** ī *m.* PN; *König von Epirus (NW-Griechenland), 319/18–272 v. Chr.; einer der Nachfolger Alexanders d. Gr.; kämpfte in Unteritalien gegen die Römer*
**Pȳthagorās,** ae *m.* PN (*griech. Philosoph, 6. Jh. v. Chr.*)

**Q**

Q. ↗ Quintus
**quā** wohin, wo
**quadrātus,** a, um viereckig
**quaerere** 3, quaerō, quaesīvī, quaesītus suchen, fragen, erfragen 12
**quam** wie 4; *beim Komparativ* als 20; *beim Superl.* möglichst; ↗ quī
**quamquam** obwohl 5
**quantus,** a, um wie groß 25
**-que** (*angehängt*) und 1
**querī** 3, queror, questus sum klagen, sich beklagen 26
**quī,** quae, quod welcher, welche, welches; (*Relativpronomen*) der, die, das; wer, was; (*Fragepronomen*) 10
**quia** *m. Ind.* weil 21
**quid** was 16
**quīdam,** quaedam, quoddam ein (gewisser); *Pl. auch:* einige 17
**quidem** *Adv.* zwar, freilich 16

**quiēs,** quiētis *f.* Ruhe 16
**quiēscere** 3, quiēscō, quiēvī ruhen 16
**Quīnctius,** ī *m.* PN; T. Quinctius Flamininus *röm. Feldherr und Politiker, 197 v. Chr. Sieg über Makedonien*
**quīnque** ‚fünf' 19
**quīntus,** a, um ‚fünfte' 19
**Quīntus,** ī *m.* PN (*Vorname*)
**quis,** quid 1) *unbetont* (*nach si, nisi, ne, num*): entspricht aliquis, aliquid, 2) wer, was 24
**quisque,** quaeque, quodque/quidque jeder 13
**quō** wohin 23; ↗ qui
**quod** 1) *m. Indik.* weil, daß; 2) ↗ quī 10
**quōmodo** auf welche Weise, wie
**quoque** (*dem betonten Wort nachgestellt*) auch 4
**quot** (*unveränderlich*) wie viele 14
**quotannīs** *Adv.* jährlich 8

**R**

**rāmulus,** ī *m.* Zweig 22
**rapere** 3, rapiō, rapuī, raptus fortreißen, rauben, fortschleppen 20
**rārus,** a, um (*Adv.* rārō) selten 10
**ratiō,** ōnis *f.* Berechnung, Verfahren, Vernunft 24
**ratis,** is *f.* Floß

**re-cēdere** 3, -cēdō, -cessī, -cessus zurückweichen, -gehen, -kehren
**recipere** 3, recipiō, recēpī, receptus zurücknehmen, aufnehmen 19
sē recipere sich zurückziehen
**recitāre** 1 vortragen, vorlesen 27
**recordārī** 1 sich erinnern 26

247

# Index verborum et nominum

**R**

**rēctus**, a, um 1) richtig; 2) ↗ regere 26
**recuperāre** 1 wiedererlangen
**recūsāre** 1 zurückweisen 20
**reddere** 3, reddō, reddidī, redditus zurückgeben 8
**redimere** 3, -imō, -ēmī, -emptus zurückkaufen, loskaufen 18
**red-īre**, -eō, -iī, -ītum zurückgehen, -kehren 25
**redītus**, ūs *m.* Rückkehr
**re-dūcere** 3, -dūcō, -dūxī, -ductus zurückführen
**referre**, referō, rettulī, relātus zurückringen, berichten 22
**regere** 3, regō, rēxī, rēctus lenken, leiten, ‚regieren' 5
**regiō**, ōnis *f.* Richtung, Gegend 10
**rēgius**, a, um königlich
**rēgnāre** 1 (als König) herrschen
**rēgnum**, ī *n.* Königsherrschaft, Königreich 3
**regredī** 3, regredior, regressus sum zurückgehen 25
**rēgula**, ae *f.* Regel, Maßstab
**Rēgulus**, ī *m.* PN; M. Atilius Rēgulus, röm. *Feldherr*
**rē-icere** 3, -iciō, -iēcī, -iectus zurückwerfen, -weisen, ablehnen 21
**relātus** ↗ referre
**relictus** ↗ relinquere
**religiō**, ōnis *f.* Verpflichtung, Götterverehrung, Frömmigkeit, Glaube 25
**relinquere** 3, relinquō, relīquī, relictus zurücklassen, verlassen 13
**reliquus**, a, um übrig 25
**Remus**, ī *m.* Remus, *Zwillingsbruder des Romulus, von diesem im Streit erschlagen*
**renovāre** 1 erneuern, wieder aufnehmen
**renūntiāre** 1 berichten, bekanntmachen, aufkündigen
**repellere** 3, repellō, reppulī, repulsus zurücktreiben 8
**repente** *Adv.* plötzlich 29
**repetere**, -petō, -petīvī, -petītus wieder haben wollen, wiederholen 25
**reppulī** ↗ repellere
**rēs**, reī *f.* Sache, Ding, Angelegenheit 6
**rēs bellica**, reī -ae *f.* Kriegswesen
**rēs dīvīna**, reī -ae *f.* Götterverehrung

**rēs familiāris**, reī familiāris *f.* Vermögen 19
**rēs prīvāta**, reī -ae *f.* privater, persönlicher Bereich, Privatleben (*später auch:* kaiserliches Privatvermögen)
**rēs pūblica**, reī -ae *f.* Staat, Republik 6
**resistere** 3, resistō, restitī sich widersetzen, Widerstand leisten 11
**re-spīrāre** 1 aufatmen 26
**respondēre** 2, respondeō, respondī, respōnsus antworten 4
**restāre** 1, restō, restitī zurückbleiben, übrig bleiben; standhalten 23
**restitī** ↗ resistere, ↗ restare
**re-stituere** 3, -stituō, -stituī, -stitūtus wiederherstellen 14
**re-tinēre** 2, -tineō, -tinuī, -tentus zurückhalten 16
**rettulī** ↗ referre
**revertī** 3, revertor, revertī, reversus zurückkehren 27
**revocāre** 1 zurückrufen
**revocātiō**, ōnis *f.* Zurückrufung; Rück-, Abberufung
**rēx**, rēgis *m.* König 3
**rēxī** ↗ regere
**Rhēnus**, ī *m.* Rhein
**Rhodanus**, ī *m.* die Rhône (*Fluß in Südfrankreich*)
**rīdēre** 2, rīdeō, rīsī, rīsus lachen, auslachen, belachen 21
**rogāre** 1 bitten, fragen 4
**rogātiō**, ōnis *f.* Bitte, Frage; Gesetzesvorschlag
**Rōmā** aus Rom 5
**Rōma**, ae *f.* ON; Rom, *Hauptstadt Latiums, später des römischen Reiches; überlieferte Gründung 753 v. Chr.*
**Rōmae** in Rom 5
**Rōmam** nach Rom 5
**Rōmānī**, ōrum *m.* die ‚Römer' 1
**Rōmānus**. a, um ‚römisch' 1
**Rōmulus**, ī *m.* Rōmulus, *Gründer und erster König Roms, Sohn des Mars und der Rea Silvia* 3
**Rūbicō**, nis *m.* Rubikon (*Grenzflüßchen zu Italien*)
**ruīna**, ae *f.* Sturz, Einsturz, *Pl.:* Trümmer 16
**rumpere** 3, rumpō, rūpī, ruptus (zer-)brechen, zerreißen 20

# Index verborum et nominum

**S**

**Sabīnī,** ōrum *m.* die Sabiner (*Bewohner des Berglandes nördlich von Latium*) 2
**sacer,** sacra, sacrum heilig 22
**sacra,** ōrum *n.* Opfer(handlungen)
**saeculum,** ī *n.* Zeitalter, Jahrhundert 2
**saepe** oft 1
**saevīre** 4 wüten 20
**saltāre** 1 tanzen, springen 15
**salūs,** salūtis *f.* Gesundheit, Wohl, Rettung 16
**salūtāre** 1 grüßen, begrüßen 4
**salvē!** salvēte! sei gegrüßt! seid gegrüßt! 23
**Samnītēs,** Samnītium *m.* die Samniten (*Bewohner der Landschaft Samnium in Mittelitalien*)
**Santonēs,** um *m.* die Santonen, *Volk im westl. Gallien*
**sānus,** a, um gesund
**sapiēns,** sapientis klug, weise 9
**sapientia,** ae *f.* Weisheit 26
**Sardinia,** ae *f.* Sardinien (*Insel, seit 238 v. Chr. röm. Provinz*)
**satis** genug 4
**scelus,** eris *n.* Verbrechen 20
Scipio ↗ Cornēlius
**scīre** 4, sciō, scīvī, scītus wissen 4
**scrībere** 3, scrībō, scrīpsī, scrīptus schreiben 6
**scrīptor,** ōris *m.* Schriftsteller 9
**scrīptor rērum** Geschichtsschreiber 9
**Scylla** *Name eines Seeungeheuers, das vom Rande einer Meerenge aus durchfahrende Seefahrer verschlingt (der S. gegenüber: Charybdis)*
**sē** *Akk. Refl. pron.*
**sēcum** (*reflexiv*) mit sich; mit ihm, ihr, ihnen 13
**secundum** *m. Akk.* entlang, gemäß 20
**secundus,** a, um zweite, günstig 17
**securis,** securis *f.* Axt, Beil 19
**secūtus** ↗ sequī
**sed** aber
**sēdecim** ‚sechzehn' 16
**sēditiō,** ōnis *f.* Aufstand
**Segūsiāvī,** ōrum *m.* die Segusiaver (*Keltenvolk an der Rhône*)
**semper** immer 3
**sempiternus,** a, um immer dauernd, ewig
Sempronius ↗ Gracchus
**senātus,** ūs *m.* ‚Senat' 11

**Seneca,** ae *m.* L. Annaeus S., *etwa 4 v. Chr.–65 n. Chr., stoischer Philosoph und Schriftsteller, Erzieher des späteren Kaisers Nero*
**sententia,** ae *f.* Meinung, Satz 18
**sentīre** 4, sentiō, sēnsī, sēnsus fühlen, wahrnehmen, denken 27
**sēpārāre** 1 trennen 1
**septem** ‚sieben'
**septentriō,** ōnis *m.* Norden
**septimus,** a, um ‚siebente' 5
**septuāgēsimus,** a, um siebzigste 18
**septuāgintā** ‚siebzig' 18
**sepulcrum,** ī *n.* Grab
**Sēquanī,** ōrum *m.* die Sequaner (*Keltenstamm an der Seine*)
**sequī** 3, sequor, secūtus sum folgen 26
**Serāpiōn,** Serāpiōnis *m.* PN
**sermō,** ōnis *m.* Gespräch, Rede(weise) 21
**serva,** ae *f.* Sklavin 1
**servāre** 1 retten, bewahren 3
**servīlis,** e sklavisch, Sklaven- (*in Zusammensetzungen*)
**servīre** 4 Sklave sein, dienen 21
**servitūs,** tūtis, *f.* Knechtschaft, Sklaverei 17
**Servius Tullius,** -ī -ī PN
**servus,** ī *m.* Sklave 1
**sex** ‚sechs' 7
**sexāgēsimus,** a, um sechzigste 16
**sexāgintā** ‚sechzig' 16
**sextus,** a, um sechste 7
**sī** wenn 7
**sibī** *Dat. Refl. pron.*
**sīc** so 23
**Sicilia,** ae *f.* ON; Sizilien
**sīcut** so wie, wie wenn 23
**sīgnum,** ī *n.* Zeichen 23
**sim** ↗ esse
**similis,** e ähnlich, gleich 24
**simul** *Adv.* zugleich
**sine** *m. Abl.* ohne 8
**sinere** 3, sinō, sīvī/siī, situs lassen, zulassen 26
**sitis,** sitis *f.* Durst 28
**situs,** a, um gelegen
**sīvī** ↗ sinere
**socius,** ī *m.* Gefährte, Bundesgenosse 20
**Sōcratēs,** is *m.* PN; (*um 470–399 v. Chr.) griech. Philosoph in Athen, Lehrer Platons* 20
**sōl,** sōlis *m.* ‚Sonne' 16

# Index verborum et nominum

**S**

**solēre** 2, soleō, solitus sum pflegen, gewohnt sein 26
**sollicitāre** 1 beunruhigen, stören; aufhetzen, aufwiegeln 7
**solum,** ī *n.* Erdboden
**sōlus,** a, um allein 6
**solvere** 3, solvō, solvī, solūtus lösen, bezahlen 18
**somnus,** ī *m.* Schlaf
**sonāre** 1, sonō, sonuī tönen, erschallen, klingen
**sordidus,** a, um schmutzig, ärmlich, gemein, geizig
**Spartacus,** ī *m.* PN; *thrakischer Gladiator, Anführer aufständischer Sklaven und Gladiatoren 73–71 v. Chr.*
**spatium,** ī *n.* Raum, Zeitraum 14
**speciēs,** speciēī *f.* Erscheinung, (An-)Schein, Art 16
**spectāculum,** ī *n.* Schauspiel 4
**spectāre** 1 anschauen, betrachten 4
**spērāre** 1 hoffen 8
**spēs,** speī *f.* Hoffnung 6
**spīrāre** 1 atmen 21
**spīritus,** ūs *m.* Atem, Hauch 24
**splendor,** ōris *m.* Glanz 27
**spōns** freier Wille 30
  suā sponte von sich aus, freiwillig, aus eigener Macht
**stāre** 1, stō, stetī, – stehen 6
**statim** sofort 3
**statuere** 3, statuō, statuī, statūtus errichten, festsetzen, beschließen 9
**sternere** 3, sternō, strāvī, strātus ausbreiten, bedecken 28
**sternūmentum,** ī *n.* Niesen
stetī ↗ **stāre**
**stimulus,** ī m. Stachel, Sporn, Ansporn 26
**stipendium,** ī *n.* Lohn, Sold; Dienstjahr 20
strāvī, strātus ↗ **sternere**
**strēnuus,** a, um eifrig, fleißig
**struere** 3, struō, strūxī, strūctus schichten, bauen 10
**studēre** 2, studeō, studuī sich bemühen, *m. Dat.* sich beschäftigen *mit* 1
**studiōsus,** a, um eifrig 26
**studium,** ī *n.* Eifer, Neigung 2
**stultus,** a, um dumm, töricht 24

**suādēre** 2, suādeō, suāsī, suāsum empfehlen, raten 18
**sub** *m. Abl.* unter (*wo?*); *m. Akk.* unter (*wohin?*) 5
**sub-icere** 3, -iciō, -iēcī, -iectus unterwerfen 17
**sub-igere** 3, -igō, -ēgī, -āctus unterwerfen
**subitus,** a, um (*Adv.* subitō) plötzlich 16
sublātus ↗ **tollere**
**sub-trahere** 3, -trahō, -trāxī, -tractus entziehen, wegnehmen, abziehen, subtrahieren
**Subūra,** ae *f.* die Subura (*Stadtviertel in Rom*)
**suc-cumbere** 3, -cumbō, -cubuī niederfallen, nachgeben
**suf-ficere** 3, -ficiō, -fēcī, -fectus ausreichend vorhanden sein, ausreichen, gewachsen sein 27
suī 1. ↗ **suus**, 2. *Gen. Refl. pron.*
sum ↗ **esse**
**sūmere** 3, sūmō, sūmpsī, sūmptus nehmen 8
**summa,** ae, *f.* Gesamtheit, Ergebnis 21
**summus,** a, um höchster 6
**sūmptus,** ūs, *m.* Aufwand, Kosten 20
**sunt** (sie) sind 1
**super** *m. Akk.* über; *als Adv.* im Übermaß 23
**superāre** 1 übertreffen, besiegen 5
**superbia,** ae *f.* Stolz, Hochmut
**superbus,** a, um stolz, hochmütig 21
**suprā** *m. Akk.* oberhalb von; *als Adv.* oben 19
**suprēmus,** a, um oberste, höchste 24
**surgere** 3, surgō, surrēxī, surrēctus sich erheben, aufstehen 4
**sus-cipere** 3, -cipiō, -cēpī, -ceptus auf sich nehmen, unternehmen 26
**suspēnsiō,** ōnis, *f.* und **suspēnsūra,** ae *f.* Aufhängung (der ‚schwebende' Fußboden)
**sus-tinēre** 2, -tineō, -tinuī, -tentus emporhalten, stützen; auf sich nehmen, ertragen; aufhalten 28
sustulī ↗ **tollere**
**suus,** sua, suum ‚sein', ihr (*auf das Subjekt bezogen*) 3
**Syrus,** ī *m.* der Syrer (*oft als Sklavenname*)

# Index verborum et nominum

**T**

**T** ↗ Titus
**taberna,** ae *f.* Laden, Gasthaus 10
**tabula,** ae, *f.* Brett, Tafel, Landkarte 11
**tacitus,** a, um schweigend 23
**taedium,** ī, *n.* (*m. Gen.*) Ekel (*vor*), Überdruß, Widerwille (*gegen*) 25
**tālis,** e so, derartig, (ein) solcher
**tamen** trotzdem 24
**tam** so
**tamquam** so wie
**tandem** endlich 9
**tangere** 3, tangō, tetigī, tāctus berühren 17
**tantopere** so sehr
**tantum** nur 19
**tantus,** a, um so groß, so viel 14
**Tarentīnī,** ōrum *m.* die Tarentiner, Einwohner von Tarent 12
**Tarentum,** ī *n.* Tarent (*Hafenstadt in Süditalien*)
**Tarquīnius Superbus,** -ī -ī PN („der Hochmütige"); *letzter röm. König, 510 v. Chr. aus Rom vertrieben* 5
**tē** ↗ tū
**tēctum,** ī, *n.* Dach, Haus 27
**tegere** 3, tegō, tēxī, tēctus ,decken', bedecken, schützen 2
**tēgula,** ae *f.* Ziegel 28
**tēlum,** ī *n.* Geschoß, Pfeil
**temperantia,** ae *f.* Mäßigung, Selbstbeherrschung 26
**templum,** ī *n.* Tempel 4
**tempus,** temporis *n.* Zeit 8
**tendere** 3, tendō, tetendī, tentus dehnen, spannen; streben, eilen; sich anstrengen 23
**tenebrae,** ārum *f.* Dunkelheit, Finsternis
**tenēre** 2, teneō, tenuī, tentus halten, festhalten 16
**tepidārium,** ī *n.* Badeabteilung mit lauwarmem Wasser
**tepidārius** zum Tepidarium gehörend
**terra,** ae *f.* Erde, Land 5
**terrēre** 2, terreō, terruī, territus *m. Akk.* jemanden erschrecken, einschüchtern 7
**tertius,** a, um ,dritte' 16
**tetigī** ↗ tangere
**tēxī** ↗ tegere
**theātrum,** ī *n.* Theater 18
**Thēseus,** Thēseī *m.* Theseus, *sagenhafter König von Athen, Volksheld, tötete den Minotaurus*

**thōrāx,** thōrācis *m.* Brustkorb, Brustbereich
**Tiberis,** is *m.* der Fluß Tiber 1
**Tiberius,** ī *m.* PN (*Vorname*) ↗ Gracchus; *auch Name eines röm. Kaisers*
**tibi** ↗ tū
**timēre** 2, timeō, timuī (sich) fürchten, sich scheuen 3
**timidus,** a, um ängstlich
**timor,** ōris *m.* Furcht 21
**Titus,** ī *m.* PN (*Vorname*); *speziell: der Kaiser T.* (*79–81 n. Chr.*)
**tolerāre** 1 dulden, erdulden 7
**tollere** 3, tollō, sustulī, sublātus erheben, aufheben, beseitigen 3
**Tolosātēs,** *um m.* die Tolosaten (*Keltenstamm um Tolosa – Toulouse*)
**tot** (*unveränderlich*) so viele 14
**tōtus,** a, um ganz 9
**trā-dūcere** 3, -dūcō, -dūxī, -ductus hinüberführen 26
**trādere** 3, trādō, trādidī, trāditus übergeben, überliefern 9
**trahere** 3, trahō, trāxī, tractus ziehen, schleppen 18
**Trāiānus,** ī *m.* PN; Trajan, *röm. Kaiser* (*98–117 n. Chr.*)
**tranquillitās,** tātis *f.* Ruhe 27
**trāns** *m. Akk.* jenseits, über . . . hin 23
**trāns-īre,** -eō, -iī, -itus hinübergehen
**trānsportāre** 1 transportieren 27
**trēs** *m./f.*, **tria** *n.*, *Gen.* trium, *Dat./Abl.* tribus, *Akk. wie Nom.* ,drei' 16
**tribūnus,** ī *m.* Tribun 9
tribūnus plēbis Volkstribun
**tribūtum,** ī *n.* ,Tribut', Abgabe
**trīduum,** ī *n.* drei Tage lang 28
**trīgōnum,** ī *n.* Dreieck
**triumphālis,** e Triumph- (*in Zusammensetzungen*)
**triumphus,** ī *m.* Triumph 18
**triumvir,** ī *m.* Triumvir, *Mitglied eines Dreimännerkollegiums*
**Trōia** ae *f.* ON; *die homerische Stadt Troja in Kleinasien*
**tū** ,du' 3
**tuba,** ae *f.* Trompete
**tulī** ↗ ferre
M. Tullius Cicero ↗ Cicero 26
**tum** da, damals, dann 3
**tumultus,** ūs *m.* Aufruhr, Tumult
**turba,** ae *f.* Menschenmenge, Gewühl
**turbāre** 1 verwirren, beunruhigen 24

251

# Index verborum et nominum

**T** turpis, e schändlich 21
turris, turris *f.* Turm 14
Tusculānum Landgut des Cicero bei Tusculum (*Stadt in Latium*)

tussiculum, i *n.* Husten
tūtus, a, um sicher
tuus, tua, tuum dein 3
tyrannus, ī *m.* Tyrann, Gewaltherrscher

**U** ubī wo; sobald 9
ubicumque wo auch immer 19
ūllus, a, um (irgend) ein 29
ulterior, ius jenseitig, auf der anderen Seite gelegen 30
ultimus, a, um letzte 8
umbra, ae *f.* Schatten
umquam jemals
ūnā cum *m. Abl.* zusammen mit 2
unde woher 23
undique von allen Seiten 23
ūniversus, a, um gesamt 25
ūnus, ūna, ūnum (ūnīus, ūnī) ‚ein', einzig 3
urbs, urbis *f.* (große) Stadt 8

ūsque ad *m. Akk.* bis zu 15
ūsus, ūs *m.* Gebrauch, Nutzen 12
ut *m. Indik.* wie 3; *m. Konjunktiv* daß, damit, um . . . zu; so daß 12; wenn auch 24
uter, utra, utrum wer von beiden 28
uterque, utraque, utrumque jeder von beiden, beide 28
ūtī 3, ūtor, ūsus sum *m. Abl. etwas* benutzen, gebrauchen 25
ūtilis, e nützlich 18
utinam wenn doch 23
utrimque von beiden Seiten 23
uxor, uxōris *f.* Ehefrau 9

**V** vacāre 1 *m. Abl.* leer sein, frei sein *von* 2
vadum, ī *n.* Furt
valdē sehr 4
valēre 2, valeō, valuī, – stark sein, gesund sein, gelten 4
varius, a, um mancherlei, wechselnd, bunt 16
vās, vāsis, *Pl.:* vāsa, -ōrum *n.* Gefäß, Gerät 19
vāsārium, ī *n.* Kessel
vāstāre 1 verwüsten
vector, ōris *m.* Reisender, Passagier
vel oder 2
vel . . . vel entweder . . . oder 2
vēlāre 1 verhüllen 28
velle, volō, voluī wollen 24
vēlum, ī *n.* Segel, Sonnensegel
vēna, ae *f.* Ader 28
vēnālis, e käuflich 27
vēndere 3, -dō, -didī, -ditus verkaufen
venīre 4, veniō, vēnī, ventum kommen 2
vēnīre, vēneō, vēniī verkauft werden 19
Venus, Veneris *f.* Venus, *griech.* Aphrodite, *Göttin der Liebe, Anmut und Schönheit*
venus, veneris *f.* Liebe

verbōsus, a, um wortreich
verbum, ī *n.* Wort 3
verērī 2, vereor, veritus sum verehren, fürchten 27
vērus, a, um wahr, echt 5
vesper, ī *m.* Abend 22
vespertīnus, a, um abendlich
Vesta, ae *f. Göttin des Herdfeuers*
vester, vestra, vestrum euer 3
vestis, vestis *f.* Gewand, Kleid, Decke 15
Vesuvius, ī *m.* der Vesuv, *Vulkan in Kampanien, Ausbruch 79 n. Chr.*
vetāre 1, vetō, vetuī, vetītus verbieten, Einspruch einlegen 26
vetus, veteris alt 14
vexāre 1 beunruhigen, quälen 26
via, ae *f.* ‚Weg', Straße 2
vīcī ↗ vincere
victor, ōris *m.* Sieger 22
victōria, ae *f.* Sieg 18
victūrus, a, um *Part. Fut. Akt.* zu vīvere/vincere
vīcus, ī *m.* Dorf 1
vidēre 2, videō, vīdī, vīsus sehen 4
vidērī 2, videor, visus sum scheinen, erscheinen 25
vidētur *m. Dat. auch:* es scheint *jemandem* gut, es wird entschieden *von* 25
vīlicus, ī *m.* Gutsverwalter

# Index verborum et nominum

**V**

**vīlla,** ae *f.* herrschaftliches Landhaus, Landgut 26
**vincere** 3, vincō, vīcī, victus siegen, besiegen 9
**vincīre** 4, vinciō, vinxī, vinctus binden, fesseln
**vīnea,** ae *f.* Weingarten
**vīnum,** ī *n.* Wein 10
vinxī ↗ vincīre
**violentia,** ae *f.* Gewalt
**vir,** virī *m.* Mann 1
**virīlis,** e männlich, für Männer
**virtūs,** virtūtis *f.* Tüchtigkeit, Tapferkeit, Tugend 17
**vīs** *Akk.* vim, *Abl.* vī, *Pl.* vīrēs, vīrium, vīrībus *f.* Kraft, Gewalt, Kräfte, Streitkräfte 17
**vīsere** 3, vīsō, vīsī besichtigen, besuchen 23
**vīsitāre** 1 besuchen
vīsus, a, um ↗ vīdēre, vīderī
**vīta,** ae *f.* Leben 2
**vītāre** 1 meiden, vermeiden 23
**vitium,** ī *n.* Fehler, Laster 27

**Vitruvius,** ī *m.* PN; *Architekt und Ingenieur im Heer von Cäsar und Augustus, verfaßte 10 Bücher „de architectura"*
**vituperāre** 1 tadeln 23
**vīvere** 3, vīvō, vīxī leben 15
**vix** kaum 27
**vocālis,** e mit Stimme ausgestattet 19
**vocāre** 1 rufen, nennen 3
**Vocontiī,** ōrum *m.* die Vokontier (*Keltenvolk in Südostgallien*)
volō, voluī ↗ velle
**Volscī,** ōrum *m.* die Volsker (*Volk in Latium*)
**voluntārius,** a, um freiwillig 21
**voluntās,** tātis *f.* Wunsch, Wille 24
**voluptās,** tātis *f.* Vergnügen 26
**vōs** ihr, euch (*Akk.*) 4
**vōx,** vōcis *f.* Stimme, Laut 10
**Vulcānus,** ī *m.* Vulcanus, *griech.* Hephaistos, *Gott des Feuers und der Schmiedekunst*
**vulnerāre** 1 verletzen, verwunden
**vultus,** ūs *m.* Gesicht, Gesichtsausdruck, Miene 24

**Z**

**Zēnō(n),** ōnis *m.* PN, *u. a. griech. Philosophen*

# Autoren

PETER WITZMANN
(Lesetexte – unter Nutzung von Lesestücken
aus dem im gleichen Verlag erschienenen Lateinischen
Lehrbuch: Einführungslehrgang von Alois Pögl)

LISELOT HUCHTHAUSEN
(Übungen zu Satz- und Formenlehre)

MARGARETE BRUSS
(Übungen zum Wortschatz, idiomatische Wendungen,
Eigennamen)

KARL-HEINZ GERHARDT
(Lektions- und alphabetisches Wörterverzeichnis)

# Bildnachweis

ADN BILDARCHIV
(S. 119)

BAYERISCHER SCHULBUCHVERLAG, MÜNCHEN
(S. 9)

JOCHEN BRUSS, BERLIN
(S. 80, 100; Umschlags. 2: links oben beginnend Fotos 3 und 4;
Umschlags. 3: links oben beginnend Fotos 1, 2, 3, 5, 6, 7)

DIETER HEIDENREICH, BERLIN
(S. 120; Umschlags. 1 und 4; Umschlags. 2: links oben beginnend
Fotos 1, 2, 5, 6, 7; Umschlags. 3: links oben beginnend Foto 4)

SÄCHSISCHE LANDESBIBLIOTHEK, ABT. DEUTSCHE FOTOTHEK
(S. 13, 19, 41, 61, 63, 78, 93)

STAATLICHE KUNSTSAMMLUNGEN DRESDEN, SKULPTURENSAMMLUNGEN
(S. 47, 58, 108, 114, 115, 162, 165, 167)

BILDARCHIV PREUSSISCHER KULTURBESITZ
(S. 23, 82)

VOLK UND WISSEN BILDARCHIV
(S. 28, 31, 43, 64, 75, 129, 138, 159, 160, 166)

PETER WITZMANN, DRESDEN
(S. 11, 21, 26, 32, 66, 80, 91, 112, 117, 158, 163)

Dieses Werk ist in allen seinen Teilen urheberrechtlich geschützt.
Jegliche Verwendung außerhalb der engen Grenzen
des Urheberrechts bedarf der Zustimmung des Verlages.
Dies gilt insbesondere für Vervielfältigungen, Mikroverfilmungen,
Einspeicherung und Verarbeitung in elektronischen Medien sowie
Übersetzungen.

Währungsangaben in DM sind auf Euro umgestellt.

ISBN 3-06-561064-7

1. Auflage
5 4 3 / 01 00 99
Alle Drucke dieser Auflage sind unverändert und im Unterricht
parallel nutzbar.
Die letzte Zahl bedeutet das Jahr dieses Druckes.
© Volk und Wissen Verlag GmbH Berlin 1993
Printed in Germany
Illustrationen und typografische Gestaltung einschließlich der US 2 u 3:
Dieter Heidenreich
Reihen-Umschlaggestaltung: Rainer Fischer
Satz: Rudolph Benens & Co., 12169 Berlin
Druck: Druckhaus „Thomas Münzer GmbH", 99947 Bad Langensalza

Rom,
Bogen für Kaiser
Konstantin,
Südseite,
312–315
n. Chr.

Rom,
Forum Romanum:
Blick auf Basilica Julia, Castortempel,
Vestatempel, Titusbogen, Colosseum,
Maxentiusbasilica,
Tempel des Antoninus und der Faustina,
rechts der mons Palatinus
mit Substruktionsresten

Rom,
Area Sacra del Largo Argentina
(volkstümlich auch Foro dei catti –
Katzenforum),
Fundamente und Säulen mehrerer
Tempel aus republikanischer
Zeit (4.–2. Jh. v. Chr.)

Innenhof
des Palazzo dei
Conservatori,
Rom,
Fragmente der
kolossalen
Sitzfigur Kaiser
Konstantins,
siehe auch
2. Umschlagseite

Rom, Reste einer
insula (mehrstöckiges
Wohnhaus)
am Kapitol,
2. Jh. n. Chr.

Rom,
Forum Romanum,
Reste des Saturnus-
Tempels
(Fundamente Mitte
1. Jh. v. Chr.,
Säulen
vom Neubau
4. Jh. n. Chr.)

Rom,
via Appia,
Ziegelmauer-
werk eines
monumentalen
Grabbaus

*4. Umschlagseite
Rom, Grabpyramide
des C. Cestius, vor
12 v. Chr., Höhe 36,4 m*